Springer-Lehrbuch

Springer-Verlag Berlin Heidelberg GmbH

Gustav Dieckheuer

Übungen und Problemlösungen zur Makroökonomik

Zweite, vollständig überarbeitete Auflage
mit 24 Abbildungen
und 36 Tabellen

 Springer

Professor Dr. Gustav Dieckheuer
Westfälische Wilhelms-Universität Münster
Institut für industriewirtschaftliche Forschung
Universitätsstraße 14–16
48143 Münster
e-mail: 09gudi@wiwi.uni-muenster.de

ISBN 978-3-540-40732-4   ISBN 978-3-642-17013-3 (eBook)
DOI 10.1007/978-3-642-17013-3

Bibliografische Information Der Deutschen Bibliothek
Die Deutsche Bibliothek verzeichnet diese Publikation in der Deutschen Nationalbibliografie;
detaillierte bibliografische Daten sind im Internet über *http://dnb.ddb.de* abrufbar.

http://www.springer.de
© Springer-Verlag Berlin Heidelberg 2004
Ursprünglich erschienen bei Springer-Verlag Berlin Heidelberg New York 2004

Umschlaggestaltung: design & production GmbH, Heidelberg
SPIN 10952689   43/3130 – 5 4 3 2 1 0 – Gedruckt auf säurefreiem Papier

Vorwort

Dieses Übungsbuch richtet sich insbesondere an Studierende der Wirtschaftswissenschaften, die ihre im Studium erworbenen Kenntnisse zur makroökonomischen Theorie und Politik überprüfen und vertiefen möchten. Das Buch geht in Fragen und Übungsaufgaben auf die grundlegenden Sachgebiete der Makroökonomik ein, so auf die Volkswirtschaftliche Gesamtrechnung, die Einkommens- und Beschäftigungstheorie, die Geldtheorie und Geldpolitik, die Beschäftigungs-, Lohn- und Arbeitsmarktpolitik, die Inflationstheorie sowie die Konjunkturtheorie und -politik. Die Fragen richten sich detailliert auf viele Details der Makroökonomik und bieten von daher die Möglichkeit, das Verständnis sowohl von Teilaspekten als auch von Sachzusammenhängen zu testen. Die Übungsaufgaben sind demgegenüber umfassender angelegt und an der Lösung komplexer makroökonomischer Probleme ausgerichtet. Mit ihnen kann der Studierende überprüfen, ob er einerseits das analytische Instrumentarium der Makroökonomik selbst und andererseits die Anwendung der theoretischen Ansätze auf wirtschaftspolitisch relevante Problemstellungen beherrscht. Zu den Übungsaufgaben werden detaillierte Lösungen geliefert, durch die es möglich ist, nicht nur Kenntnisse zu vertiefen, sondern auch die Fähigkeit zur Erarbeitung eigenständiger Lösungswege zu erwerben.

Grundlage für das Übungsbuch ist das Lehrbuch „Makroökonomik. Theorie und Politik", das vom selben Autor im Springer Verlag erschienen ist. Die vorliegende zweite Auflage des Übungsbuchs wurde mit Erscheinen der fünften Auflage des Lehrbuchs grundlegend überarbeitet. Die meisten Fragen und Übungsaufgaben wurden im Hinblick auf neuere Entwicklungen in der makroökonomischen Theorie und Politik auf einen aktuellen Stand gebracht. Überdies geht auch das Übungsbuch eingehender als bisher auf die grundlegenden Phänomene moderner Volkswirtschaften ein, so z. B. auf die ungelösten Arbeitsmarktprobleme und die beschäftigungspolitischen Strategien zu ihrer Bekämpfung.

Angesichts der großen Anzahl von Kontrollfragen und Übungsaufgaben waren für das vorliegende Buch umfangreiche Formatierungs- und Korrekturtätigkeiten erforderlich. Diese wären in der kurzen Zeit, die für die Neuauflage zur Verfügung stand, ohne die tatkräftige Hilfe meiner Mitarbeiter am Institut für industriewirtschaftliche Forschung der Universität Münster nicht zu bewältigen gewesen. Ich bin deshalb Philipp Bagus, Stephan Dohm, Philipp Gerlach, PD Dr. Matthias Göcke, Thomas Köhler, Dr. Stefan Kooths, Holger Löbbert, Eric Ringhut, Karsten Rusche und Ute Stemmann sehr zu Dank verpflichtet. Mein besonderer Dank gilt Marcel Mlakar und David Rahenbrock, die diese Neuauflage mit Rat und Tat begleitet haben. Schließlich danke ich meinem ehemaligen Mitarbeiter Dr. Markus Langenfurth und meiner Sekretärin Helga Balzer, die beide an den Arbeiten zur ersten Auflage und damit an wichtigen Grundlagen für diese zweite Auflage mitgewirkt haben. Selbstverständlich bin ich für alle Mängel und Fehler in diesem Übungsbuch allein verantwortlich.

Münster, im Juni 2003   Gustav Dieckheuer

Inhaltsverzeichnis

Kapitel 1 Grundlagen der Makroökonomik

Kapitel 2 Güternachfrage und Einkommen

Kapitel 3 Zinsniveau und Einkommen

Kapitel 4 Preisniveau und Einkommen

Kapitel 5 Arbeitsmarkt und Gütermarkt

Kapitel 6 Internationale Makroökonomik

Kapitel 7 Arbeitslosigkeit und Beschäftigungspolitik

Kapitel 8 Inflation und Beschäftigung

Kapitel 9 Konjunkturschwankungen

Symbolverzeichnis

Im Folgenden werden nur die häufiger verwendeten Symbole genannt. Symbole, die nur selten verwendet werden, sind im Text erklärt. Einige wenige Symbole stehen für zwei verschiedene Größen und für einige Größen werden im Text alternativ zwei Symbole gebraucht; diesbezüglich ist auf die Erklärungen im Text zu achten.

A	Arbeitsinput
A°	Arbeitsinput bei natürlicher Arbeitslosigkeit
AB	Außenbeitrag
A_v	Arbeitspotenzial
B	Bargeldumlauf
BD	Budgetdefizit des Staates
BIP	Bruttoinlandsprodukt
BNE	Bruttonationaleinkommen
C	Konsumnachfrage der privaten Haushalte
C_K	kurzfristige Konsumnachfrage
C_L	längerfristige Konsumnachfrage
CS	Staatsverbrauch
D	Güternachfrage
DB	Devisenbilanzsaldo
E	Bankeinlagen
EX	Exportnachfrage
FA	Finanzierungssaldo des Auslands
FEA	Nettofaktoreinkommen aus dem Ausland
FH	Finanzierungssaldo der privaten Haushalte
FS	Finanzierungssaldo des Staates
FU	Finanzierungssaldo der privaten Unternehmungen
G	Staatsausgaben
H	Heimische Absorption
I, IU	Investitionsnachfrage der privaten Unternehmungen
I^L	Lagerinvestitionen
IM	Importnachfrage
IS	Investitionen des Staates
K	Nettokapitalverkehr
L	Geldnachfrage
LB	Leistungsbilanzsaldo
LQ	Lohnquote
M	Geldmenge
MB	Monetäre Basis
MR	Mindestreserven
ÖV	Staatsverschuldung
P	Güterpreisniveau
Q	Gewinne der Unternehmungen
R	Realkapital
RB	Saldo der Restpostenbilanz

S	Ersparnisse der privaten Haushalte
SN	Nationale Ersparnisse
SUB	Subventionen
T	Abgaben an den Staat; Arbeitszeit in Stunden
TD	Direkte Abgaben an den Staat (direkte Steuern)
TIN	Produktions- und Importabgaben (indirekte Steuern)
TR	Transferzahlungen des Staates
Ü	Übertragungen des Staates
ÜHA	Nettoübertragungen der privaten Haushalte an das Ausland
ÜR	Überschussreserven
ÜSA	Nettoübertragungen des Staates an das Ausland
V	Geldvermögen
VB	Saldo der Vermögensübertragungsbilanz
VE	Volkseinkommen
WR	Währungsreserven
X	Güterangebot = Produktionsniveau
X°	Produktionsniveau bei natürlicher Arbeitslosigkeit
Y	Nationaleinkommen
Y_L	Realeinkommen der Arbeitnehmer
YP	Permanentes Einkommen
YV	Verfügbares Einkommen der privaten Haushalte
Z	Zinszahlungen des Staates
ZB	Zahlungsbilanzsaldo
a	Arbeitsproduktivität
a_q	Wechselkurskoeffizient des Außenbeitrags
b, b_Y	Marginale Investitionsquote
b_i	Zinskoeffizient der Investitionsnachfrage
c, c_Y	Marginale Konsumquote
c_K	kurzfristige Konsumquote
c_L	langfristige Konsumquote
d_R	Abschreibungssatz
g	Geldschöpfungsmultiplikator

h_Y	Marginale heimische Absorptionsquote	α	Produktionselastizität des Faktors Arbeit
h_A	Marginale Absorptionsquote der Arbeitnehmer	α_R	Durchschnittlicher Mindestreservesatz
h_i	Zinskoeffizient der heimischen Absorption	α_0	Anteil der Überschussreserven an den gesamten Einlagen
h_P	Preiskoeffizient der heimischen Absorption	β	Kapitalkoeffizient/Akzelerator
h_Q	Absorptionsquote der Unternehmungen	β_B	Bargeldquote
i	Zinssatz	γ	Aufschlagsatz auf die Lohnstückkosten
k_i	Zinskoeffizient der Geldnachfrage	γ_v	Verteilungsparameter der Unternehmungen
k_Y	Kassenhaltungskoeffizient	ε	Elastizität
m, m_Y	Marginale Importquote des Inlands	κ	Kapitalkoeffizient
m_P	Preiskoeffizient des Außenbeitrags	λ_P	Preiskoeffizient in der Lohnfunktion
q	Realer Wechselkurs	λ_u	Beschäftigungskoeffizient in der Lohnfunktion
r	Realer Zinssatz	λ_v	Verteilungsparameter in der Lohnfunktion
u	Tatsächliche Arbeitslosenquote		
u^o	Natürliche Arbeitslosenquote	μ	Einkommensmultiplikator
v	Zinskoeffizient des Kapitalverkehrs	π	Inflationsrate
v_M	Umlaufgeschwindigkeit des Geldes	τ	Marginale Steuer- und Abgabenquote
w	Realer Lohnsatz	υ	Marginaler Inputkoeffizient der importierten Vorleistungsgüter
w^n	Nomineller Lohnsatz		
w	Nomineller Wechselkurs	φ	Wachstumsrate der autonomen Güternachfrage
x_P	Preiskoeffizient des Güterangebots		
y_i	Zinskoeffizient der Güternachfrage	ω^n	Veränderungsrate des Nominallohnsatzes
y_P	Preiskoeffizient der Güternachfrage		

Indizes (hoch- oder tiefgestellt)

a	autonom	s	Angebot
d	Nachfrage	t	Periode / Zeitraum
e	erwartet	v	Vorleistungsgüter
eff	effektiv	z	Zielgröße / gewünscht
ind	induziert	*	Ausland
g	Gleichgewicht		
n	nominell		

Kapitel 1
Grundlagen der Makroökonomik

A. Kontrollfragen[1]

1.1 Wie setzt sich der Bruttoproduktionswert einer Produktionsunternehmmung oder eines Produktionssektors mit Blick sowohl auf die Inputseite als auch auf die Outputseite zusammen?

1.2 Welche Zusammenhänge werden in einer Input-Output-Tabelle erfasst?

1.3 Wie wird der Bruttoproduktionswert einer Volkswirtschaft bestimmt?

1.4 Was versteht man unter dem Bruttonationaleinkommen und dem Bruttoinlandsprodukt eines Landes? Erläutern Sie den Unterschied.

1.5 Wie setzt sich das Bruttoinlandsprodukt im Hinblick auf Entstehung und Verwendung zusammen?

1.6 Was ist der staatliche Konsum? Warum bezeichnet man diesen auch als Eigenverbrauch des Staates?

1.7 Wodurch unterscheidet sich die Bewertung zu Marktpreisen von der Bewertung zu Faktorkosten? Warum wird der Staatskonsum zu Faktorkosten bewertet?

1.8 Was versteht man unter dem Volkseinkommen eines Landes? Wie unterscheidet sich das Volkseinkommen vom Bruttoinlandsprodukt und vom Bruttonationaleinkommen?

1.9 Wie gelangt man vom Volkseinkommen zum verfügbaren Einkommen der privaten Haushalte eines Landes?

1.10 Welcher Zusammenhang besteht zwischen dem verfügbaren Einkommen, den Ersparnissen und dem Finanzierungssaldo der privaten Haushalte?

---

[1] Die Kontrollfragen zu allen Kapiteln dieses Übungsbuches folgen im Wesentlichen dem inhaltlichen Aufbau des Lehrbuchs: G. Dieckheuer, Makroökonomik. Theorie und Politik, 5. Auflage, Berlin – Heidelberg 2003. Eine Überprüfung der Antworten ist somit auf der Grundlage dieses Lehrbuchs möglich. Selbstverständlich sind dafür auch andere Standardlehrbücher zur Makroökonomik geeignet. Empfehlungen enthält das Literaturverzeichnis.

1.11 Welche Institutionen gehören zum makroökonomischen Sektor "Staat" bzw. "Öffentliche Haushalte"?

1.12 Wie setzt sich der Finanzierungssaldo des Staates zusammen? Welcher Zusammenhang besteht zwischen Finanzierungssaldo, Budgetdefizit, Neuverschuldung und Verschuldung des Staates?

1.13 Woraus resultiert der Finanzierungssaldo der privaten Unternehmungen?

1.14 Welche internationalen Transaktionen werden im Auslandskonto gebucht und wie ergibt sich daraus der Finanzierungssaldo des Auslands?

1.15 Worin besteht der Unterschied zwischen dem Außenbeitrag zum Bruttoinlandsprodukt, dem Außenbeitrag zum Bruttonationaleinkommen und dem Saldo der Leistungsbilanz eines Landes?

1.16 Wieso entspricht der Saldo der Leistungsbilanz dem negativen Finanzierungssaldo des Auslands?

1.17 Worin besteht mit Blick auf die Zahlungsbilanz eines Landes der Unterschied zwischen den Leistungstransaktionen, den Vermögenstransaktionen, dem Kapitalverkehr und den „statistisch nicht aufgliederbaren Transaktionen"?

1.18 Warum ist der Saldo der Zahlungsbilanz eines Landes null? Warum ist die Summe der Finanzierungssalden der volkswirtschaftlichen Sektoren private Haushalte, private Unternehmungen, Staat und Ausland ebenfalls null?

1.19 Welcher Zusammenhang besteht zwischen dem Finanzierungssaldo und der Geldvermögensbildung eines Sektors? Machen Sie hierbei den Unterschied zwischen einer Stromgröße und einer Bestandsgröße deutlich.

1.20 Wie lässt sich der Wirtschaftskreislauf eines Landes darstellen, wenn die vier Sektoren „Private Haushalte", „Private Unternehmungen", „Staat" und „Ausland" sowie die drei Märkte „Gütermarkt", „Faktormarkt" und „Finanzmarkt" differenziert betrachtet werden?

1.21 Warum muss in der Makroökonomik zwischen nominellen und realen Größen unterschieden werden?

1.22 Wie wird ein Preisindex nach dem Verfahren von Laspeyres und nach dem Verfahren von Paasche ermittelt? Worin liegt der Unterschied?

1.23 Worin besteht der Unterschied zwischen einer Ex-post-Analyse und einer Ex-ante-Analyse?

1.24 Was versteht man unter einer "Ceteris-paribus-Klausel"?

B. Übungsaufgaben

Aufgabe 1.1

Aus der Volkswirtschaftlichen Gesamtrechnung sind die folgenden Daten bekannt:

- Privater Verbrauch (C)   1000 Mrd. €
- Staatsverbrauch (CS)   400 Mrd. €
- Bruttoinvestitionen privater Unternehmungen (I)   450 Mrd. €
- Bruttoinvestitionen des Staates (IS)   50 Mrd. €
- Außenbeitrag zum Bruttoinlandsprodukt (AB)   70 Mrd. €
- Güterexporte (EX)   720 Mrd. €
- Nettofaktoreinkommen aus dem Ausland (FEA)   −100 Mrd. €

Berechnen Sie das Bruttoinlandsprodukt (BIP), das Bruttonationaleinkommen (BNE), die Güterimporte (IM) sowie den Außenbeitrag zum Bruttonationaleinkommen (ABN).

Aufgabe 1.2

Legen Sie die Daten der Aufgabe 1 zugrunde. Der Außenbeitrag zum Bruttonationaleinkommen (ABN) hat sich um 20 Mrd. € verringert und der Staatsverbrauch (CS) um 40 Mrd. € erhöht. Um welchen Betrag haben sich das Bruttoinlandsprodukt und das Bruttonationaleinkommen verändert, wenn die Güterexporte und Güterimporte unverändert geblieben sind?

Aufgabe 1.3

Folgende Daten sind ermittelt worden:

- Bruttoinlandsprodukt (BIP)   2600 Mrd. €
- Nettofaktoreinkommen der Inländer aus dem Ausland (FEA)   50 Mrd. €
- Indirekte Steuern abzüglich Subventionen (TIN − SUB)   300 Mrd. €
- Private und staatliche Abschreibungen (AUS)   400 Mrd. €
- Private und staatliche Unternehmens- und Vermögens-
  einkommen aus dem In- und dem Ausland (EUV)   500 Mrd. €

Berechnen Sie das Bruttonationaleinkommen (BNE), das Volkseinkommen (VE) sowie die Einkommen aus unselbständiger Tätigkeit bzw. die Arbeitnehmereinkommen (EA).

Aufgabe 1.4

Legen Sie die Daten der Aufgabe 1.3 zugrunde. Darüber hinaus sind folgende Daten zu verwenden:

- Anteil des Staates am Volkseinkommen (VES)   10 Mrd. €

- Direkte Steuern, Sozialabgaben und sonstige Abgaben (TD)   800 Mrd. €
- Transferzahlungen des Staates an private Wirtschaftssubjekte (TR)   400 Mrd. €
- Nettoübertragungen der privaten Haushalte an das Ausland (ÜHA)   40 Mrd. €

Wie hoch ist das verfügbare private Einkommen (YV)?

Aufgabe 1.5

Dem Staatsbudget für ein bestimmtes Haushaltsjahr sind die folgenden Daten zu entnehmen:

- Staatsverbrauch (CS)   550 Mrd. €
- Bruttoinvestitionen (IS)   50 Mrd. €
- Subventionen (SUB)   50 Mrd. €
- Transferzahlungen (TR)   100 Mrd. €
- Anteil des Staates am Volkseinkommen (VES)   –30 Mrd. €
- Steuern und Abgaben (TIN + TD)   710 Mrd. €
- Abschreibungen   20 Mrd. €

a) Wie hoch ist der staatliche Finanzierungssaldo (FS)?
b) Um welchen Betrag hat sich die Staatsverschuldung bzw. die öffentliche Verschuldung (ÖV) gegenüber dem Vorjahr verändert?
c) Wie hoch ist der Anteil des staatlichen Zinsendienstes (Z) an den gesamten Staatseinnahmen (ES), wenn in diesem Haushaltsjahr ein durchschnittlicher Zinssatz von 7 % auf die zu Beginn des Jahres bestehende Staatsschuld in Höhe von $\text{ÖV}_0 = 1500$ Mrd. € anzusetzen ist?

Aufgabe 1.6

Der Zahlungsbilanzstatistik entnehmen Sie:

- Außenbeitrag zum Bruttoinlandsprodukt (AB)   30 Mrd. €
- Nettofaktoreinkommen aus dem Ausland (FEA)   20 Mrd. €
- Nettoübertragungen des Inlands an das Ausland (ÜA)   80 Mrd. €
- Veränderung der Währungsreserven (ΔWR)   20 Mrd. €
- Saldo der Vermögensübertragungen (VB)   5 Mrd. €
- Saldo der nicht aufgliederbaren Positionen = Restpostenbilanz (RB) –10 Mrd. €

Wie hoch ist der Saldo der Kapitalbilanz des gesamten Landes (KB) sowie aller Sektoren ohne Zentralbank (KBoZ)? Liegt für das gesamte Land einerseits sowie für die Sektoren ohne Zentralbank andererseits ein Nettokapitalimport oder ein Nettokapitalexport vor? Wie hoch ist der Saldo der Zahlungsbilanz (ZB)?

Aufgabe 1.7

Die Kapitalbilanz aller Sektoren eines Landes ohne die Zentralbank (KBoZ) weist einen Saldo von 35 Mrd. € auf. Der Saldo der Leistungsbilanz (LB) ist negativ und beträgt –15 Mrd. €. Der Saldo der Vermögensübertragungsbilanz (VB) ist mit einem Betrag von –5 Mrd. € ebenfalls negativ. Es wird ein Außenbeitrag zum Bruttonationaleinkommen (ABN) von 10 Mrd. € beobachtet. Restposten treten nicht auf. Um welchen Betrag verändern sich die Nettoauslandsforderungen bzw. die Währungsreserven (WR) der Zentralbank und wie hoch sind die Nettoübertragungen inländischer Wirtschaftssubjekte an das Ausland (ÜA)?

Aufgabe 1.8

Die inländischen Sektoren haben folgende Finanzierungssalden:
- Private Haushalte (FH)   180 Mrd. €
- Produktionsunternehmungen (FPU)   –80 Mrd. €
- Finanzunternehmungen (FFU)   30 Mrd. €
- Staat (FS)   –150 Mrd. €

Wie hoch ist der Finanzierungssaldo des Auslands (FA)? Weist die Leistungsbilanz (LB) des Landes einen Überschuss oder ein Defizit auf?

Aufgabe 1.9

Der Volkswirtschaftlichen Gesamtrechnung eines Landes lassen sich die folgenden Daten entnehmen:
- Bruttonationaleinkommen (BNE)   4900 Mrd. €
- Saldo der Faktoreinkommen aus dem Ausland (FEA)   –100 Mrd. €
- Anteil des Staates am Volkseinkommen (VES)   20 Mrd. €
- Produktions- und Importabgaben (indirekte Steuern: TIN)   500 Mrd. €
- Subventionen (SUB)   200 Mrd. €
- Bruttoinvestitionen der privaten Unternehmungen (I)   300 Mrd. €
- Abschreibungen der privaten Unternehmungen (AU)   85 Mrd. €
- Abschreibungen des Staates (AS)   15 Mrd. €
- Außenbeitrag zum Bruttoinlandsprodukt (AB)   50 Mrd. €
- Staatliche Transferzahlungen an private Haushalte (TR)   1030 Mrd. €
- Nettoübertragungen des Staates an das Ausland (ÜSA)   5 Mrd. €
- Nettoübertragungen der privaten Haushalte an das Ausland (ÜHA)   10 Mrd. €
- Anteil des privaten Konsums am verfügbaren Einkommen
  der privaten Haushalte (C/YV)   90 %
- Anteil der Staatsausgaben für Konsum und Investitionen
  am Bruttoinlandsprodukt ((CS + IS)/BIP)   30 %

- Anteil der direkten Steuern und Abgaben
  am Bruttoinlandsprodukt (TD/BIP)   40 %

Berechnen Sie das Bruttoinlandsprodukt (BIP), das Volkseinkommen (VE), das verfügbare Einkommen der privaten Haushalte (YV), den Außenbeitrag zum Bruttonationaleinkommen (ABN) sowie die Finanzierungssalden der privaten Haushalte (FH), der privaten Unternehmungen (FU), des Staates (FS) und des Auslands (FA).

Aufgabe 1.10

Die folgenden Daten sind bekannt:

- Bruttonationaleinkommen (BNE)   10200 Mrd. €
- Saldo der Faktoreinkommen aus dem Ausland (FEA)   200 Mrd. €
- Anteil des Staates am Volkseinkommen (VES)   −50 Mrd. €
- Produktions- und Importabgaben (indirekte Steuern: TIN)   1300 Mrd. €
- Direkte Steuern und Abgaben (TD)   3500 Mrd. €
- Subventionen (SUB)   100 Mrd. €
- Abschreibungen der privaten Unternehmungen (AU)   450 Mrd. €
- Abschreibungen des Staates (AS)   50 Mrd. €
- Staatsverbrauch (CS)   2550 Mrd. €
- Staatliche Transferzahlungen an private Haushalte (TR)   2000 Mrd. €
- Nettoübertragungen der privaten Haushalte an das Ausland (ÜHA)   50 Mrd. €
- Nettoübertragungen des Staates an das Ausland (ÜSA)   10 Mrd. €
- Konsumquote: Anteil des privaten Konsums am
  verfügbaren Einkommen der privaten Haushalte (C/YV)   90 %
- Staatliche Investitionsquote: Anteil der Bruttoinvestitionen
  des Staates am Bruttoinlandsprodukt (IS/BIP)   2 %
- Exportquote: Anteil der Güterexporte am Bruttoinlandsprodukt (EX/BIP)   28 %
- Importquote: Anteil der Güterimporte am Bruttoinlandsprodukt (IM/BIP)   30 %

Berechnen Sie die Finanzierungssalden der privaten Haushalte (FH), der privaten Unternehmungen (FU), des Staates (FS) und des Auslands (FA) sowie die Bruttoinvestitionen der privaten Unternehmungen (I).

Aufgabe 1.11

Aus der Finanzierungsrechnung eines Landes sind folgende Daten bekannt:

- Veränderung der Forderungen aus Geldanlagen
  - der privaten Haushalte (ΔMFH)   750 Mrd. €
  - der Produktionsunternehmungen (ΔMFPU)   150 Mrd. €
- Veränderung der Forderungen aus Wertpapieren und Krediten
  - der privaten Haushalte (ΔWFH)   850 Mrd. €
  - der Produktionsunternehmungen (ΔWFPU)   350 Mrd. €

– der Zentralbank (ΔWFZ)	300 Mrd. €
– des Auslands (ΔWFA)	500 Mrd. €

▪ Veränderung der Verbindlichkeiten aus Wertpapieren und Krediten

– der Produktionsunternehmungen (ΔWVPU)	3600 Mrd. €
– der Finanzunternehmungen (ΔWVFU)	400 Mrd. €
– des Staates ohne Zentralbank (ΔWVS)	250 Mrd. €

▪ Finanzierungssaldo

– der privaten Haushalte (FH)	1400 Mrd. €
– der Finanzunternehmungen (FFU)	1900 Mrd. €
– des Auslands (FA)	–50 Mrd. €

Anmerkung: Alle nicht genannten Größen der Finanzierungsrechnung sind vereinfachend mit null angesetzt worden.

a) Berechnen Sie die

▪ Finanzierungssalden der Produktionsunternehmungen (FPU) und des Staates (FS),

▪ Veränderung der Forderungen des Staates aus Geldanlagen (ΔMFS),

▪ Veränderung der Forderungen der Finanzunternehmungen aus Wertpapieren und Krediten (ΔWFFU),

▪ Veränderung der Verbindlichkeiten der Finanzunternehmungen (ΔMVFU) und der Zentralbank (ΔMVZ) aus Geldanlagen,

▪ Veränderung der Verbindlichkeiten der privaten Haushalte (ΔWVH) sowie des Auslands (ΔWVA) aus Wertpapieren und Krediten.

b) Stellen Sie mit Hilfe der genannten und der berechneten Daten die Finanzierungsrechnung tabellarisch dar.

Aufgabe 1.12

Folgende Daten liegen vor:

▪ Privater Konsum (C)	3600 Mrd. €
▪ Staatsverbrauch (CS)	1000 Mrd. €
▪ Investitionen privater Unternehmungen (I)	600 Mrd. €
▪ Investitionen des Staates (IS)	300 Mrd. €
▪ Güterexporte (EX)	1300 Mrd. €
▪ Güterimporte (IM)	1200 Mrd. €
▪ Indirekte Steuern (TIN)	750 Mrd. €
▪ Subventionen (SUB)	150 Mrd. €
▪ Staatliche Transferzahlungen an private Haushalte (TR)	1500 Mrd. €
▪ Direkte Steuern und Abgaben (TD)	2000 Mrd. €

Anmerkung: Hier nicht genannte Größen aus der Volkswirtschaftlichen Gesamtrechnung werden aus Gründen der Vereinfachung mit dem Wert null angesetzt.

a) Berechnen Sie aus diesen Daten das Bruttoinlandsprodukt (BIP), das Volkseinkommen (VE) sowie die Finanzierungssalden der privaten Haushalte (FH), der privaten Unternehmungen (FU), des Staates (FS) und des Auslands (FA).

b) Stellen Sie mit Hilfe der Daten und der zuvor berechneten Größen den Wirtschaftskreislauf grafisch dar.

Aufgabe 1.13

"Das Bruttoinlandsprodukt ist im vergangenen Wirtschaftsjahr um einen größeren Betrag gestiegen als das Bruttonationaleinkommen. Der Außenbeitrag zum Bruttonationaleinkommen hat sich gleichwohl nicht verändert." Erklären Sie dieses Ergebnis.

Aufgabe 1.14

"Im Vergleich zum Vorjahr haben sich die Finanzierungssalden der privaten Haushalte und der privaten Unternehmungen nicht verändert. Demgegenüber ist das Finanzierungsdefizit des Staates um 50 Mrd. € gestiegen. Dieses Ergebnis ist erstaunlich, weil die Zahlungsbilanzstatistik im Vergleich zum Vorjahr einen unveränderten Kapitalbilanzsaldo ausweist." Zeigen Sie, ob dieses Ergebnis überhaupt möglich ist und - falls ja - wie es zu erklären ist.

Aufgabe 1.15

Im Warenkorb befinden sich zwei Güter A und B. Im Basisjahr wurde vom Gut A eine Menge von 1200 kg zum Preis von 5,00 € je kg sowie vom Gut B eine Menge von 2000 m zum Preis von 10,00 € je m abgesetzt. Im Berichtsjahr haben sich die Preise des Gutes A auf 8,00 € und des Gutes B auf 14,70 € erhöht. Vom Gut A wurde jetzt eine Menge von 1500 kg und von Gut B eine Menge von 3000 m abgesetzt. Berechnen Sie den Preisindex nach dem Verfahren von Laspeyres (P_L^{ind}) und nach dem Verfahren von Paasche (P_P^{ind}).

Aufgabe 1.16

Das reale Bruttonationaleinkommen hat sich gegenüber dem Vorjahr von 2000 Mrd. € auf 2060 Mrd. € erhöht. Im gleichen Zeitraum ist der Preisindex des Bruttonationaleinkommens von 100 auf 105 gestiegen. Die nominellen Güterexporte (EX^n) konnten von 500 Mrd. € auf 550 Mrd. € gesteigert werden, wogegen die nominellen Güterimporte (IM^n) mit 480 Mrd. € konstant geblieben sind. Der nominelle Außenbeitrag zum Bruttonationaleinkommen (ABN^n) hat sich allerdings nur von 20 Mrd. € auf 30 Mrd. € verbessert.
Berechnen Sie das nominelle Bruttonationaleinkommen (BNE^n), das nominelle Bruttoinlandsprodukt (BIP^n) sowie die nominellen Nettofaktoreinkommen aus

dem Ausland (FEA^n) jeweils im Basisjahr und im betrachteten Wirtschaftsjahr bzw. im Berichtsjahr. Um welchen Betrag haben sich diese Größen gegenüber dem Vorjahr verändert?

C. Lösungen

Aufgabe 1.1

BIP = C + CS + I + IS + AB = 1970 Mrd. €

BNE = BIP + FEA = 1870 Mrd. €

IM = EX − AB = 650 Mrd. €

ABN = AB + FEA = −30 Mrd. €

Aufgabe 1.2

Da die Güterexporte und Güterimporte konstant geblieben sind, gilt für den Außenbeitrag zum Bruttoinlandsprodukt: ΔAB = 0. Deshalb haben sich das Bruttoinlandsprodukt und das Bruttonationaleinkommen wie folgt verändert:

ΔBIP = ΔCS = 40 Mrd. €

ΔBNE = ΔBIP + ΔFEA = ΔBIP + ΔABN = 20 Mrd. €

Bezogen auf die Daten der Aufgabe 1.1 ergeben sich nach den hier betrachteten Änderungen die folgenden Werte: BIP = 2010 Mrd. €; BNE = 1890 Mrd. € und FEA = −120 Mrd. €.

Aufgabe 1.3

BNE = BIP + FEA = 2650 Mrd. €

VE = BNE − AUS − (TIN − SUB) = 1950 Mrd. €

EA = VE − EUV = 1450 Mrd. €

Aufgabe 1.4

YV = VE − VES − TD + TR − ÜHA = 1500 Mrd. €

Aufgabe 1.5

FS = VES + TIN + TD − CS − (IS − AS) − SUB − TR = −50 Mrd. €

ΔÖV = FS = 50 Mrd. €

Z = 0,07 · ÖV_0 = 105 Mrd. €

ES = VES + TIN + TD = 700 Mrd. €

$\dfrac{Z}{ES}$ = 0,15 (15%)

Aufgabe 1.6

Zunächst wird der Saldo der Leistungsbilanz bestimmt:

$$LB = AB + FEA - \ddot{U}A = -30 \text{ Mrd. } \text{€}$$

Die Zahlungsbilanz setzt sich wie folgt zusammen:

$$ZB = LB + VB + KB + RB$$

Der Zahlungsbilanzsaldo ist ex definitione null: $ZB = 0$. Somit gilt für den Saldo der Kapitalbilanz:

$$KB = -LB - VB - RB = 30 - 5 + 10 = 35 \text{ Mrd. } \text{€}$$

Der Saldo der Kapitalbilanz setzt sich wie folgt aus der dem Saldo der Kapitalbilanz aller Sektoren ohne Zentralbank (KBoZ) und dem Saldo der Kapitalbilanz der Zentralbank = Devisenbilanz (DB) zusammen:

$$KB = KBoZ + DB$$

Man beachte, dass die positive Veränderung der Währungsreserven der Zentralbank ein negativer Saldo der Devisenbilanz (DB) ist: $\Delta WR = -DB$. Folglich ergibt sich:

$$KBoZ = KB + \Delta WR = 55 \text{ Mrd. } \text{€}$$

Der Saldo der Kapitalbilanz ist jeweils positiv, so dass jeweils ein Nettokapitalimport vorliegt. Er beträgt 35 Mrd. € bzw. 55 Mrd. €. Die Zentralbank hat demnach einen Nettokapitalexport in Höhe von 20 Mrd. € zu verzeichnen.

Aufgabe 1.7

Es gilt: $DB = -LB - VB - KBoZ - RB$ sowie $\ddot{U}A = LB - ABN$.

Somit ergibt sich: $DB = -15 \text{ Mrd. } \text{€}$; $\ddot{U}A = -25 \text{ Mrd. } \text{€}$.

Der Betrag $DB = -15$ Mrd. € ist ein Nettokapitalexport der Zentralbank, so dass sich die Nettoauslandsforderungen bzw. die Währungsreserven der Zentralbank um 15 Mrd. € erhöht haben.

Aufgabe 1.8

Ex definitione gilt:

$$FA = -FH - FU - FS = -FH - FPU - FFU - FS = 20 \text{ Mrd. } \text{€}.$$

Der positive Finanzierungssaldo des Auslands entspricht dem negativen Leistungsbilanzsaldo: $LB = -20 \text{ Mrd. } \text{€}$.

Aufgabe 1.9

$$BIP = BNE - FEA = 5000$$
$$VE = BNE - AU - AS - TIN + SUB = 4500$$
$$YV = VE - VES + TR - 0{,}4 \cdot BIP - \ddot{U}HA = 3500$$

$$ABN = AB + FEA = -50$$
$$FH \;\; = YV - 0,9 \cdot YV = 0,1 \cdot YV = 350$$
$$FU \;\; = -(I - AU) = -215$$
$$FS \;\; = VES + TIN + 0,4 \cdot BIP - SUB - TR - (0,3 \cdot BIP - AS) - \ddot{U}SA = -200$$
$$FA \;\; = -LB = -(ABN - \ddot{U}HA - \ddot{U}SA) = 65$$

Es empfiehlt sich, zur Kontrolle der Ergebnisse zu prüfen, ob sich die Finanzierungssalden zu null addieren:

$$FH + FU + FS + FA = 0.$$

Aufgabe 1.10

Zur Berechnung des Finanzierungssaldos der privaten Haushalte muss zunächst deren verfügbares Einkommen ermittelt werden. Hierfür ist vorab die Bestimmung des Volkseinkommens erforderlich:

$$VE \;\; = BNE - AU - AS - TIN + SUB = 8500$$
$$YV \;\; = VE - VES + TR - TD - \ddot{U}HA = 7000$$
$$FH \;\; = S = YV - C = YV - 0,9 \cdot YV = 0,1 \cdot YV = 700$$

Für die Berechnung des staatlichen Finanzierungssaldos muss die Höhe der staatlichen Bruttoinvestitionen und dafür das Bruttoinlandsprodukt ermittelt werden:

$$BIP = BNE - FEA = 10000$$
$$IS \;\; = 0,02 \cdot BIP = 200$$
$$FS \;\; = VES + TIN + TD - SUB - TR - CS - IS + AS - \ddot{U}SA = -60$$

Der Finanzierungssaldo des Auslands entspricht dem negativen Leistungsbilanzsaldo des betrachteten Inlands. Für diesen Saldo müssen zunächst die Güterexporte und Güterimporte bestimmt werden:

$$EX = 0,28 \cdot BIP = 2800$$
$$IM = 0,3 \cdot BIP = 3000$$
$$FA \;\; = -LB = -(EX - IM + FEA - \ddot{U}HA - \ddot{U}SA) = 60$$

Der Finanzierungssaldo der privaten Unternehmungen ergibt sich aus:

$$FU \;\; = -(FH + FS + FA) = -700$$

Die Bruttoinvestitionen der Unternehmungen lassen sich nun aus deren Finanzierungssaldo bestimmen:

$$FU \;\; = -(I - AU)$$

Daraus folgt:

$$I \;\; = 1150$$

Aufgabe 1.11

Man geht vor, indem folgende Berechnungen vorgenommen werden:

- Veränderung der Verbindlichkeiten privater Haushalte aus Wertpapieren und Krediten: $\Delta WVH = -(FH - \Delta MFH - \Delta WFH) = 200$.
- Veränderung der Verbindlichkeiten des Auslands aus Wertpapieren und Krediten: $\Delta WVA = -(FA - \Delta WFA) = 550$.
- Gesamte Veränderung der Verbindlichkeiten aus Wertpapieren und Krediten: $\Delta WV = \Delta WVH + \Delta WVPU + \Delta WVFU + \Delta WVS + \Delta WVA = 5000$.
- Veränderung der Forderungen der Finanzunternehmungen aus Wertpapieren und Krediten: $\Delta WFFU = \Delta WV - \Delta WFH - \Delta WFPU - \Delta WFZ - \Delta WFA = 3000$. Dabei ist zu berücksichtigen, dass die gesamte Veränderung aus den Forderungen betragsmäßig der gesamten Veränderung aus den Verbindlichkeiten entspricht: $\Delta WV = \Delta WF$.
- Veränderung der Verbindlichkeiten der Finanzunternehmungen aus Geldanlagen: $\Delta MVFU = -(FFU - \Delta WFFU + \Delta WVFU) = 700$.
- Veränderung der Verbindlichkeiten der Zentralbank aus Geldanlagen: $\Delta MVZ = \Delta WFZ = 300$.
- Gesamte Veränderung der Forderungen aus Geldanlagen: $\Delta MF = \Delta MV = \Delta MVFU + \Delta MVZ = 1000$.
- Veränderung der Forderungen des Staates aus Geldanlagen: $\Delta MFS = \Delta MV - \Delta MFH - \Delta MFPU = 100$.
- Finanzierungssaldo der Produktionsunternehmungen: $\Delta FPU = \Delta MFPU + \Delta WFPU - \Delta WVPU = -3100$.
- Finanzierungssaldo des Staates: $FS = -(FH + FPU + FFU + FA) = -150$. Zur Kontrolle kann dieser Finanzierungssaldo wie folgt bestimmt werden: $FS = \Delta MFS - \Delta WVS = -150$.

Demnach ergibt sich die folgende Finanzierungsrechnung:

	H	PU	FU	S	Z	A	Σ
Finanzierungssaldo	1400	−3100	1900	−150	0	−50	0
Veränderung der Forderungen aus:							
– Geldanlagen	750	150	0	100	0	0	1000
– Wertpapieren / Krediten	850	350	3000	0	300	500	5000
Veränderung der Verbindlichkeiten aus:							
– Geldanlagen	0	0	700	0	300	0	1000
– Wertpapieren / Krediten	200	3600	400	250	0	550	5000

H: Private Haushalte; PU: Produktionsunternehmungen; FU: Finanzunternehmungen; S: Staat ohne Zentralbank; Z: Zentralbank; A: Ausland

Aufgabe 1.12

$BIP = C + CS + I + IS + EX - IM = 5600$

$VE = BIP - (TIN - SUB) = 5000$

$FH = YV - C = VE + TR - TD - C = 900$

$FU = -I = -600$

$FS = TIN + TD - CS - IS - TR - SUB = -200$

$FA = IM - EX = -100$

Darstellung des Wirtschaftskreislaufs (in Mrd. €)

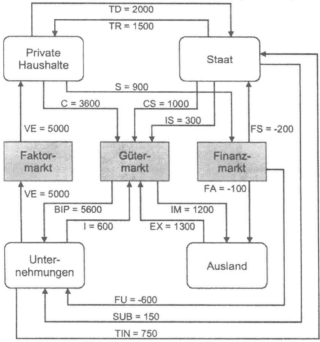

Aufgabe 1.13

Zwischen der Veränderung des Bruttoinlandsprodukts und des Bruttonational-einkommens besteht der folgende Zusammenhang:

$\Delta BIP = \Delta BNE - \Delta FEA.$

Wenn $\Delta BIP > \Delta BNE$, dann muss somit gelten: $\Delta FEA < 0$. Folglich haben sich die Nettofaktoreinkommen aus dem Ausland verringert.

Für den Außenbeitrag zum Bruttonationaleinkommen gilt gemäß Aufgabe:

$\Delta ABN = \Delta AB + \Delta FEA = 0.$

Da $\Delta FEA < 0$ ist, muss also $\Delta AB > 0$ sein. Die Güterexporte sind demnach relativ zu den Güterimporten gestiegen.

Aufgabe 1.14

Da sich die Finanzierungssalden der volkswirtschaftlichen Sektoren (einschließlich Ausland) zu null addieren, gilt für das hier betrachtete Wirtschaftsjahr:

$\Delta FA = -\Delta FS = 50$ Mrd. €   (wegen $\Delta FH = 0$ und $\Delta FU = 0$).

Der Finanzierungssaldo des Auslands ist somit um 50 Mrd. € gestiegen. Demnach haben sich die Nettoforderungen des Auslands gegenüber dem Inland um diesen Betrag erhöht oder die Nettoverbindlichkeiten des Auslands gegenüber dem Inland um diesen Betrag verringert. Gemäß der Aufgabenstellung wird offenbar geschlossen, dass damit eigentlich eine Veränderung des Saldos der Kapitalbilanz des Inlands verbunden sein müsse. Dieser Sachverhalt ist nun zu prüfen.

Der Zunahme des ausländischen Finanzierungssaldos entspricht eine gleich hohe Verschlechterung der inländischen Leistungsbilanz:

$\Delta LB = -\Delta FA = -50$ Mrd. €.

Weil die Zahlungsbilanz ex definitione ausgeglichen ist, besteht der folgende Zusammenhang:

$\Delta LB + \Delta VB + \Delta KB + \Delta RB = 0$.

Der Saldo der Kapitalbilanz wurde nicht verändert ($\Delta KB = 0$), so dass hieraus folgt

$\Delta VB + \Delta RB = -\Delta LB = 50$ Mrd. €.

Somit haben sich der Saldo der Vermögensübertragungen und/oder der Saldo der Restposten um 50 Mrd. € erhöht. Bei $\mathbf{\Delta RB = 0}$ würde das beispielsweise bedeuten, dass das zusätzliche Leistungsbilanzdefizit durch zusätzliche Vermögensübertragungen vom Ausland ins Inland ausgeglichen worden wäre. In diesem Fall hätte es auch keine Veränderungen der Nettoforderungen oder Nettoverbindlichkeiten des Auslands gegeben. Bei $\mathbf{\Delta VB = 0}$ hätte sich der Saldo der statistisch nicht aufgliederbaren Transaktionen um 50 Mrd. € erhöht. Diese Erhöhung könnte durchaus auf zusätzliche Nettokapitalimporte zurückzuführen sein, die nicht in der offiziellen Kapitalverkehrsstatistik erfasst worden sind. In diesem Fall wäre die gemäß Aufgabenstellung erwartete Kapitaltransaktion tatsächlich erfolgt, ohne jedoch in der Kapitalbilanz sichtbar zu sein.

Aufgabe 1.15

$$P_L^{ind} = \frac{8,00 \cdot 1200 + 14,70 \cdot 2000}{5,00 \cdot 1200 + 10,00 \cdot 2000} \cdot 100 = 150,0$$

$$P_P^{ind} = \frac{8,00 \cdot 1500 + 14,70 \cdot 3000}{5,00 \cdot 1500 + 10,00 \cdot 3000} \cdot 100 = 149,6$$

Aufgabe 1.16

Das nominelle Bruttonationaleinkommen wird wie folgt berechnet:

$$BNE^n = \frac{P^{ind}}{100} \cdot BNE$$

BNE ist das reale Bruttonationaleinkommen und P^{ind} ist der zugehörige Preisindex. Somit ergibt sich ein nominelles Bruttonationaleinkommen in Höhe von $BNE_0^n = 2000$ im Vorjahr (Basisjahr) und von $BNE_1^n = 2163$ im betrachteten Wirtschaftsjahr (Berichtsjahr).

Bezeichnet man mit AB^n den nominellen Außenbeitrag zum Bruttoinlandsprodukt sowie mit FEA^n die nominellen Nettofaktoreinkommen aus dem Ausland, so lässt sich berechnen:

$$AB_0^n = 500 - 480 = 20$$

$$AB_1^n = 550 - 480 = 70$$

$$FEA^n = ABN^n - AB^n$$

Somit gilt: $FEA_0^n = 0$ im Basisjahr und $FEA_1^n = -40$ Mrd. € im Berichtsjahr. Für das nominelle Bruttoinlandsprodukt folgt demnach:

$$BIP_0^n = BNE_0^n - FEA_0^n = 2000 \text{ im Basisjahr,}$$

$$BIP_1^n = BNE_1^n - FEA_1^n = 2203 \text{ im Berichtsjahr.}$$

Die genannten Größen haben sich demnach wie folgt verändert:

$$\Delta BNE^n = 163 \text{ Mrd. €}$$

$$\Delta BIP^n = 203 \text{ Mrd. €}$$

$$\Delta FEA^n = -40 \text{ Mrd. €}$$

Kapitel 2
Güternachfrage und Einkommen

A. Kontrollfragen

2.1   Wie lautet die Budgetgleichung der privaten Haushalte? Welche Größen in der Budgetgleichung können strategische bzw. frei bestimmbare Variablen der privaten Haushalte sein?

2.2   Wie lässt sich in einer linearen Konsumfunktion der Zusammenhang zwischen dem privaten Konsum und dem privaten verfügbaren Einkommen darstellen? Wie sind die marginale und die durchschnittliche Konsumquote definiert? Worin unterscheiden sich die beiden Quoten?

2.3   Wie kann aus der Budgetgleichung und der Konsumfunktion die Sparfunktion der privaten Haushalte bestimmt werden? Worin besteht der Unterschied zwischen marginaler und durchschnittlicher Sparquote? Welche Beziehung besteht zwischen der marginalen Konsum- und der marginalen Sparquote?

2.4   Welches sind die wichtigsten Determinanten der privaten Investitionsnachfrage? Wie lässt sich die Abhängigkeit der privaten Investitionen vom Einkommen erklären?

2.5   Wie lautet die Investitionsfunktion im Hinblick auf die Einkommensdeterminante? Worin unterscheiden sich die marginale und die durchschnittliche Investitionsquote.

2.6   Wie lautet die Gleichgewichtsbedingung des Gütermarktes, wenn das Güterangebot immer vollständig an die Güternachfrage angepasst wird?

2.7   Wie lautet das Gleichgewichtseinkommen für den Fall, dass sich die gesamtwirtschaftliche Güternachfrage nur aus dem privaten Konsum und den privaten Investitionen zusammensetzt und hierfür lineare Funktionen gegeben sind?

2.8   Wieso stimmen im Gütermarktgleichgewicht die geplanten privaten Ersparnisse mit den geplanten privaten Investitionen überein? Begründen Sie diese Übereinstimmung sowohl verbal als auch mit Hilfe einer graphischen Darstellung. Ist es richtig, dass die geplanten privaten Investitionen die geplanten privaten Ersparnisse übersteigen, wenn die Güternachfrage größer als das Güterangebot ist? Falls ja, warum ist das so?

2.9   Welche Anpassungsprozesse sind zu erwarten, wenn
- das Güterangebot größer als die Güternachfrage
- oder die Güternachfrage größer als das Güterangebot

ist? Wird durch solche Anpassungsprozesse zwingend ein Gütermarkt-gleichgewicht hergestellt?

2.10   Worin besteht der Unterschied zwischen einer statischen, einer komparativ-statischen und einer dynamischen Analyse?

2.11   Was versteht man unter einem Einkommensmultiplikator? Wie lautet dieser für den Fall, dass sich die Güternachfrage aus dem privaten Konsum und den privaten Investitionen zusammensetzt, dass jeweils eine lineare Konsum- und Investitionsfunktion gegeben ist und dass die autonomen Investitionen um einen bestimmten Betrag erhöht werden?

2.12   Nehmen Sie an, die Produktion wird erst mit einer gewissen zeitlichen Verzögerung an Nachfrageänderungen angepasst. Welche Anpassungsprozesse finden in diesem Fall bei den in der Frage 2.11 genannten Bedingungen statt? Erläutern Sie diese Anpassungsprozesse sowohl verbal als auch auf der Grundlage einer graphischen Darstellung. Welche Bedingung muss erfüllt sein, damit sich durch die Anpassungsprozesse letztlich ein neues Gleichgewichtseinkommen ergibt?

2.13   Welche Bedingung ist zu erfüllen, damit der multiplikative Einkommenseffekt einer Veränderung privater Investitionen dauerhaft ist und somit nicht nur ein Strohfeuereffekt eintritt?

2.14   Was versteht man unter dem Paradoxon der Sparsamkeit? Ist es richtig, dass sich die gesamten privaten Ersparnisse verringern, wenn die privaten Wirtschaftssubjekte ihre autonomen Ersparnisse erhöhen bzw. ihren autonomen Konsum verringern? Begründen Sie Ihre Antwort ausführlich mit Hilfe einer graphischen Darstellung.

2.15   Wie lautet die Budgetgleichung des Staates? Erläutern Sie kurz die in dieser Gleichung erfassten Einnahmen- und Ausgabengrößen.

2.16   Wie lautet in linearer Form die Steuer- bzw. Abgabenfunktion, in der die Steuern bzw. Abgaben in Abhängigkeit vom Einkommen beschrieben werden? Wie ist die marginale Abgabenquote definiert?

2.17   Wie setzt sich das Gleichgewichtseinkommen bei Berücksichtigung staatlicher Aktivitäten (jedoch ohne außenwirtschaftliche Einflüsse) zusammen?

2.18   Welcher Zusammenhang besteht zwischen den privaten Ersparnissen, den privaten Investitionen und dem staatlichen Finanzierungssaldo? Begründen Sie diesen Zusammenhang im Hinblick auf den güterwirtschaftlichen und den finanzwirtschaftlichen Aspekt.

2.19 Was versteht man unter dem Crowding-out-Effekt eines staatlichen Budgetdefizits?

2.20 Welchen Einkommenseffekt hat jeweils eine Veränderung
- des Staatskonsums
- der staatlichen Investitionsausgaben
- der staatlichen Übertragungen
- der autonomen Steuern bzw. Abgaben
- der marginalen Steuer- bzw. Abgabenquote?

Wie lautet jeweils der Einkommensmultiplikator? Welche Größen sind dabei von Bedeutung?

2.21 Welche Anpassungsprozesse (Multiplikatorprozesse) treten auf, wenn der Staat
- seine Investitionsausgaben oder alternativ
- seine Übertragungsausgaben

erhöht und die Produktion erst mit einer gewissen zeitlichen Verzögerung an Nachfrageänderungen angepasst wird? Welche Bedingung muss erfüllt sein, dass ein nachhaltiger Einkommenseffekt erzielt wird?

2.22 Um welchen Betrag verändert sich der staatliche Finanzierungssaldo, wenn die Investitionsausgaben des Staates erhöht werden?

2.23 Welche Beziehung besteht zwischen dem staatlichen Finanzierungssaldo und der Staatsverschuldung? Welche Bedingung muss erfüllt sein, damit eine Erhöhung der Staatsausgaben keine Zunahme der Staatsverschuldung nach sich zieht?

2.24 Welche Informationen liefert die Laffer-Kurve? Gibt es gemäß dieser Kurve eine optimale staatliche Abgabenquote?

2.25 Welchen Einkommenseffekt hat jeweils eine Erhöhung
- der staatlichen Investitionsausgaben oder alternativ
- der staatlichen Übertragungen

jeweils für den Fall, dass die Ausgabenerhöhung vollständig durch eine Erhöhung der autonomen Steuern bzw. Abgaben finanziert wird?

2.26 Wie lautet das Haavelmo-Theorem?

2.27 Was versteht man unter der absoluten Einkommenshypothese? Bietet diese Hypothese eine befriedigende Erklärung für das in der Realität beobachtbare Verhalten von Konsumenten?

2.28 Was besagt die permanente Einkommenshypothese und worin unterscheidet sich diese von der absoluten Einkommenshypothese?

2.29 Welche Rolle spielen Einkommenserwartungen für die Einkommenseffekte einer Staatsausgabenerhöhung? Was sind in diesem Zusammenhang „transitorische" und „dauerhafte" Effekte?

2.30 Was versteht man unter der Lebenszyklushypothese und wie unterscheidet sich diese von der permanenten Einkommenshypothese?

2.31 Welches sind die wichtigsten Determinanten der Exporte und der Importe eines Landes?

2.32 Wie lässt sich in einer linearen Importfunktion der Zusammenhang zwischen den Importen und dem Einkommen eines Landes darstellen? Wie ist die marginale Importquote definiert?

2.33 Was versteht man unter der heimischen Absorption? Wie ist die marginale Absorptionsquote definiert?

2.34 Wie lautet das Gleichgewichtseinkommen für eine offene Volkswirtschaft (bei Berücksichtigung staatlicher Aktivitäten)? Machen Sie in einer graphischen Darstellung deutlich, wie hoch der Außenbeitrag bei verschiedenen Werten des Einkommens ist.

2.35 Welcher Zusammenhang besteht zwischen den geplanten privaten Ersparnissen, den geplanten privaten Investitionen, dem Finanzierungssaldo des Staates und dem Außenbeitrag? Erläutern Sie diesen Zusammenhang ausführlich im Hinblick auf den güterwirtschaftlichen und den finanzwirtschaftlichen Aspekt.

2.36 Was versteht man unter den nationalen Ersparnissen eines Landes? Ist es richtig, dass die nationalen Ersparnisse negativ sein können? Falls ja, welche Konsequenzen haben negative nationale Ersparnisse für ein Land?

2.37 Welche Wirkungen hat jeweils eine Erhöhung
- der autonomen heimischen Absorption
- der autonomen Exporte
- der autonomen Importe

auf das Einkommen und auf den Außenbeitrag eines Landes? Bestimmen Sie jeweils den Einkommensmultiplikator.

2.38 Welche Anpassungsprozesse (Multiplikatorprozesse) treten für den Fall einer Erhöhung der autonomen Exporte auf, wenn die Produktion mit einer gewissen zeitlichen Verzögerung an Nachfrageänderungen angepasst wird?

B. Übungsaufgaben

Aufgabe 2.1

Die Konsumfunktion lautet: $C = C^a + 0,8YV$.
Legen Sie für den autonomen Konsum C^a alternativ die Werte 50 und 100 zugrunde. Zeichnen Sie die zugehörigen Konsum- und Sparfunktionen.
Berechnen Sie den Konsum, die Ersparnisse, die durchschnittliche Konsumquote und die durchschnittliche Sparquote für ein verfügbares Einkommen von 500 sowie alternativ von 1000.

Aufgabe 2.2

Gegeben sind die folgenden Funktionen für den privaten Konsum und für die privaten Investitionen:

    (1) $C = 50 + 0,6Y$

    (2) $I = 100 + bY$

Legen Sie alternativ eine marginale Investitionsquote von $b = 0$ und $b = 0,15$ zugrunde. Zeichnen Sie die Konsum-, Investitions- und Sparfunktionen sowie die Funktionen der gesamten Güternachfrage. Berechnen Sie das Gleichgewichtseinkommen sowie den Konsum, die Investitionen und die Ersparnisse jeweils bei diesem Gleichgewichtseinkommen.

Aufgabe 2.3

Die Konsum- und die Investitionsfunktion lauten:

    (1) $C = 50 + 0,75Y$

    (2) $I = 150 + 0,05Y$

Berechnen Sie das Gleichgewichtseinkommen. Die Produktion möge einen Wert von $X_1 = 900$ oder alternativ von $X_2 = 1100$ haben. Wie groß ist bei diesen Produktionswerten die Differenz zwischen den geplanten Ersparnissen und den geplanten Investitionen? Wie groß sind die ungeplanten Investitionen, wenn der geplante Konsum und die geplanten Ersparnisse tatsächlich realisiert werden?

Aufgabe 2.4

Legen Sie die folgenden Daten zugrunde:

Autonomer Konsum $C^a = 25$; autonome Investitionen $I^a = 275$; marginale Konsumquote $c = 0,75$; marginale Investitionsquote $b = 0,05$. Berechnen Sie das Gleichgewichtseinkommen.

Die autonomen Investitionen werden

a) nachhaltig um 150 auf insgesamt 425 erhöht oder alternativ

b) lediglich in einer Periode um 150 auf 425 erhöht, anschließend jedoch wieder auf das Ausgangsniveau zurückgeführt.

Berechnen Sie jeweils die Wirkung auf das Gleichgewichtseinkommen. Wie groß ist der Multiplikator? Nehmen Sie an, dass die Produktion mit einer Verzögerung von einer Periode an Nachfrageänderungen angepasst wird. Stellen Sie vor diesem Hintergrund für die Fälle a) und b) jeweils die Anpassungsprozesse und die Einkommenseffekte für fünf Perioden in einer Sequenztabelle dar.

Aufgabe 2.5

Die folgenden Gleichungen sind gegeben:

(1) $C = 10 + 0{,}75YV$ Privater Konsum

(2) $I = 140 + 0{,}05Y$ Private Investitionen

(3) $T = 40 + 0{,}4Y$ Abgaben an den Staat

Bekannt sind außerdem die Staatsausgaben $G = 400$ und die staatlichen Übertragungen $Ü = 240$.

a) Berechnen Sie das Gleichgewichtseinkommen Y und das verfügbare Einkommen YV.

b) Berechnen Sie die privaten Ersparnisse S, die privaten Investitionen I und den staatlichen Budgetsaldo FS. Zeigen Sie, dass im Gleichgewicht die Bedingung $S = I - FS$ erfüllt ist.

c) Erklären Sie die Gleichgewichtsbedingung $S = I - FS$ aus der güterwirtschaftlichen und der finanzwirtschaftlichen Perspektive.

Aufgabe 2.6

Legen Sie die folgenden Funktionen zugrunde:

(1) $C = 30 + 0{,}8YV$ Privater Konsum

(2) $I = I^a + bY$ Private Investitionen

(3) $T = 50 + \tau Y$ Abgaben an den Staat

Nehmen Sie alternativ die folgenden Datenkonstellationen an:

1. $I^a = 300$; $b = 0$; $G = 350$; $Ü = 200$; $\tau = 0{,}250$.

2. $I^a = 250$; $b = 0$; $G = 600$; $Ü = 200$; $\tau = 0{,}375$.

3. $I^a = 50$; $b = 0{,}1$; $G = 600$; $Ü = 200$; $\tau = 0{,}375$.

a) Berechnen Sie jeweils

▪ das Gleichgewichtseinkommen Y in der Ausgangssituation

- den Multiplikator und den Einkommenseffekt, wenn die staatlichen Investitionsausgaben um einen Betrag von 50 erhöht werden.

Prüfen Sie, ob die Gleichgewichtsbedingung $S = I - FS$ erfüllt ist.

b) Verdeutlichen Sie für die 1. Alternative den Anpassungsprozess über fünf Perioden, wenn die staatlichen Investitionsausgaben um 50 erhöht werden und die Produktion mit einer Verzögerung von einer Periode an Nachfrageänderungen angepasst wird.

c) Berechnen Sie für die Alternativen 1. bis 3. jeweils den Multiplikator und den Einkommenseffekt, wenn die autonomen Steuern bzw. Abgaben um 50 erhöht werden. Prüfen Sie auch hier, ob die Gleichgewichtsbedingung $S = I - FS$ erfüllt ist.

d) Berechnen Sie für die erste Alternative den Einkommenseffekt, wenn die marginale Steuerquote auf 0,375 erhöht wird.

Aufgabe 2.7

Gegeben sind: $C^a = 10$ (autonomer privater Konsum); $c = 0,75$ (marginale Konsumquote); $I^a = 40$ (autonome private Investitionen); $b = 0,1$ (marginale Investitionsquote); $G = 400$ (Staatsausgaben); $Ü = 225$ (staatliche Übertragungen); $T^a = 25$ (autonome Steuern bzw. Abgaben).

a) Wie groß muss die marginale Abgabenquote sein, damit sich bei einer Erhöhung der staatlichen Investitionsausgaben um 150 keine Veränderung des staatlichen Budgetsaldos ergibt? Überprüfen Sie Ihr Ergebnis, indem Sie den staatlichen Finanzierungssaldo in der Ausgangssituation und im Endgleichgewicht berechnen. Bestimmen Sie auch das Gleichgewichtseinkommen.

b) Wie groß müsste die marginale Abgabenquote sein, wenn die marginale Investitionsquote anstelle von $b = 0,1$ den Wert $b = 0$ hätte?

Aufgabe 2.8

Die folgenden Funktionen und Daten sind bekannt:

(1) $C = 50 + 0,75YV$

(2) $I = 200 + 0,075Y$

(3) $T = 50 + 0,3Y$

(4) $G = 400$

(5) $Ü = 250$

a) Die staatlichen Investitionsausgaben werden um 175 erhöht.

   a1) Welche Wirkungen ergeben sich auf das Gleichgewichtseinkommen und auf den staatlichen Budgetsaldo?

a2) Um welchen Betrag müsste der Staat die autonomen Steuern bzw. Abgaben erhöhen, wenn er ein ausgeglichenes Staatsbudget erhalten möchte? Welcher Einkommenseffekt würde in diesem Fall erzielt?

b) Um welchen Betrag müsste der Staat

b1) seine Investitionsausgaben oder alternativ

b2) seine Übertragungen

erhöhen, wenn das Gleichgewichtseinkommen um 375 steigen soll?

Aufgabe 2.9

Die Ergebnisse einer Reihe empirischer Untersuchungen lassen offenbar den Schluss zu, dass die permanente Einkommenshypothese die Konsumentscheidungen privater Haushalte recht gut erklärt und dementsprechend zwischen einer kurzfristigen und einer langfristigen Konsumfunktion unterschieden werden muss:

(1) $C_K = C^a + c_K YV$

(2) $C_L = c_L YP$

In den Untersuchungen wurde eine kurzfristige, auf das aktuelle verfügbare Einkommen YV bezogene marginale Konsumquote $c_K = 0{,}2$ sowie eine langfristige, auf das permanente Einkommen bezogene Konsumquote $c_L = 0{,}85$ gefunden.

Bestimmen Sie im Modell ohne Außenwirtschaft den Einkommensmultiplikator einer Veränderung der staatlichen Investitionsausgaben für den Fall, dass die privaten Haushalte

- nur eine transitorische Wirkung der staatlichen Maßnahme auf ihr Einkommen erwarten oder alternativ

- eine dauerhafte Wirkung auf ihr Einkommen erwarten.

Die marginale Steuer- bzw. Abgabenquote hat einen Wert von $\tau = 0{,}3$ und die marginale Investitionsquote hat einen Wert von $b = 0{,}06$.

Aufgabe 2.10

Legen Sie die folgenden Funktionen und Daten zugrunde:

(1) C = 35 + 0,9YV   (5) Ü = 650

(2) I = 25 + 0,125Y   (6) IM = 100 + 0,2Y

(3) T = 50 + 0,25Y   (7) EX = 800

(4) G = 700

a) Berechnen Sie das Gleichgewichtseinkommen, den Außenbeitrag, die marginale heimische Absorptionsquote und die autonome heimische Absorption.

b) Berechnen Sie die privaten Ersparnisse, die privaten Investitionen, den Saldo des Staatsbudgets und die nationalen Ersparnisse (SN) jeweils im Gleichgewicht.

c) Prüfen Sie, ob die Bedingung S = I − FS + AB beim Gleichgewichtseinkommen erfüllt ist. Erläutern Sie auf der Grundlage des Beispiels ausführlich den güterwirtschaftlichen und den finanzwirtschaftlichen Aspekt dieser Bedingung. Gehen Sie dabei insbesondere auf die Bedeutung des Außenbeitrags AB ein.

d) Wie verändert sich das Gleichgewichtseinkommen und der Außenbeitrag (AB), wenn alternativ

- die staatlichen Investitionsausgaben um 50 erhöht werden
- die staatlichen Übertragungen um 50 erhöht werden
- die autonomen Importe um 50 verringert werden
- die marginale Importquote von 0,2 auf 0,22 steigt?

Verdeutlichen Sie dabei jeweils den Impuls, durch den ein Anpassungsprozess in Gang gesetzt wird, sowie die Folgeeffekte im Zuge des Anpassungsprozesses.

e) Um welchen Betrag müsste der Staat

- seine Investitionsausgaben erhöhen oder alternativ
- die autonomen Steuern bzw. Abgaben senken,

wenn er das Gleichgewichtseinkommen um 225 erhöhen will?

Aufgabe 2.11

Das Finanzministerium plant, die vom Einkommen nicht direkt abhängigen Abgaben zu senken. Um ein zusätzliches Budgetdefizit zu vermeiden, sollen ·

a) die staatlichen Ausgaben für Konsum und Investitionen oder alternativ

b) die staatlichen Sozialleistungen

gekürzt werden.

Welche Einkommenseffekte sind zu erwarten? Begründen Sie, welche Maßnahme ergriffen werden sollte.

Aufgabe 2.12

"Um die Wirtschaft anzuregen, sollte der Staat seine Ausgaben erhöhen. Zwar entsteht dadurch anfangs ein Budgetdefizit, aber es ist zu erwarten, dass die Steuereinnahmen aufgrund der Einkommenseffekte soweit zunehmen, dass das Defizit nach einer gewissen Zeit wieder verschwindet."

Nehmen Sie Stellung und begründen Sie ausführlich, ob und gegebenenfalls bei welchen Bedingungen diese Aussage richtig ist.

Aufgabe 2.13

Der Staat gibt den Bau eines Flughafens in Auftrag. Die Bauzeit beträgt zwei Jahre. In jedem Jahr wird 50% des Gesamtauftragsvolumens in Höhe von 4 Mrd. € eingesetzt. Welcher Einkommenseffekt wird erzielt, wenn alternativ

a) der Auftrag für sämtliche Arbeitsleistungen und Güterlieferungen an ausländische Unternehmungen vergeben wird,

b) inländische Unternehmungen mit der Durchführung des Projekts betraut werden?

Zur Finanzierung sollen die staatlichen Übertragungsausgaben in jedem der beiden Jahre um 1 Mrd. € gekürzt werden. Der Rest soll jeweils durch Kreditaufnahme finanziert werden. Folgende Daten sind bekannt: marginale Abgabenquote: 30%; marginale Konsumquote 75%; marginale Investitionsquote: 7,5%; marginale Importquote 10%. Nehmen Sie an, dass die inländische Produktion innerhalb eines Jahres vollständig an die Veränderung der Nachfrage nach inländischen Gütern in diesem Jahr angepasst wird. Berechnen Sie den Einkommenseffekt in jedem der beiden Jahre sowie in den Jahren danach.

Aufgabe 2.14

Die autonomen Importe eines Landes nehmen um 10 Mrd. € zu, weil private Haushalte den Konsum inländischer Güter zugunsten ausländischer Güter einschränken.

a) Welche Wirkungen ergeben sich auf das Einkommen und auf den Außenbeitrag des Landes?

b) Um welchen Betrag müssten die autonomen Exporte erhöht oder müsste alternativ die marginale Importquote verringert werden, um die im Aufgabenteil a) aufgezeigten Wirkungen auf das Einkommen und auf den Außenbeitrag zu kompensieren?

Überprüfen Sie Ihre Lösungen auf der Grundlage der folgenden Daten: marginale Konsumquote $c = 0,8$; marginale Investitionsquote $b = 0,1$; marginale Abgaben- bzw. Steuerquote $\tau = 0,25$; marginale Importquote $m = 0,2$; autonome heimische Absorption $H^a = 300$ Mrd. €; autonomer Außenbeitrag $AB^a = 200$ Mrd. € (jeweils in der Ausgangssituation).

Aufgabe 2.15

In einem Gutachten wird festgestellt, dass sich ein zusätzliches staatliches Budgetdefizit, das aufgrund einer Erhöhung der staatlichen Investitionsausgaben entsteht, problemlos finanzieren lässt. Die Finanzierungsmittel kämen, so wird argumentiert, aus zwei Quellen: Aufgrund eines positiven Einkommenseffektes sei damit zu rechnen, dass zum einen die privaten Ersparnisse zunehmen würden und dass zum anderen der Außenbeitrag verschlechtert würde. Dementsprechend würden ausreichend hohe zusätzliche Finanzierungsmittel aus den zusätzlichen privaten Ersparnissen und aus dem Ausland zur Verfügung stehen, ohne die Finanzierung privater Investitionen zu gefährden. Nehmen Sie Stellung.

Überprüfen Sie die Aussage und Ihre Antworten für ein konkretes Beispiel mit den folgenden Daten: marginale Konsumquote c = 0,8; marginale Steuer- bzw. Abgabenquote τ = 0,25; marginale Importquote m = 0,2; marginale Investitionsquote b = 0,1 und alternativ b = 0; Veränderung der staatlichen Investitionsausgaben ΔG = + 50 Mrd. €.

C. Lösungen

Aufgabe 2.1

	YV = 500		YV = 1000	
	C^a = 50	C^a = 100	C^a = 50	C^a = 100
C	450,00	500,00	850,00	900,00
S	50,00	0,00	150,00	100,00
C/YV	0,90	1,00	0,85	0,90
S/YV	0,10	0,00	0,15	0,10

Aufgabe 2.2

	b = 0	b = 0,15
Y	375	600
C	275	410
I	100	190
S	100	190

Aufgabe 2.3

		$I_{gepl.}$	$S_{gepl.}$	$S_{gepl.} - I_{gepl.}$	$I_{ungepl.}$
Y =	1000	200	200	0	0
X_1 =	900	195	175	–20	–20
X_2 =	1100	205	225	20	20

Aufgabe 2.4

Das Gleichgewichtseinkommen beträgt Y = 1500. Die Wirkungen der anhaltenden (a) und der vorübergehenden (b) Erhöhung der Investitionsausgaben sind in den folgenden Tabellen wiedergegeben worden. Der Multiplikator hat im Fall a) einen Wert von $\mu = \dfrac{1}{1-c-b} = 5$. Im Fall b) ist der Multiplikator null, weil keine nachhaltige Wirkung erzielt wird.

a)

t	Y	C	I	S
0	1500,00	1150,00	350,00	350,00
1	1500,00	1150,00	500,00	350,00
2	1650,00	1262,50	507,50	387,50
3	1770,00	1352,50	513,50	417,50
4	1866,00	1424,50	518,30	441,50
5	1942,80	1482,10	522,14	460,70
⋮	⋮	⋮	⋮	⋮
n	2250,00	1712,50	537,50	537,50

b)

t	Y	C	I	S
0	1500,00	1150,00	350,00	350,00
1	1500,00	1150,00	500,00	350,00
2	1650,00	1262,50	357,50	387,50
3	1620,00	1240,00	356,00	380,00
4	1596,00	1222,00	354,80	374,00
5	1576,80	1207,60	353,84	369,20
⋮	⋮	⋮	⋮	⋮
n	1500,00	1150,00	350,00	350,00

Aufgabe 2.5

a) Y = 1400; YV = 1040.

b) S = 250; I = 210; FS= − 40.

c) **Güterwirtschaftlicher Aspekt:** Vom Bruttoeinkommen in Höhe von Y = 1400 wird vom Staat ein Betrag in Höhe von G = 400 und von den privaten Unternehmungen ein Betrag in Höhe von I = 210 in Anspruch genommen. Folglich bleibt ein Betrag von C = 790 für den privaten Konsum übrig. Damit ein Gleichgewicht herrscht, müssen die privaten Haushalte von ihrem verfügbaren Einkommen in Höhe von YV = 1040 freiwillig einen Betrag S = 250 sparen.

Finanzwirtschaftlicher Aspekt: Die privaten Investoren benötigen zur Finanzierung ihrer Investitionen Kredite in Höhe von I = 210; zusätzlich benötigt der Staat zur Deckung seines Budgetdefizits Kredite von −FS = 40. Folglich ist ein Kreditangebot von 250 erforderlich. Für die Realisierung des Gleichgewichts sind hierzu also freiwillige private Ersparnisse in Höhe von S = 250 bereitzustellen. Diese Ersparnisse entsprechen dem Kreditangebot der privaten Haushalte.

Aufgabe 2.6

a)

	Einkommen und Multiplikator			Ausgangs- gleichgewicht			Endgleichgewicht		
Fall	Y_0	ΔY	$\dfrac{\Delta Y}{\Delta G} = \mu$	S_0	I_0	FS_0	S_n	I_n	FS_n
1	2000	125	2,5	300	300	0	318,750	300,00	–18,750
2	2000	100	2,0	250	250	0	262,500	250,00	–12,500
3	2000	125	2,5	250	250	0	265,625	262,50	–3,125

b)

t	Y	C	I	G	T	YV	S	FS
0	2000,00	1350,00	300	350	550,00	1650,00	300,00	0
1	2000,00	1350,00	300	400	550,00	1650,00	300,00	–50,00
2	2050,00	1380,00	300	400	562,50	1687,50	307,50	–37,50
3	2080,00	1398,00	300	400	570,00	1710,00	312,00	–30,00
4	2098,00	1408,80	300	400	574,50	1723,50	314,70	–25,50
5	2108,80	1415,28	300	400	577,20	1731,60	316,32	–22,80
⋮	⋮	⋮	⋮	⋮	⋮	⋮	⋮	⋮
n	2125,00	1425,00	300	400	581,25	1743,75	318,75	–18,75

c)

	Einkommenseffekt		Endgleichgewicht		
Fall	ΔY	$\dfrac{\Delta Y}{\Delta T^a} = -c\mu$	S	I	FS
1	–100	–2,0	275,00	300	25,00
2	–80	–1,6	230,00	250	20,00
3	–100	–2,0	227,50	240	12,50

d) $\Delta Y = -\dfrac{cY_0}{1 - c(1 - \tau_1)} \Delta\tau = -400$

Aufgabe 2.7

a) $\tau = 0,6$ (60%)

Ausgangssituation: $Y_0 = 1000$; $FS_0 = 0$

Endgleichgewicht: $Y_1 = 1250$; $FS_1 = 0$

Die zusätzlichen Steuereinnahmen betragen $\Delta T = 0,6\Delta Y = 150$.

b) Rein rechnerisch ergibt sich $\tau = 1$ (100%). Dieser Wert ist selbstverständlich unrealistisch, denn bei einer marginalen Abgabenquote von 100% würde keine private Wirtschaftstätigkeit stattfinden.

Aufgabe 2.8

a1) $\Delta Y = 437,5$; $\Delta FS = -43,75$.

a2) $\Delta T^a = 100$; $\Delta Y = 250,00$.

b1) $\Delta G = 150$.

b2) $\Delta \ddot{U} = 200$.

Aufgabe 2.9

Der Einkommensmultiplikator lautet in allgemeiner Form:

$$\mu = \frac{1}{1 - c(1 - \tau) - b}$$

Hierin müssen alternativ die kurzfristige und die langfristige marginale Konsumquote eingesetzt werden. Somit hat der Multiplikator bei Erwartung von lediglich transitorischen Effekten einen Wert von $\mu_T = 1,25$ sowie bei Erwartung permanenter Effekte einen Wert von $\mu_P \approx 2,90$.

Aufgabe 2.10

a) $Y = 5000$; $AB = -300$

   $h_Y = 0,8$; $H^a = 1300$

b) $S = 400$; $I = 650$

   $FS = -50$; $SN = -300$

c) Die zu a) und b) berechneten Daten zeigen, dass die Gleichgewichtsbedingung erfüllt ist.

   Güterwirtschaftlicher Aspekt: Die privaten Unternehmungen nehmen für Investitionen einen Betrag in Höhe von $I = 650$ des Inlandsprodukts in Anspruch. Der Staat absorbiert einen Betrag von $G = 700$. Da ein Nettoimport von $IM - EX = -AB = 300$ erfolgt, steht bei einem Sozialprodukt von $Y = 5000$ ein Betrag in Höhe von $C = 3950$ für den privaten Konsum zur Verfügung. Um ein Gleichgewicht zu erreichen, müssten die privaten Haushalte somit von ihrem verfügbaren Einkommen in Höhe von $YV = 4350$ einen Betrag von $S = 400$ freiwillig sparen.

   Finanzwirtschaftlicher Aspekt: Die privaten Unternehmungen benötigen zur Finanzierung ihrer Investitionen einen Kreditbetrag in Höhe von $I = 650$. Der Staat fragt zur Deckung seines Budgetdefizits Kredite in Höhe von $-FS = 50$ nach. Das Ausland stellt Kredite in Höhe von $-AB = 300$ zur Verfügung. Folglich müssen die privaten Haushalte freiwillig einen Kreditbetrag von 400 anbieten. Dieser Betrag entspricht den freiwilligen Ersparnissen der privaten Haushalte. Hier wird deutlich, dass der negative Außenbeitrag einerseits in Form von Nettogüterimporten erforderlich ist, um die über das Inlandsprodukt hinausgehende heimische Absorption befriedigen zu können, und andererseits in Form eines Nettokreditangebots des Auslands zur Deckung des inländischen Finanzierungsbedarfs nötig ist, der das heimische Kreditangebot übersteigt.

d)

	$\Delta G = 50$	$\Delta \ddot{U} = 50$	$\Delta IM^a = -50$	$\Delta m = 0{,}02$
ΔY	125,0	112,50	125,0	$\approx -238{,}10$

Die gesamte multiplikative Wirkung auf das Einkommen ergibt sich jeweils aus dem Produkt von Multiplikator und Impuls:

$$\Delta Y = \mu \Delta Q \quad \text{mit } \mu = \frac{1}{1 - c(1 - \tau) - b + m}$$

Der Impuls, der hier mit ΔQ bezeichnet wird, beträgt in den ersten drei Fällen: Fall 1: $\Delta Q = \Delta G$; Fall 2: $\Delta Q = c\Delta\ddot{U}$; Fall 3: $\Delta Q = -\Delta IM^a$; Fall 4: $\Delta Q = Y_0\Delta m$. Der Multiplikator μ hat für die Fälle 1 bis 3 einen Wert von 2,5. Im vierten Fall muss in den Nenner die neue marginale Importquote $m = 0{,}22$ aufgenommen werden, so dass sich hier ein Multiplikator von etwa 2,38 ergibt. Da das Einkommen in der Ausgangssituation den Wert $Y_0 = 5000$ hat, beträgt der Impuls in diesem Fall $\Delta Q = 100$.

e) $\Delta G = 90$ oder $\Delta T^a = -100$

Aufgabe 2.11

Eine Senkung der vom Einkommen unabhängigen Abgaben bedeutet: $\Delta T^a < 0$. Um ein zusätzliches Budgetdefizit zu vermeiden, muss die folgende Budgetbedingung erfüllt sein:

$$\Delta G + \Delta\ddot{U} - \Delta T^a = 0 \quad \text{bzw.} \quad \Delta G + \Delta\ddot{U} = \Delta T^a$$

Die Veränderung der Budgetgrößen hat diesen Einkommenseffekt:

$$\Delta Y = \mu(\Delta G + c\Delta\ddot{U} - c\Delta T^a)$$

Der Multiplikator μ lautet in einer offenen Volkswirtschaft:

$$\mu = \frac{1}{1 - c(1 - \tau) - b + m}$$

a) Bei $\Delta G = \Delta T^a$ folgt: $\Delta Y = \mu(1 - c)\Delta T^a$. Für $c < 1$ und $\Delta T^a < 0$ kommt es zu einem negativen Einkommenseffekt.

b) Bei $\Delta\ddot{U} = \Delta T^a$ ergibt sich kein Einkommenseffekt, wenn die marginale Konsumquote c auch für die Empfänger der Sozialleistungen gültig ist. Es ist allerdings zu beachten, dass deren marginale Konsumquote (mit $c_{\ddot{U}}$ bezeichnet) in der Regel höher ist als die durchschnittliche marginale Konsumquote c der gesamten Volkswirtschaft. In diesem Fall gilt:

$$\Delta Y = \mu(c_{\ddot{U}} - c)\Delta T^a$$

Für $c_{\ddot{U}} > c$ und $\Delta T^a < 0$ kommt es somit auch hier zu einem negativen Einkommenseffekt.

Aufgabe 2.12

Die hier formulierte These impliziert:

(1) $\Delta T = \tau \Delta Y = \Delta G + \Delta \ddot{U}$

Eine Erhöhung der staatlichen Ausgaben für Investitionen oder für Konsum um ΔG hat folgenden Einkommenseffekt:

(2) $\Delta Y = \dfrac{1}{1 - c(1 - \tau) - b + m} \Delta G$

Für eine Erhöhung der staatlichen Übertragungsausgaben gilt:

(3) $\Delta Y = \dfrac{c_{\ddot{U}}}{1 - c(1 - \tau) - b + m} \Delta \ddot{U}$

Hierin ist c die marginale Konsumquote der gesamten Volkswirtschaft, wogegen $c_{\ddot{U}}$ die marginale Konsumquote der Empfänger staatlicher Übertragungen bzw. Transfers ist.

Zu prüfen ist jetzt, ob die These richtig sein kann und - falls ja - unter welchen Bedingungen. Bei $\Delta G > 0$ und $\Delta \ddot{U} = 0$ folgt aus (1) und (2):

(4) $\tau = \dfrac{1 - c - b + m}{1 - c}$

Nur dann, wenn die marginale Investitionsquote b größer wäre als die marginale Importquote m, könnte die These zutreffen. Dabei ist zu beachten, dass die marginale Steuerquote aus ökonomischer Sicht kleiner als 1 (100%) sein muss. Einerseits ist aber die Bedingung b > m in einer offenen Volkswirtschaft häufig nicht erfüllt, und andererseits ist zu bedenken, dass eine hohe marginale Abgabenquote die private Investitionsneigung beeinträchtigt und von daher eine relativ geringe marginale Investitionsquote b nach sich ziehen dürfte. Die These ist deshalb kaum zu halten.

Bei $\Delta \ddot{U} > 0$ und $\Delta G = 0$ folgt aus (1) und (3):

(5) $\tau = \dfrac{1 - c - b + m}{c_{\ddot{U}} - c}$

Bei $c_{\ddot{U}} = c$ ist die These auf jeden Fall nicht richtig.

In der Regel gilt jedoch $c_{\ddot{U}} > c$. Für $c_{\ddot{U}} = 1$ würde sich das gleiche Ergebnis wie bei $\Delta G > 0$ ergeben. Ist $c_{\ddot{U}} < 1$ aber größer als c, so ist zwar theoretisch eine marginale Abgabenquote $\tau < 1$ möglich, bei der die These richtig sein könnte, aber aus den schon oben für $\Delta G > 0$ genannten Gründen ist dieser Fall kaum realistisch.

Fazit: Die zur Richtigkeit der These nötigen Bedingungen sind in der Realität wahrscheinlich nicht erfüllt. Es ist vielmehr davon auszugehen, dass eine Erhöhung der Staatsausgaben ein anhaltendes Budgetdefizit hinterlässt.

Aufgabe 2.13

Die staatlichen Investitionsausgaben steigen im ersten Jahr um $\Delta G_1 = 2$ Mrd. € von G_0 auf G_1. Die staatlichen Übertragungen werden um $\Delta \ddot{U}_1 = -1$ Mrd. € verändert, und zwar von $\ddot{U}_0$ auf $\ddot{U}_1$. Bei Auftragsvergabe an ausländische Unternehmungen nehmen die autonomen Importe um $\Delta IM_1^a = \Delta G_1 = 2$ Mrd. € von IM_0^a auf IM_1^a im ersten Jahr zu.

Im **ersten Jahr** ergibt sich der folgende Einkommenseffekt:

$$\Delta Y_1 = \frac{1}{1 - c(1-\tau) - b + m} (\Delta G_1 - c\Delta \ddot{U}_1 - \Delta IM_1^a)$$

a) Bei $\Delta G_1 = \Delta IM_1^a$ folgt somit: $\Delta Y_1 = -1,5$ Mrd. €.

b) Bei $\Delta IM_1^a = 0$ gilt: $\Delta Y_1 = 2,5$ Mrd. €.

Im **zweiten Jahr** bleiben die staatlichen Investitionsausgaben auf dem Vorjahresniveau G_1, die staatlichen Übertragungen auf dem Vorjahresniveau $\ddot{U}_1$ und (im Fall a) die autonomen Importe auf dem Vorjahresniveau IM_1^a erhalten. Diese Größen werden somit im Vergleich zum Vorjahr nicht verändert. Ein weiterer Einkommenseffekt ergibt sich deshalb weder im Fall a) noch im Fall b). Das im ersten Jahr erreichte Einkommensniveau von Y_1 besteht - andere hier nicht betrachtete Einflüsse ausgeschlossen - auch im zweiten Jahr.

Im **dritten Jahr** gehen die staatlichen Investitionsausgaben auf das Ausgangsniveau G_0 zurück. Im Fall a) sinken die autonomen Importe wieder auf ihr Ausgangsniveau IM_0^a. Weil der Staat außerdem in beiden Fällen die Übertragungen wieder auf das Ausgangsniveau $\ddot{U}_0$ anhebt, kommt es zur Umkehrung der Einkommenseffekte der ersten Periode: $\Delta Y_3 = 1,5$ Mrd. € im Fall a) und $\Delta Y_3 = -2,5$ Mrd. € im Fall b). Das Einkommen sinkt demnach wieder auf das Ausgangsniveau. In den darauf folgenden Jahren finden ceteris paribus keine weiteren Einkommenseffekte statt.

Aufgabe 2.14

a) $\Delta Y = -\dfrac{1}{1 - c(1-\tau) - b + m} \Delta IM^a = -20$ Mrd. €

$\Delta AB = -\Delta IM^a - m\Delta Y = -6$ Mrd. €

b) $\Delta EX = \Delta IM^a = 10$ Mrd. €

$$\Delta m = - \frac{\Delta IM^a}{Y_0} = -0,01 \ \text{ mit: } Y_0 = \frac{1}{1 - c(1 - \tau) - b + m} \ (H_0^a + AB_0^a) = 1000 \text{ Mrd. } \text{€}$$

Aufgabe 2.15

Die These besagt, dass die zusätzlichen privaten Ersparnisse und die aus einer Verschlechterung des Außenbeitrags resultierende Veränderung des ausländischen Nettokreditangebots mindestens ausreichen, um die zusätzliche Kreditnachfrage des Staates zu befriedigen:

(1) $\Delta S - \Delta AB \geq - \Delta FS$

Nur wenn diese Bedingung erfüllt wird, stehen zusätzliche Mittel mindestens in der Höhe zur Verfügung, die für die Finanzierung des zusätzlichen Budgetdefizits benötigt werden. Wegen der Gleichgewichtsbedingung

(2) $\Delta S - \Delta I + \Delta FS - \Delta AB = \Delta FH + \Delta FU + \Delta FS + \Delta FA = 0$

ist in (1) zugleich die zweite Aussage impliziert, dass $\Delta I \geq 0$ ist.

Im einzelnen gilt für die in der Bedingung (1) enthaltenen Größen:

(3) $-\Delta FS = \Delta G - \tau \Delta Y$

(4) $\Delta S \quad = (1 - c)(\Delta Y - \tau \Delta Y) = (1 - c)(1 - \tau)\Delta Y$

(5) $\Delta AB \ = - m \Delta Y$

Die Staatsausgabenerhöhung hat den folgenden Einkommenseffekt:

(6) $\Delta Y = \dfrac{1}{1 - c(1 - \tau) - b + m} \Delta G$

Wird (6) in (3) bis (5) eingesetzt, so erhält man aus (1):

(7) $(1 - c)(1 - \tau) + m \geq 1 - c(1 - \tau) - b + m - \tau$

Hieraus gewinnt man folgende einfache Bedingung:

(8) $b \geq 0$

Da eine negative marginale Investitionsquote aus ökonomischer Sicht ausgeschlossen werden kann, ist diese Bedingung immer erfüllt. Deshalb ist die These richtig. Das zeigen auch die Ergebnisse mit den genannten Daten:

b = 0,1: $\Delta Y = 100$ Mrd. €; $\Delta S = 15$ Mrd. €; $\Delta AB = -20$ Mrd. €; $\Delta FS = -25$ Mrd. €;
$\Delta I = 10$ Mrd. €.
Somit folgt gemäß $\Delta S - \Delta AB = \Delta I - \Delta FS$: $15 + 20 = 10 + 25$.

b = 0: $\Delta Y \approx 83,33$ Mrd. €; $\Delta S = 12,50$ Mrd. €; $\Delta AB \approx -16,66$ Mrd. €;
$\Delta FS \approx -29,16$ Mrd. €; $\Delta I = 0$.
Hier gilt gemäß $\Delta S - \Delta AB = -\Delta FS$: $12,50 + 16,66 = 29,16$.

Kapitel 3

Zinsniveau und Einkommen

A. Kontrollfragen

3.1   Über welche direkten und indirekten Transmissionswege wirken sich Zinsänderungen auf die Güternachfrage aus?

3.2   Wie ist die Zinselastizität der Investitionsnachfrage definiert?

3.3   Welche Bestimmungsgrößen neben dem Marktzinssatz können für die gesamtwirtschaftliche Investitionsnachfrage von Bedeutung sein? Wie wirken sich Veränderungen solcher Größen auf die Investitionskurve aus, die den Zusammenhang zwischen der Investitionsnachfrage und dem Marktzinssatz wiedergibt?

3.4   Was versteht man unter Zinsattentismus? Welche Bedeutung hat dieser für die gesamtwirtschaftliche Investitionsnachfrage?

3.5   Welcher Zusammenhang besteht zwischen dem privaten Konsum und dem Marktzinssatz sowie zwischen den privaten Ersparnissen und dem Marktzinssatz. Was sagt die Zinselastizität der Konsumnachfrage aus? Welche Rolle spielen Zinserwartungen für Konsum und Ersparnisse?

3.6   Wie lässt sich in einer linearen Funktion die Abhängigkeit sowohl des privaten Konsums als auch der privaten Ersparnisse vom verfügbaren Einkommen sowie vom Zinssatz darstellen?

3.7   Welcher Zusammenhang besteht zwischen dem Gleichgewichtseinkommen und dem Zinssatz, wenn sich die Güternachfrage nur aus dem privaten Konsum und den privaten Investitionen zusammensetzt? Bestimmen Sie diesen Zusammenhang algebraisch.

3.8   Was ist eine IS-Kurve? Leiten Sie die IS-Kurve graphisch her. Erläutern Sie verbal, welchen Zusammenhang die IS-Kurve erklärt und welchen Verlauf diese Kurve haben kann.

3.9   Wie wirkt sich
- eine Veränderung des Zinssatzes oder
- eine Veränderung der autonomen Investitionen

auf das Gleichgewichtseinkommen aus?

3.10 Wie lässt sich der Zusammenhang zwischen dem Gleichgewichtseinkommen und dem Zinssatz (die IS-Kurve) bei Berücksichtigung staatlicher Aktivitäten und außenwirtschaftlicher Beziehungen sowohl algebraisch als auch graphisch darstellen? Fassen Sie dabei die Güternachfrage der inländischen Sektoren zur heimischen Absorption zusammen. Wie lautet die Zinselastizität der heimischen Absorption?

3.11 Welche Beziehung besteht zwischen

- den Ersparnissen und der Geldvermögensbildung der privaten Haushalte,
- den Investitionen und der Geldvermögensbildung der privaten Unternehmungen,
- dem Finanzierungssaldo und der Geldvermögensbildung der öffentlichen Haushalte (ohne Zentralbank),
- dem Außenbeitrag und der Geldvermögensbildung des Auslands?

Wie lautet vor diesem Hintergrund die Budgetgleichung des Sektors der Nichtbanken?

3.12 Wie lauten die Budgetgleichungen der Zentralbank, des Bankensektors (ohne Zentralbank) sowie des gesamten Finanzsektors?

3.13 Ist es richtig, dass das Geldangebot des Finanzsektors dem Nettokreditangebot dieses Sektors entspricht?

3.14 Wieso ist bei Existenz eines nachfrageseitigen Gütermarktgleichgewichts (eines IS-Gleichgewichts) und eines Gleichgewichts auf dem Geldmarkt gleichzeitig auch das Gleichgewicht auf dem Wertpapiermarkt gegeben? Welche Bedeutung hat in diesem Zusammenhang das Gesetz von Walras?

3.15 Welche Funktionen erfüllt das Geld? Prüfen Sie, ob diese Funktionen im Einzelnen durch das Bargeld, die Sichteinlagen, die Termineinlagen und die Spareinlagen erfüllt werden.

3.16 Welche Bestimmungsgrößen sind für die Nachfrage nach Transaktionskasse und nach Vorsichtskasse von Bedeutung? Was versteht man unter einem Kassenhaltungskoeffizienten?

3.17 Wozu fragen Wirtschaftssubjekte Spekulationskasse nach? Welche Determinanten sind für diese Nachfrage von besonderer Bedeutung?

3.18 Welcher Zusammenhang besteht zwischen der Geldnachfrage und dem Risiko einer Wertpapieranlage? Zeigen Sie, wie sich bei Berücksichtigung der Zinssätze für Wertpapieranlagen und für Geldmarktanlagen einerseits sowie des Risikos für Wertpapieranlagen andererseits die Portfolio-Diversifikation (eines bestimmten Geldvermögensbetrages) zwischen Geld und Wertpapieren erklären lässt.

3.19 Worin besteht der Unterschied zwischen der neoklassischen und der keynesianischen Variante der Geldnachfragefunktion?

3.20 Wie lässt sich der Zusammenhang zwischen der gesamtwirtschaftlichen Geldnachfrage und dem Zinssatz in einer graphischen Darstellung deutlich machen? Zeigen Sie im Rahmen dieser Darstellung, wie sich eine Zinsänderung, eine Einkommensänderung sowie eine Änderung des Risikos von Wertpapieranlagen auf die gesamtwirtschaftliche Geldnachfrage auswirkt.

3.21 Was versteht man unter der monetären Basis, den Mindestreserven sowie den Überschussreserven?

3.22 Welcher Zusammenhang besteht zwischen der Geldmenge und der monetären Basis? Wie lautet der zugehörige Geldschöpfungsmultiplikator?

3.23 Wie können Banken in den Besitz von Zentralbankgeld und von Überschussreserven gelangen?

3.24 Wodurch wird ein Geld- und Kreditschöpfungsprozess in Gang gesetzt und welche Vorgänge finden in diesem Prozess statt?

3.25 Wie lassen sich die Entstehung und die Verwendung der monetären Basis in der Bilanz der Zentralbank ablesen?

3.26 In welcher Form betreibt die Europäische Zentralbank Offenmarktgeschäfte? Welche Unterschiede bestehen zwischen den Hauptrefinanzierungsgeschäften, den längerfristigen Refinanzierungsgeschäften, den Feinsteuerungsoperationen sowie den strukturellen Operationen?

3.27 Was ist im Rahmen der Geldpolitik ein Tenderverfahren? Worin unterscheiden sich der Mengentender und der Zinstender?

3.28 Was sind die ständigen Fazilitäten der EZB? Wozu dienen sie?

3.29 Welche Rolle spielt die Mindestreservepolitik im Rahmen der Geldpolitik der EZB?

3.30 Welche Geldmengenaggregate unterscheidet die EZB? Welche Geldmengendefinition ist in der Geldpolitik der EZB dominierend?

3.31 Welcher Zusammenhang besteht zwischen dem Kreditangebot der Banken auf der einen Seite und dem Zinssatz auf dem Kredit- bzw. Wertpapiermarkt, dem Refinanzierungssatz sowie dem durchschnittlichen Mindestreservesatz auf der anderen Seite? Gibt es noch weitere Determinanten für das Kreditangebot?

3.32 Was versteht man unter einer LM-Kurve? Leiten Sie in einer graphischen Darstellung eine LM-Kurve her.

3.33 Welche Bedeutung haben die Zinselastizitäten der Geldnachfrage und des Geldangebots für den Verlauf der LM-Kurve? Ist es richtig, dass die LM-Kurve umso steiler verläuft, je höher das Zinsniveau ist?

3.34 Wie verläuft die LM-Kurve, wenn sowohl die Geldnachfrage als auch das Geldangebot zinsunelastisch sind? Wie verläuft die LM-Kurve, wenn die Geldnachfrage vollkommen zinselastisch ist?

3.35 Wie wirkt sich eine Erhöhung der Geldmenge auf die Lage der LM-Kurve aus? Welcher Zinseffekt ergibt sich, wenn das Einkommen konstant ist?

3.36 Was versteht man unter einer Liquiditätsfalle? Was bedeutet sie für die Wirksamkeit der Geldpolitik? Erläutern Sie ausführlich, aus welchen Rahmenbedingungen am Geldmarkt die Liquiditätsfalle resultiert.

3.37 Wie wirkt sich eine Veränderung der Liquiditätsneigung auf die Lage der LM-Kurve sowie auf den Zinssatz aus?

3.38 Wie lassen sich algebraisch und graphisch das Gleichgewichtseinkommen und der Gleichgewichtszinssatz aus dem IS- und dem LM-Gleichgewicht bestimmen? Gehen Sie dabei auf die verschiedenen Möglichkeiten der Zinselastizitäten zum einen auf dem Gütermarkt und zum anderen auf dem Geldmarkt ein.

3.39 Welche Anpassungsvorgänge werden ausgelöst, wenn das am Markt beobachtete Einkommen und der am Markt beobachtete Zinssatz nicht mit der IS- und dem LM-Gleichgewicht vereinbar sind? Erläutern Sie die Anpassungsvorgänge für den Fall, dass sowohl das Einkommen als auch der Zinssatz über ihren Gleichgewichtswerten liegen.

3.40 Welche Wirkung hat eine Erhöhung der autonomen heimischen Absorption auf das Gleichgewichtseinkommen und auf den Zinssatz? Wie lautet der Einkommensmultiplikator?

3.41 Warum bewirkt die Erhöhung der autonomen heimischen Absorption einen Zinsanstieg?

3.42 Ist es richtig, dass eine Erhöhung der autonomen Güternachfrage keinen Einkommenseffekt hat, wenn die Geldnachfrage zinsunelastisch ist

3.43 Welchen Zinseffekt hat eine Erhöhung der autonomen Güternachfrage, wenn die Geldnachfrage vollkommen zinselastisch ist?

3.44 Wie wirkt sich eine Geldmengenerhöhung auf das Einkommen und auf den Zinssatz aus? Wie lautet der Einkommensmultiplikator?

3.45 Welche Vorgänge werden auf dem Geldmarkt, dem Kredit- bzw. Wertpapiermarkt und dem Gütermarkt durch eine Erhöhung der Geldmenge ausgelöst, wenn für die Güternachfrage und für die Geldnachfrage jeweils eine normale Zinselastizität besteht?

3.46 Warum hat eine Geldmengenänderung keinen Einkommenseffekt, wenn die Güternachfrage zinsunelastisch ist? Ist dieser Fall realistisch? Wie lässt sich die fehlende Wirkung der Geldpolitik auf das Einkommen zum einen für den Fall einer Erhöhung und zum anderen für den Fall einer Verringerung der Geldmenge erklären?

B. Übungsaufgaben

Aufgabe 3.1

Die gesamtwirtschaftliche Investitionsfunktion lautet: $I = \dfrac{100}{i^{0,5}}$

a) Zeichnen Sie die Funktion für Zinssätze im Bereich von 1% bis 10% bzw. von $i = 0,01$ bis $i = 0,1$.

b) Berechnen Sie die Zinselastizität der Investitionsnachfrage.

Aufgabe 3.2

In einem einfachen Modell ohne Staat und Außenwirtschaft setzt sich die gesamtwirtschaftliche Güternachfrage nur aus dem privaten Konsum und den privaten Investitionen gemäß den folgenden Funktionen zusammen:

(1) $C = 205 + 0,7Y - 400i$

(2) $I = 300 + 0,1Y - 1000i$

a) Bestimmen Sie die Funktion für die IS-Kurve.

b) Ermitteln Sie die privaten Investitionen, den privaten Konsum, die privaten Ersparnisse und das Gleichgewichtseinkommen für Zinssätze von 5%, 7,5% und 10% bzw. für $i = 0,05$; $i = 0,075$; $i = 0,1$.

c) Welche Wirkungen ergeben sich auf die Lage der IS-Kurve und auf das Gleichgewichtseinkommen, wenn

▪ der Zinssatz von 10% auf 15% steigt oder alternativ

▪ die autonome Investitionsnachfrage um 100 zunimmt?

Aufgabe 3.3

Legen Sie das folgende Modell mit Staat und Außenwirtschaft zugrunde:

(1) $C = 60 + 0,8YV - 250i$

(2) $I = 120 + 0,12Y - 1000i$

(3) $T = 50 + 0,4Y$

(4) $IM = 100 + 0,2Y$

Darüber hinaus sind folgende Daten gegeben: Staatsausgaben G = 400; Staatliche Übertragungsausgaben Ü = 450; Exporte EX = 500.

a) Bestimmen Sie die Funktion der IS-Kurve.

b) Berechnen Sie das Gleichgewichtseinkommen, die privaten Investitionen, den privaten Konsum, die Importe, den Außenbeitrag, den staatlichen Finanzierungssaldo und die privaten Ersparnisse für einen Zinssatz von i = 0,08 (8%).

c) Wie verändert sich das Gleichgewichtseinkommen, wenn

  ▪ der Zinssatz um 2,4 Prozentpunkte sinkt oder alternativ

  ▪ die staatlichen Investitionsausgaben bei einem konstanten Zinssatz von 8% um 60 erhöht werden?

  Wie groß ist im zweiten Fall der Einkommensmultiplikator?

d) Durch eine Zinserhöhung ist das Einkommen auf 1900 gesunken. Um wie viele Prozentpunkte ist der Zinssatz gestiegen?

Aufgabe 3.4

In einem Modell sind die folgenden Daten vorgegeben:

  ▪ Marginale heimische Absorptionsquote: $h_Y = 0,6$

  ▪ Marginale Importquote: $m = 0,225$

  ▪ Zinskoeffizient der Güternachfrage: $h_i = 2000$

  ▪ Autonome heimische Absorption: $H^a = 1500$

  ▪ Autonomer Außenbeitrag: $AB^a = 1100$

  ▪ Zinssatz: i = 0,05 (5%)

a) Bestimmen Sie die Gleichung der IS-Kurve und das Gleichgewichtseinkommen.

b) Zeigen Sie algebraisch und graphisch auf, wie sich das Gleichgewichtseinkommen verändert, wenn sich

  ▪ der autonome Außenbeitrag um 50 verschlechtert oder alternativ

  ▪ der Zinssatz um einen Prozentpunkt erhöht.

Aufgabe 3.5

Die folgenden Veränderungen von Geldforderungen sowie Wertpapierforderungen und -verbindlichkeiten werden in einer Periode festgestellt:

Sektor	Positionen	Symbol	Betrag
Private Haushalte	Geldforderungen	ΔMH^d	280
	Wertpapierforderungen	ΔWH^d	150
Private Unternehmungen	Geldforderungen	ΔMU^d	10
	Wertpapierverbindlichkeiten	ΔWU^s	375
Staat (ohne Zentralbank)	Wertpapierverbindlichkeiten	ΔWS^s	50
Ausland	Geldforderungen	ΔMA^d	25
	Wertpapierforderungen	ΔWA^d	80
Banken (ohne Zentral-bank)	Wertpapierforderungen	ΔWB^d	310
	Wertpapierverbindlichkeiten	ΔWB^s	20
Zentralbank	Wertpapierforderungen	ΔWZ^d	30

In der betrachteten Periode werden außerdem beobachtet: Private Ersparnisse 410; private Investitionen 355; Außenbeitrag 30.

Überdies gilt: Die Geld- und die Wertpapierforderungen der öffentlichen Haushalte (ohne Zentralbank) sowie die Wertpapierverbindlichkeiten der Zentralbank haben sich gegenüber der Vorperiode nicht verändert. Die Finanzierungssalden der Banken und der Zentralbank sind jeweils null. Kursänderungen der Wertpapiere sind nicht eingetreten.

a) Um welchen Betrag haben sich die Wertpapierverbindlichkeiten der privaten Haushalte und des Auslands sowie die Wertpapierforderungen der privaten Unternehmungen in der betrachteten Periode geändert?

b) Wie groß ist der staatliche Finanzierungssaldo in der betrachteten Periode?

c) Um welchen Betrag hat sich die gesamte Geldmenge verändert?

Aufgabe 3.6

Legen Sie - alternativ - die folgenden Funktionen für die gesamtwirtschaftliche Geldnachfrage zugrunde:

(1) $L = \dfrac{0{,}02Y}{i}$

(2) $L = 400 + 0{,}2Y - 2500i$

a) Stellen Sie die beiden Geldnachfragefunktionen graphisch für ein Einkommen von $Y = 1000$ dar.

b) Bestimmen Sie jeweils die Zinselastizitäten der Geldnachfrage für ein Einkommen von $Y = 1000$. In der Ausgangssituation möge der Zinssatz $i = 0{,}08$ (8%) gelten.

c) Um welchen Betrag verändert sich die Geldnachfrage, wenn
  - der Zinssatz bei einem vorgegebenen Einkommen Y = 1000 von 5% auf 10% steigt oder alternativ
  - das Einkommen bei einem Zinssatz i = 0,04 (4%) von 1000 auf 1200 zunimmt?

Aufgabe 3.7

In der Ausgangssituation werden folgende Daten beobachtet:

MB = 500	Monetäre Basis
α_R = 0,0625 (6,25%)	Durchschnittlicher Mindestreservesatz
$\alpha_{\ddot{U}}$ = 0	Überschussreservesatz
β_B = 0,2 (20%)	Bargeldquote

Zu Beginn des betrachteten Zeitraums verkaufen die Banken Wertpapiere mit einem Betrag von 10 an die Zentralbank.

a) Berechnen Sie die Geldmenge M in der Ausgangssituation.

b) Stellen Sie in einer Sequenztabelle den Geld- und Kreditschöpfungsprozess dar, der durch den Wertpapierverkauf seitens der Banken zu erwarten ist.

c) Um welchen Betrag verändern sich die Geldmenge M, die monetäre Basis MB sowie die Mindestreserven MR, wenn der Geld- und Kreditschöpfungsprozess vollständig abgeschlossen wird? Wie groß ist der Geldschöpfungsmultiplikator?

d) Um welchen Betrag verändert sich die zu a) berechnete Geldmenge, wenn
  - der durchschnittliche Mindestreservesatz auf 12,5 % erhöht wird oder
  - die Bargeldquote auf $14^2/_3$ % verringert wird?

  Wie verändert sich hierdurch jeweils der Geldschöpfungsmultiplikator?

Aufgabe 3.8

Legen Sie die folgenden Funktionen für die Geldnachfrage und das Geldangebot zugrunde:

(1)	L = 620 + 0,2Y – 3200i	Geldnachfrage
(2)	M = 500 + 800i	Geldangebot – Fall 1
(2a)	M = 500	Geldangebot – Fall 2

a) Bestimmen Sie Für den Fall 1 und den Fall 2 jeweils die Funktion der LM-Kurve.

b) Stellen Sie die Geldnachfragefunktion jeweils graphisch dar. Berücksichtigen Sie in dieser Darstellung das Geldangebot gemäß Fall 1 und Fall 2 und bestimmen Sie graphisch jeweils das Geldmarktgleichgewicht und die LM-Kurve.

c) Wie wird die LM-Kurve jeweils beeinflusst, wenn das Geldangebot autonom um einen Betrag von 40 erhöht wird? Weisen Sie den Einfluss sowohl algebraisch als auch graphisch nach. Um wie viele Prozentpunkte verändert sich der Zinssatz jeweils bei einem Einkommen von Y = 1000?

d) Wie wird die LM-Kurve jeweils beeinflusst, wenn der Kassenhaltungskoeffizient von 0,2 auf 0,24 zunimmt?

e) Legen Sie alternativ die folgende Geldnachfragefunktion zugrunde:

(1a) L = 428 + 0,2Y − 800i

Bestimmen Sie die LM-Kurven für die Geldangebotsfunktionen (2) und (2a). Wie wirkt sich jetzt eine autonome Erhöhung der Geldmenge um 40 auf die Lage der LM-Kurve aus? Wie verändert sich der Zinssatz, wenn das Einkommen mit Y = 1000 fixiert ist?

Aufgabe 3.9

Legen Sie die folgenden Funktionen zugrunde:

(1) C = 20 + 0,8YV   Privater Konsum

(2) I = 100 + 0,15Y − 1000i   Private Investitionen

(3) T = 50 + 0,25Y   Abgaben an den Staat

(4) IM = 200 + 0,15Y   Importe

(5) L = 0,3Y − 3000i   Geldnachfrage

Überdies sind die folgenden Daten zu verwenden: Staatsausgaben G = 400; staatliche Übertragungen Ü = 150; Exporte EX = 500; Geldangebot M = 300.

a) Bestimmen Sie die IS-Kurve und die LM-Kurve.

b) Berechnen Sie das Gleichgewichtseinkommen, den Zinssatz, den staatlichen Finanzierungssaldo und den Außenbeitrag in der Ausgangssituation.

c) Die Staatsausgaben werden um 50 erhöht. Berechnen Sie den Einkommens- und den Zinseffekt. Erläutern Sie ausführlich die Vorgänge, die auf dem Gütermarkt, dem Geldmarkt und dem Wertpapiermarkt stattfinden. Wie verändert sich der staatliche Finanzierungssaldo? Aus welchen Quellen wird das staatliche Budgetdefizit finanziert?

d) Die autonomen Importe nehmen um 20 zu. Welche Wirkungen ergeben sich auf Einkommen, Zinssatz und Außenbeitrag? Prüfen Sie, ob die Gleichgewichtsbedingung S = I − FS + AB erfüllt ist.

e) Das Geldangebot steigt um 30. Berechnen Sie den Einkommens- und den Zinseffekt. Setzen Sie sich auch hier mit den Prozessen auseinander, die auf dem Gütermarkt, dem Geldmarkt und dem Wertpapiermarkt ablaufen. Prüfen Sie, ob die Gleichgewichtsbedingung S = I − FS + AB erfüllt ist.

f) Im Rahmen einer koordinierten Geld- und Fiskalpolitik werden die Geldmenge um 30 und die staatlichen Investitionsausgaben um 40 erhöht.

Wie verändern sich das Einkommen und der Zinssatz? Überprüfen Sie, ob die für den Gütermarkt geltende Gleichgewichtsbedingung $S = I - FS + AB$ erfüllt ist?

g) Bestimmen Sie aus dem Modell (1) bis (4) die Gleichung für die heimische Absorption.

Aufgabe 3.10

Die folgenden Funktionen sind gegeben:

(1)	$C = 20 + 0,8YV$	Privater Konsum
(2)	$I = 500 + 0,05Y - 3000i$	Private Investitionen
(3)	$T = 50 + 0,25Y$	Abgaben an den Staat
(4)	$IM = 250 + 0,15Y$	Importe
(5)	$L = 0,3Y - 3000i$	Geldnachfrage

Darüber hinaus sind gegeben: Staatsausgaben $G = 450$; Staatliche Übertragungen $Ü = 150$; Exporte $EX = 500$; Geldangebot $M = 300$.

a) Bestimmen Sie algebraisch die IS- und die LM-Kurve.

b) Berechnen Sie das Gleichgewichtseinkommen, den Zinssatz, die privaten Ersparnisse, die privaten Investitionen, den staatlichen Finanzierungssaldo, den Außenbeitrag sowie die heimische Absorption im Ausgangsgleichgewicht.

c) Infolge einer Verschlechterung der Weltkonjunktur sinkt der Außenbeitrag um 20. Um welchen Betrag müssten die autonomen Abgaben an den Staat gesenkt werden, um den zu erwartenden negativen Einkommenseffekt zu verhindern?

d) Die staatlichen Investitionsausgaben werden um 50 und die Geldmenge wird gleichzeitig um 30 erhöht. Welche Wirkungen ergeben sich auf das Einkommen, den Zinssatz, die privaten Ersparnisse, die privaten Investitionen, den staatlichen Finanzierungssaldo und den Außenbeitrag?

e) Die Zentralbank möchte den Zinssatz konstant halten. Was muss sie tun, wenn der Staat seine Investitionsausgaben um 20 erhöht?

Aufgabe 3.11

Legen Sie die folgenden Funktionen zugrunde:

(1)	$H = 400 + 0,8Y$	Heimische Absorption
(2)	$IM = 50 + 0,3Y$	Importe
(4)	$L = 0,3Y - 3000i$	Geldnachfrage

Außerdem sind folgende Daten zu verwenden: Exporte $EX = 650$; Geldangebot $M = 300$.

a) Bestimmen Sie das Gleichgewichtseinkommen und den Zinssatz in der Ausgangssituation.

b) Wie verändern sich das Einkommen und der Zinssatz, wenn die staatlichen Investitionsausgaben um 50 erhöht werden oder alternativ die Geldmenge um 30 steigt? Begründen Sie Ihr Ergebnis.

Aufgabe 3.12

Verwenden Sie das folgende Modell mit zwei verschiedenen Hypothesen zur Geldnachfrage:

(1) $H = 550 + 0,8Y - 3000i$ Heimische Absorption

(2) $IM = 50 + 0,3Y$ Importe

(5) $L = 290 + 0,3Y$ Geldnachfrage – Fall 1

(5a) $L = 950 + 0,3Y - 15000i$ Geldnachfrage – Fall 2

Überdies sind bekannt: Exporte EX = 650; Geldangebot M = 800.

a) Bestimmen Sie die IS-Kurve und die LM-Kurve für die beiden Geldnachfragefunktionen.

b) Berechnen Sie jeweils das Gleichgewichtseinkommen und den Zinssatz in der Ausgangssituation.

c) Berechnen und vergleichen Sie die Einkommensmultiplikatoren für beide Geldnachfragefunktionen im Hinblick zum einen auf eine Veränderung der autonomen heimischen Absorption und zum anderen auf eine Veränderung der Geldmenge.

d) Welche Wirkungen auf Einkommen und Zinssatz treten jeweils ein, wenn
   - die Staatsausgaben um 56 oder alternativ
   - die Geldmenge um 28

erhöht wird? Vergleichen Sie die Ergebnisse für die beiden zugrunde gelegten Geldnachfragefunktionen. Erklären Sie ausführlich, warum es zu unterschiedlichen Ergebnissen kommt.

Aufgabe 3.13

Legen Sie das folgende Modell zugrunde:

(1) $H = 750 + 0,7Y - 1500i$

(2) $IM = 50 + 0,3Y$

(3) $EX = 650$

(4) $L = 0,4Y - 3000i$

(5) $M = 500$

a) Um welchen Betrag müsste
   - die autonome heimische Absorption oder alternativ

- die Geldmenge

erhöht werden, wenn das Einkommen um 10% steigen soll?

b) Die Geldmenge wird um 30 erhöht. Um welchen Betrag müssen die Exporte zunehmen, wenn der Außenbeitrag unverändert bleiben soll? Um wie viel verändert sich in diesem Fall das Einkommen?

Aufgabe 3.14

"Die Zentralbank hat den Refinanzierungssatz gesenkt. Es ist aber kaum zu erwarten, dass hierdurch positive Wirkungen auf das Einkommen erzielt werden." Prüfen Sie, ob die hierin ausgedrückte Beurteilung der Wirksamkeit der expansiven Geldpolitik grundsätzlich falsch ist. Begründen Sie Ihre Antwort ausführlich auf der Grundlage einer theoretischen Gütermarkt- und Geldmarktanalyse.

Aufgabe 3.15

Die Opposition lehnt die von der Regierung geplante kreditfinanzierte Erhöhung der Staatsausgaben strikt ab. Diese Verschuldungspolitik führe, so die Oppositionspolitiker, nur zu höheren Zinssätzen und einer höheren Staatsquote. Positive Einkommenseffekte und demzufolge positive Wirkungen auf die Beschäftigung seien damit nicht zu erzielen.

a) Nehmen Sie Stellung. Erläutern Sie Ihre Lösungen ausführlich auf der Grundlage einer theoretischen Gütermarkt- und Geldmarktanalyse.

b) Überprüfen Sie Ihre Ergebnisse anhand der folgenden alternativen Modelle:

Modell a: (1a) $H = 1700 + 0,8Y - 6000i$ Heimische Absorption

(2a) $AB = 900 - 0,2Y$ Außenbeitrag

(3a) $i = 0,0001Y - 0,4$ LM-Kurve

Modell b: (1b) $H = 1100 + 0,8Y$

(2b) $AB = 900 - 0,2Y$

(3b) $i = 0,0001Y - 0,4$

Modell c: (1c) $H = 1700 + 0,8Y - 6000i$

(2c) $AB = 900 - 0,2Y$

(3c) $i = 0,0016Y - 7,9$

Die Staatsquote ist wie folgt definiert: G/Y. In der Ausgangssituation betragen die Staatsausgaben $G = 1250$. Geplant ist eine Erhöhung um $\Delta G = 100$. Wie groß müsste der Einkommensmultiplikator sein, damit die Staatsquote konstant bliebe?

Aufgabe 3.16

Verwenden Sie das folgende Modell mit Staat und Außenwirtschaft:

(1) $C = C^a + cYV$ Privater Konsum

(2) $I = I^a + b_Y Y - b_i i$ Private Investitionen

(3) $T = T^a + \tau Y$ Abgaben an den Staat

(4) $IM = IM^a + mY$ Importe

(5) $L = L^a + k_Y Y - k_i i$ Geldnachfrage

Die folgenden Koeffizientenwerte und autonomen Funktionsgrößen sind zugrunde zu legen: $c = 0,9$; $b_Y = 0,06$; $b_i = 4000$; $m = 0,2$; $\tau = 0,4$; $k_Y = 0,15$; $C^a = 50$; $I^a = 270$; $T^a = 200$; $EX = 1100$; $IM^a = 140$; $L^a = 430$.

Für die Zinsabhängigkeit der Geldnachfrage werden alternativ drei Fälle betrachtet: Fall 1 mit $k_i = 3000$; Fall 2 mit $k_i = 10000$; Fall 3 mit $k_i = 1000$.

In der Ausgangssituation liegen die folgenden wirtschaftspolitischen Daten vor: $G = 1060$; $Ü = 1200$; $M = 1000$.

a) Ermitteln Sie in allgemeiner Form (ohne konkrete Daten) die Gleichungen der IS-Kurve und der LM-Kurve sowie das Einkommen im IS- und LM-Gleichgewicht.

b) Legen Sie die angegebenen Daten und dabei den Fall 1 mit $k_i = 3000$ zugrunde.

 b1) Bestimmen Sie das Gleichgewichtseinkommen und den Zinssatz in der Ausgangssituation.

 b2) Berechnen Sie die Finanzierungssalden der privaten Haushalte, der privaten Unternehmungen, des Staates sowie des Auslands und prüfen Sie, ob die Finanzierungsbedingung erfüllt ist.

 b3) Der Staat erhöht seine Investitionsausgaben um 50. Welche Wirkungen ergeben sich auf das Gleichgewichtseinkommen und auf den Zinssatz? Zeigen Sie, ob sich der Finanzierungssaldo des Staates verschlechtert und – falls ja – wie die zusätzliche staatliche Kreditnachfrage befriedigt wird. Gehen Sie dabei insbesondere auf die Veränderung der privaten Investitionen ein.

c) Gehen Sie jetzt vom Fall 2 mit $k_i = 10000$ aus und lösen Sie dafür die unter b1) bis b3) gestellten Aufgaben.

d) Betrachten Sie schließlich den Fall 3 mit $k_i = 1000$ und lösen Sie hierfür ebenfalls die unter b1) bis b3) gestellten Aufgaben.

C. Lösungen

Aufgabe 3.1

b) $\varepsilon(I,i) = \dfrac{\delta I}{\delta i}\dfrac{i}{I} = -0,5$, denn es gilt: $\dfrac{\delta I}{\delta i} = -\dfrac{50}{i^{1,5}}$ und $\dfrac{i}{I} = \dfrac{i^{1,5}}{100}$

Aufgabe 3.2

a) $Y = C + I = 505 + 0,8Y - 1400i$. Daraus folgt: $Y = 2525 - 7000i$.

b)

i	Y	I	C	S
10,0%	1825	382,5	1442,5	382,5
7,5%	2000	425,0	1575,0	425,0
5,0%	2175	467,5	1707,5	467,5

c) $\Delta i = 0,05$: Das Gleichgewichtseinkommen sinkt um $\Delta Y = 350$ von $Y = 1825$ auf $Y = 1475$. Die Lage der IS-Kurve wird hiervon nicht berührt. Die Zinsänderung drückt sich nur in einer Bewegung auf der IS-Kurve aus.
$\Delta I^a = 100$: Das Gleichgewichtseinkommen steigt um 500. Hierdurch verschiebt sich die IS-Kurve nach rechts.

Aufgabe 3.3

a) $Y = \dfrac{1300 - 1250i}{0,6}$

b) $Y = 2000$; $I = 280$; $C = 1320$; $IM = 500$; $AB = 0$; $FS = 0$; $S = 280$.

c) $\Delta Y = -\dfrac{1250}{0,6}\Delta i = -50$ sowie $\Delta Y = \dfrac{1}{0,6}\Delta G = 100$.

d) $\Delta i = 4,8$ Prozentpunkte.

Aufgabe 3.4

a) IS-Kurve: $Y = 4160 - 3200i$; $Y = 4000$.

b) Verschlechterung des Außenbeitrags: $Y = -80$.
   Erhöhung des Zinssatzes: $Y = -32$.

Aufgabe 3.5

Es empfiehlt sich, bei der Lösung in folgenden Schritten vorzugehen:

- $\Delta WH^s = -(S - \Delta MH^d - \Delta WH^d) = 20$
- $\Delta WU^d = -(I - \Delta WU^s + \Delta MU^d) = 10$
- $\Delta WA^s = AB + \Delta MA^d + \Delta WA^d = 135$
- $\Delta MB^s = \Delta WB^d - \Delta WB^s = 290$

- $\Delta W^s = \Delta WH^s + \Delta WU^s + \Delta WS^s + \Delta WA^s + \Delta WB^s = 600$ (mit $\Delta WZ^s = 0$)
- $\Delta W^d = \Delta W^s = 600$
- $\Delta MZ^s = \Delta WZ^d = 30$
- $\Delta M = \Delta MZ^s + \Delta MB^s = 320$
- $\Delta MS^d = \Delta M - \Delta MH^d - \Delta MU^d - \Delta MA^d = 5$
- $\Delta WS^d = \Delta W^d - \Delta WH^d - \Delta WU^d - \Delta WA^d - \Delta WB^d - \Delta WZ^d = 20$
- $FS = \Delta MS^d + \Delta WS^d - \Delta WS^s = -25$

Diese Lösungen sind in die folgende Tabelle übertragen worden. Alle Daten in den markierten Feldern mussten ermittelt werden. Dabei war nach den fett gedruckten Daten unter a) bis c) gefragt worden, wogegen die kursiv gedruckten Daten in Zwischenschritten ermittelt werden mussten.

		H	PU	S	A	FU = B	Z	Σ
	Finan-zierungssaldo	410	–355	**–25**	–30	0	0	0
Veränderung der Forderungen	Geldanlagen	280	10	*5*	25	0	0	*320*
	Wertpapieren und Krediten	150	**10**	*20*	80	310	30	*600*
Veränderung der Verbind-lichkeiten	Geldanlagen	0	0	0	0	*290*	*30*	**320**
	Wertpapieren und Krediten	**20**	375	50	**135**	20	0	*600*

Aufgabe 3.6

b) (1) $\varepsilon(L,i) = -1$
   (2) $\varepsilon(L,i) = -0,5$
c)

	$\Delta i = 0,05$	$\Delta Y = 200$
(1)	$\Delta L = -200$	$\Delta L = 100$
(2)	$\Delta L = -125$	$\Delta L = 40$

Aufgabe 3.7

a) $M_0 = 2000$

b) Die folgende Tabelle zeigt die Geld- und Kreditschöpfung:

t	ÜR	ΔWN^s	ΔMR	ΔM	
				ΔB	ΔE
1	10,000				
2	7,500	10,000	0,500	2,000	8,000
3	5,625	7,500	0,375	1,500	6,000
4	$\approx 4,219$	5,625	$\approx 0,281$	1,125	4,500
⋮	⋮	⋮	⋮	⋮	⋮
n	0,000	0,000	0,000	0,000	0,000
Summe		40,000	2,000	8,000	32,000

c) $\Delta M = 40$; $MB = 10$; $MR = 2$; $g = 4$

d) Erhöhung des Mindestreservesatzes: $\Delta M = -333^{1}/_{3}$; $\Delta g = -^{2}/_{3}$

Verringerung der Bargeldquote: $\Delta M = 500$; $\Delta g = 1$

Aufgabe 3.8

a) Fall 1: $i = 0,03 + 0,00005Y$;   Fall 2: $i = 0,0375 + 0,0000625Y$

c) Fall 1: $i = 0,02 + 0,00005Y$.

Der Zinssatz sinkt bei einem bestimmten Einkommen (auch bei $Y = 1000$) um einen Prozentpunkt.

Fall 2: $i = 0,025 + 0,0000625Y$.

Der Zinssatz sinkt bei einem bestimmten Einkommen (auch bei $Y = 1000$) um 1,25 Prozentpunkte.

d) Fall 1: $i = 0,03 + 0,00006Y$;   Fall 2: $i = 0,0375 + 0,000075Y$

In beiden Fällen verändert sich die Steigung der LM-Kurve; sie verläuft jetzt steiler.

e) Fall 1: $i = -0,045 + 0,000125Y$;   Fall 2: $i = -0,09 + 0,00025Y$.

Fall 1: $\Delta i = -0,025$;   Fall 2: $\Delta i = -0,05$.

Aufgabe 3.9

a) IS-Kurve: $Y = 2250 - 2500i$;   LM-Kurve: $i = -0,1 + 0,0001Y$

b) $Y_0 = 2000$; $i_0 = 0,1$ (10%); $FS_0 = 0$; $AB_0 = 0$

c) $\Delta Y = 100$; $\Delta i = 0,01$ (1 Prozentpunkt); $\Delta FS = -25$

Es gilt: $-\Delta FS = \Delta S - \Delta I - \Delta AB$ mit: $\Delta S = 15$; $\Delta I = 5$; $\Delta AB = -15$

Aus der Veränderung der privaten Ersparnisse und des Außenbeitrags ergibt sich ein zusätzliches Kreditangebot der privaten Haushalte und des Auslands von insgesamt 30. Die Kreditnachfrage der privaten inländischen

Investoren steigt um 5, so dass der Rest in Höhe von 25 zur Finanzierung des (zusätzlichen) staatlichen Budgetdefizits zur Verfügung steht.

d) $\Delta Y = -40$; $\Delta i = -0,004$ (– 0,4 Prozentpunkte); $\Delta AB = -14$
Es gilt jetzt: $S = 294$; $I = 298$; $FS = -10$; $AB = -14$.
Die Gleichgewichtsbedingung ist somit weiterhin erfüllt.

e) $\Delta Y = 20$; $\Delta i = -0,008$ (– 0,8 Prozentpunkte).
Es gilt jetzt: $S = 303$; $I = 311$; $FS = 5$; $AB = -3$.
Die Gleichgewichtsbedingung ist somit weiterhin erfüllt.

f) $\Delta Y = 100$; $\Delta i = 0$; $\Delta S = 15$; $\Delta I = 15$; $\Delta FS = -15$; $\Delta AB = -15$
Die Gleichgewichtsbedingung ist somit weiterhin erfüllt, denn es gilt:
$\Delta S = \Delta I - \Delta FS + \Delta AB$.

g) $H = 600 + 0,75Y - 1000i$.

Aufgabe 3.10

a) IS-Kurve: $Y = 2600 - 6000i$; LM-Kurve: $i = -0,1 + 0,0001Y$

b) $Y_0 = 2000$; $i_0 = 0,1$; $S_0 = 300$; $I_0 = 300$; $FS_0 = -50$; $AB_0 = -50$; $H_0 = 2050$.

c) Es ergeben sich allgemein folgende Wirkungen:
$\Delta Y = \mu \Delta AB$ sowie $\Delta Y = -\mu c \Delta T^a$ (μ ist der Einkommensmultiplikator)
Soll $\Delta Y = 0$ erreicht werden, muss somit gelten: $\Delta T^a = -\dfrac{\Delta AB}{c}$
Im Beispiel ist demnach erforderlich: $\Delta T^a = -1,25\Delta AB = -25$.

d) $\Delta Y = 100$; $\Delta i = 0$; $\Delta S = 15$; $\Delta I = 5$; $\Delta FS = -25$; $\Delta AB = -15$

e) Die Zentralbank muss die Geldmenge um $\Delta M = 12$ erhöhen. In diesem Fall wird ein Einkommenseffekt von $\Delta Y = 40$ erzielt.

Aufgabe 3.11

a) $Y_0 = 2000$; $i_0 = 0,1$ (10%)

b)

	$\Delta G = 50$	$\Delta M = 30$
ΔY	100	0
Δi	0,01	– 0,01

Infolge der Erhöhung der staatlichen Investitionsausgaben und des damit verbundenen positiven Einkommenseffekts nimmt die Nachfrage nach Transaktionskasse zu. Da die Geldmenge nicht verändert wird, ergibt sich eine Liquiditätsverknappung, durch die der Zinssatz steigt. Der Zinsanstieg führt zu einer Umschichtung von Spekulationskasse hin zu Transaktionskasse, so dass von hierher Geld für die zusätzlichen Transaktionszwecke zur Verfügung steht. Das ist eine Voraussetzung für den positiven Einkommenseffekt.

Die Erhöhung der Geldmenge hat zwar eine Zinssenkung zur Folge, diese führt aber wegen der zinsunelastischen Güternachfrage nicht zu einem Einkommenseffekt. Die zusätzliche Geldmenge wird vollständig in die Spekulationskasse aufgenommen.

Aufgabe 3.12

a) IS-Kurve: $Y = 2300 - 6000i$
LM-Kurve: $Y = 1700$ (im Fall 1); $i = 0,01 + 0,00002Y$ (im Fall 2).

b) Fall 1: $Y = 1700$; $i = 0,1$ (10%)
Fall 2: $Y = 2000$; $i = 0,05$ (5%)

c) Fall 1: $\dfrac{\Delta Y}{\Delta H^a} = 0$; $\dfrac{\Delta Y}{\Delta M} = 3^1/_3$; Fall 2: $\dfrac{\Delta Y}{\Delta H^a} \approx 1,7857$; $\dfrac{\Delta Y}{\Delta M} \approx 0,35714$

d)

	Fall 1		Fall 2	
	$\Delta G = 56$	$\Delta M = 28$	$\Delta G = 56$	$\Delta M = 28$
ΔY	0	$\approx 93,33$	100	10
Δi	$\approx 0,0187$	$\approx -0,0156$	0,002	$\approx -0,0017$

Im **ersten Fall** hat die Erhöhung der Staatsausgaben keinen Einkommenseffekt, weil die Geldnachfrage zinsunelastisch ist und deshalb durch eine Zinserhöhung keine zusätzliche Liquidität für Transaktionszwecke mobilisiert werden kann. Die Erhöhung der Geldmenge hat demgegenüber einen positiven Einkommenseffekt, weil unmittelbar mehr Geld für Transaktionen zur Verfügung steht.

Im **zweiten Fall** hat die Erhöhung der Staatsausgaben einen positiven Einkommenseffekt, weil infolge einer Zinssteigerung eine Substitution von Spekulationskasse durch Transaktionskasse stattfindet. Wegen der relativ hohen Zinselastizität der Geldnachfrage ist dieser Effekt recht groß. Der Einkommenseffekt der Geldmengenerhöhung ist demgegenüber vergleichsweise gering, weil der Zinssatz wegen der hohen Zinselastizität der Geldnachfrage nur um einen kleinen Betrag sinkt. Der weitaus größte Betrag (in Höhe von 25) der zusätzlichen Liquidität wird in der Spekulationskasse absorbiert.

Aufgabe 3.13

a) $\Delta H^a = 160$; $\Delta M = 320$

b) $\Delta EX = 9$; $\Delta Y = 30$

Aufgabe 3.14

1. Zunächst ist zu prüfen, ob die geldpolitischen Maßnahmen eine Erhöhung der Geldmenge bewirken, wenn sich die Zentralbank auf Refinanzierungsgeschäfte mit den Banken beschränkt. Von entscheidender Bedeutung ist dabei die Frage, ob die Banken erwarten, dass sie mit einer Zinssenkung zusätzliche Kreditnachfrage anregen können. Wenn das nicht der Fall ist, werden sie trotz verringertem Refinanzierungssatz keine zusätzlichen Refinanzierungsgeschäfte tätigen. Geld- und Kreditschöpfung findet dann nicht statt. Diese Situation ist insbesondere dann zu erwarten, wenn die Wirtschaftslage schlecht ist und einerseits Unternehmungen angesichts unterausgelasteter Sachkapazitäten trotz Zinssenkungen auf zusätzliche Investitionen verzichten und andererseits private Haushalte angesichts eines Einkommens- und Arbeitsplatzrisikos vor einer Aufnahme zusätzlicher Konsumentenkredite zurückschrecken. In dieser Situation sind die geldpolitischen Maßnahmen unwirksam.

2. Wenn die Zentralbank zum Instrument der definitiven Offenmarktoperationen greift, erhöht sie direkt die Geldmenge. Ob dadurch jedoch ein positiver Einkommenseffekt erzielt wird, hängt von den Zinselastizitäten auf dem Güter- und auf dem Geldmarkt ab. Ein Einkommenseffekt bleibt aus, wenn

   ▪ die Geldnachfrage vollkommen zinselastisch ist oder
   ▪ die Güternachfrage zinsunelastisch ist.

   In der ersten Situation liegt die Liquiditätsfalle vor. Schon ein geringe Zinssenkung hat dann eine starke Zunahme der Nachfrage nach Spekulationskasse zur Folge. Private Wirtschaftssubjekte substituieren in diesem Fall Wertpapiere gegen Geld, weil sie erwarten, dass das Kursniveau nicht weiter steigen wird und es deshalb günstig ist, Kursgewinne zu realisieren. Die privaten Wirtschaftssubjekte geben somit Wertpapiere an die Zentralbank ab, ohne dass hierzu eine nennenswerte Zinssenkung erforderlich ist.

   In der zweiten Situation kommt es zu einer relativ starken Zinssenkung, durch die das zusätzlich geschöpfte Geld ebenfalls vollständig in der Spekulationskasse aufgenommen wird. Wiederum substituieren die privaten Wirtschaftssubjekte Wertpapiere durch Geld, indem sie einen Teil ihrer Wertpapierforderungen an die Zentralbank abgeben. Der Unterschied zwischen beiden Situationen besteht im Wesentlichen darin, dass es in der ersten nicht zu einer maßgeblichen Zinssenkung kommt und deshalb auch keine nennenswerte zusätzliche zinsinduzierte Güternachfrage auftreten kann und dass es in der zweiten Situation zwar eine merkliche Zinssenkung gibt, diese aber ohne Wirkung auf die Güternachfrage bleibt.

3. **Fazit:** Die im Statement ausgedrückte Beurteilung der Wirksamkeit der expansiven Geldpolitik ist zwar nicht grundsätzlich richtig, sie kann aber bei bestimmten Bedingungen richtig sein.

Aufgabe 3.15

a) Die kreditfinanzierte Erhöhung der Staatsausgaben drückt sich in einer Verschiebung der IS-Kurve nach rechts aus. Von entscheidender Bedeutung für die Wirksamkeit der hier betrachteten Fiskalpolitik sind die Zinselastizitäten der Geld- und der Güternachfrage.

Ist die **Zinselastizität der Geldnachfrage** relativ gering, so bewirkt die untersuchte Maßnahme einen relativ starken Zinsanstieg. Denn in diesem Fall kann aus der Spekulationskasse nur wenig Liquidität für zusätzliche Transaktionen mobilisiert werden. Wenn außerdem die **Zinselastizität auf dem Gütermarkt** relativ hoch ist, hat der Zinsanstieg eine relativ starke Verdrängung privater Güternachfrage zur Folge. Vor diesem Hintergrund kommt es zu einem beachtlichen **zinsinduzierten Crowding-out-Effekt**, durch den so viel private Güternachfrage verdrängt wird, dass die staatliche Maßnahme letztlich nur eine relativ geringe Einkommenserhöhung erreicht.

Im Extremfall kann die Zinselastizität der Geldnachfrage sogar null sein. Jetzt steht überhaupt keine Liquidität für zusätzliche Transaktionen zur Verfügung. Wenn der Staat in dieser Situation seine Kreditnachfrage voll befriedigt, verdrängt er private Güternachfrage in Höhe seiner eigenen zusätzlichen Nachfrage auf dem Gütermarkt. In diesem Fall findet somit ein **totaler Crowding-out-Effekt** statt, bei dem die staatliche Maßnahme zwar einen (relativ starken) Zinsanstieg, aber keinen Einkommenszuwachs bewirkt. Offenbar nimmt die Opposition auf diesen totalen Crowding-out-Effekt Bezug.

Wie der Blick auf die Bedeutung der Zinselastizitäten zeigt, ist die Behauptung der Opposition allerdings **generell nicht richtig**. Es sind Situationen möglich, in denen die Zinselastizitäten auf dem Geld- und dem Gütermarkt nur einen geringen Crowding-out-Effekt implizieren und die staatliche Maßnahme deshalb einen beachtlichen positiven Einkommenseffekt erzielen kann. Wenn die Zinselastizität der Güternachfrage relativ niedrig ist, wird nur wenig private Güternachfrage durch einen Zinsanstieg verdrängt. Überdies fällt der Zinsanstieg gering aus, wenn die Zinselastizität der Geldnachfrage relativ hoch ist und dementsprechend aus der Spekulationskasse reichlich Liquidität für zusätzliche Transaktionen zur Verfügung steht. Im Extremfall einer vollkommen zinselastischen Geldnachfrage steigt der Zinssatz überhaupt nicht, so dass dann auch kein zinsinduzierter Crowding-out-Effekt auftreten kann.

b) Die IS-Kurve lautet:

Modelle a und c: $Y = 6500 - 15000i$

Modell b: $Y = 5000$

Aus der IS-Kurve und der LM-Kurve ergibt sich in allen drei Modellen das Gleichgewichtseinkommen in der Ausgangssituation: $Y_0 = 5000$. Der Zinssatz beträgt in dieser Situation: $i_0 = 0,1$ (10%). Die Staatsquote hat einen Wert von $G/Y = 0,25$ (25%).

Aufgrund der Erhöhung der Staatsausgaben um $\Delta G = 100$ kommt es zu den folgenden Wirkungen:

	ΔY	Δi	$\Delta \dfrac{G}{Y}$
Modell a	100	0,010 (1,0%)	~ 0,015
Modell b	250	0,025 (2,5%)	~ 0,007
Modell c	10	0,016 (1,6%)	~ 0,020

Der Einkommenseffekt ist im Modell b relativ groß, weil die Güternachfrage hier nicht auf den Zinsanstieg reagiert. Im Modell c ist der Einkommenseffekt demgegenüber sehr klein, weil hier zum einen die Zinselastizität der Geldnachfrage gering ist und zum anderen der Zinsanstieg eine relativ starke Dämpfung der Güternachfrage bewirkt.

Da die Staatsquote in der Ausgangssituation einen Wert von 0,25 hat, müsste das Einkommen um den vierfachen Betrag der Staatsausgabenerhöhung zunehmen, wenn die Staatsquote konstant bleiben soll. Der Multiplikator müsste folglich den Wert $\Delta Y/\Delta G = 4$ haben.

Aufgabe 3.16

a) **IS-Kurve:** $Y = \dfrac{1}{1 - c(1 - \tau) - b_Y + m} \ [C^a + I^a + G + EX - IM^a + c(\ddot{U} - T^a) - b_i i]$

LM-Kurve: $i = \dfrac{1}{k_i}(k_Y Y + L^a - M)$

Gleichgewichtseinkommen:

$$Y = \dfrac{1}{1 - c(1 - \tau) - b_Y + m + k_Y\dfrac{b_i}{k_i}} \ [C^a + I^a + G + EX - IM^a + c(\ddot{U} - T^a) + \dfrac{b_i}{k_i}(M - L^a)]$$

b1) $Y_0 = 5000$; $i_0 = 0,06$ (6%)

b2) FH = 350 ; FU = – 330, FS = – 60; FA = 40.
Die Finanzierungsbedingung ist erfüllt.

b3) $\Delta Y = 62,5$; $\Delta i = 0,003125$ (+ 0,3125 Prozentpunkte)
$\Delta FS = \Delta T - \Delta G = -25$
$\Delta FH = 3,75$; $\Delta FU = -\Delta I = 8,75$; $\Delta FA = -\Delta AB = 12,5$

Das zusätzliche staatliche Budgetdefizit wird somit finanziert durch einen Anstieg der privaten Ersparnis um 3,75, durch eine Verdrängung privater Investitionen um 8,75 sowie durch eine Verschlechterung des Außenbeitrags um 12,5.

c1) $Y_0 \approx 5254,55$; $i_0 \approx 0,0219$ (2,19 %)

c2) $FH \approx 365,28$; $FU = -498$, $FS \approx 41,82$; $FA \approx 90,91$

c3) $\Delta Y \approx 75,76$; $\Delta i = 0,001136$ (+ 0,1136 Prozentpunkte)

$\Delta FS = \Delta T - \Delta G \approx -19,7$

$\Delta FH \approx 4,55$; $\Delta FU = -\Delta I \approx 0$; $\Delta FA = -\Delta AB \approx 15,15$

Das zusätzliche staatliche Budgetdefizit wird somit finanziert durch einen Anstieg der privaten Ersparnisse um ca. 4,55 sowie durch eine Verschlechterung des Außenbeitrags um ca. 15,15. Eine Verdrängung privater Investitionen findet hier nicht statt.

d1) $Y_0 = 4600$; $i_0 = 0,12$ (12%)

d2) $FH = 326$; $FU = -66$; $FS = -220$; $FA = -40$

d3) $\Delta Y \approx 41,67$; $\Delta i = 0,00625$ (+ 0,625 Prozentpunkte)

$\Delta FS = \Delta T - \Delta G \approx -33,33$

$\Delta FH = 2,5$; $\Delta FU = -\Delta I = 22,5$; $\Delta FA = -\Delta AB \approx 8,33$

Das zusätzliche staatliche Budgetdefizit in Höhe von ca. 33,33 wird somit finanziert durch einen Anstieg der privaten Ersparnisse um 2,5, durch eine Verdrängung privater Investitionen um 22,5 sowie durch eine Verschlechterung des Außenbeitrags um ca. 8,33.

Kapitel 4
Preisniveau und Einkommen

A. Kontrollfragen

4.1 Welcher Zusammenhang besteht zwischen den Ersparnissen und dem Geldvermögen der privaten Haushalte? Wie wirken sich Veränderungen des Güterpreisniveaus auf die privaten Ersparnisse sowie auf den privaten Konsum aus, wenn das Geldvermögen eine Bestimmungsgröße der Ersparnisse ist?

4.2 Was versteht man unter dem Realkasseneffekt? Wie unterscheidet sich dieser vom realen Vermögenseffekt? Wie wirkt sich eine Preissteigerung gemäß dem realen Vermögenseffekt oder dem Realkasseneffekt auf die private Konsumgüternachfrage aus?

4.3 Welche Bedeutung hat das Steuersystem für die Wirkungen von Preisänderungen auf das verfügbare Einkommen? Erläutern Sie, ob und gegebenenfalls warum aus den entsprechenden Zusammenhängen Einflüsse auf die private Konsumgüternachfrage sowie auf die privaten Ersparnisse auftreten können.

4.4 Welcher Zusammenhang besteht zwischen Veränderungen des Güterpreisniveaus, der Einkommensverteilung und der privaten Konsumgüternachfrage?

4.5 Wie lässt sich die Abhängigkeit der realen heimischen Absorption vom Einkommen, vom Zinssatz und vom Güterpreisniveau erklären? Wie wirkt sich eine Einkommensänderung, eine Zinsänderung oder eine Preisänderung auf die heimische Absorption aus?

4.6 Welcher Zusammenhang besteht zwischen dem Außenbeitrag und dem realen Wechselkurs? Was versteht man unter einer realen Abwertung, was unter einer realen Aufwertung? Verdeutlichen Sie, wie sich eine Veränderung des realen Wechselkurses über den Mengeneffekt und über den Preiseffekt auf den Außenbeitrag auswirkt.

4.7 Warum sollte die Zentralbank eines Landes eine Politik der nominellen Geldmengensteuerung und nicht eine Politik der realen Geldmengensteuerung betreiben? Wie wirken sich Preiserhöhungen auf die reale

Geldmenge aus, wenn eine Politik der nominellen Geldmengensteuerung betrieben wird?

4.8   Wie lauten die Funktionen der IS-Kurve und der LM-Kurve bei Berücksichtigung des Güterpreisniveaus.

4.9   Welchen Zusammenhang beschreibt die aggregierte Güternachfragekurve?

4.10   Wie wirkt sich eine Preiserhöhung (und alternativ eine Preissenkung) auf die aggregierte Güternachfrage, auf die IS-Kurve sowie auf die LM-Kurve aus? Welche Rolle spielen dabei der Pigou-Effekt und der Keynes-Effekt?

4.11   Wie ist die Preiselastizität der gesamtwirtschaftlichen bzw. der aggregierten Güternachfrage definiert? Welcher Zusammenhang besteht zwischen den Zinselastizitäten der Güternachfrage und der Geldnachfrage auf der einen Seite und der Preiselastizität der aggregierten Güternachfrage auf der anderen Seite?

4.12   Welche Bedeutung hat die Liquiditätsfalle für die Preiselastizität der aggregierten Güternachfrage? Warum ist zwar einerseits der Keynes-Effekt ausgeschlossen, andererseits aber der Pigou-Effekt wirksam, wenn die Liquiditätsfalle vorliegt?

4.13   Wie verläuft die aggregierte Nachfragekurve, wenn weder der Keynes-Effekt noch der Pigou-Effekt wirksam ist? Bei welchen Rahmenbedingungen sind beide Effekte ausgeschlossen?

4.14   Welcher Zusammenhang besteht zwischen dem Güterangebot und dem Güterpreisniveau auf einem vollkommenen gesamtwirtschaftlichen Gütermarkt und alternativ einem unvollkommenen gesamtwirtschaftlichen Gütermarkt?

4.15   Wie ist die Preiselastizität des gesamtwirtschaftlichen bzw. des aggregierten Güterangebots definiert?

4.16   Auf dem Gütermarkt möge entweder ein Angebotsüberschuss oder ein Nachfrageüberschuss bestehen. Welche Reaktionen und welche Anpassungsprozesse sind zu erwarten? Wie werden diese Reaktionen und Anpassungsprozesse im neoklassischen Ansatz eines vollkommenen Gütermarktes und alternativ im keynesianischen Ansatz eines unvollkommenen Gütermarktes bzw. einer autonomen Preispolitik der Unternehmungen erklärt?

4.17   Wie lässt sich die für die keynesianische Theorie typische Hypothese der Preisinflexibilität "nach unten" erklären?

4.18 Wie wirkt sich eine Erhöhung der autonomen Güternachfrage auf das Einkommen, das Preisniveau und den Zinssatz aus, wenn bei normaler Zinselastizität der Geldnachfrage das Güterangebot vollkommen preiselastisch oder alternativ das Güterangebot preisunelastisch oder alternativ das Güterangebot normal preiselastisch ist?

4.19 Welche Wirkungen hat eine Erhöhung der nominellen Geldmenge auf das Einkommen, das Preisniveau und den Zinssatz, wenn (1) die Güternachfrage zinsunelastisch ist oder (2) die Geldnachfrage vollkommen zinselastisch ist oder (3) die Güternachfrage sowie die Geldnachfrage normale Zinsreaktionen aufweisen und das aggregierte Güterangebot vollkommen preiselastisch oder vollkommen preisunelastisch oder normal preiselastisch ist?

4.20 Welche Wirkungen hat eine autonome Erhöhung des aggregierten Güterangebots auf das Einkommen, das Preisniveau und den Zinssatz, wenn die aggregierte Güternachfrage normal preiselastisch oder die aggregierte Güternachfrage preisunelastisch ist? Begründen Sie Ihre Lösung ausführlich mit einer graphischen Darstellung der LM-Kuve, der IS-Kurve, der AS-Kurve sowie der AD-Kurve. Welche Bedingungen müssten erfüllt sein, damit die aggregierte Güternachfrage preisunelastisch ist?

B. Übungsaufgaben

Aufgabe 4.1

Die folgenden Funktionen und Daten sind bekannt:

(1) $H = 500 + 0,8Y - 2000i + \dfrac{100}{P}$ Heimische Absorption

(2) $AB = 200 - 0,2Y + \dfrac{200}{P}$ Außenbeitrag

(3) $L = 0,4Y - 2000i$ Geldnachfrage

(4) $\dfrac{M^n}{P} = 600$ Geldangebot

a) Formulieren Sie die IS-Kurve, die LM-Kurve sowie die AD-Kurve (die aggregierte Nachfragekurve).

b) Berechnen Sie das Gleichgewichtseinkommen und den Zinssatz für ein Preisniveau von $P_1 = 1,0$ oder $P_2 = 0,75$ oder $P_3 = 1,25$.

c) Zeichnen Sie die LM-Kurve, die IS-Kurve sowie die AD-Kurve. Machen Sie deutlich, ob und gegebenenfalls wie diese Kurven beeinflusst werden, wenn alternativ

- das Preisniveau von $P_1 = 1,0$ auf $P_2 = 0,75$ gesenkt wird
- die autonome heimische Absorption von 500 auf 600 erhöht wird
- die autonomen Importe um 50 erhöht werden.

Aufgabe 4.2

Ersetzen Sie die in der Aufgabe 4.1 zugrunde gelegte Geldnachfragefunktion durch die folgende Funktion

(3a) $L = 600 + 0,4Y - 8000i$

a) Bestimmen Sie algebraisch die AD-Kurve. Stellen Sie diese Kurve graphisch dar. Vergleichen Sie diese Kurve mit der in der Aufgabe 4.1 hergeleiteten AD-Kurve und erklären Sie den Unterschied.

b) Berechnen Sie das Gleichgewichtseinkommen und den Zinssatz für die folgenden Preisniveaus: $P_0 = 1,0$; $P_1 = 0,75$; $P_2 = 1,25$.

c) Berechnen und vergleichen Sie die Preiselastizität der aggregierten Güternachfrage für die in der Aufgabe 4.1 hergeleitete AD-Kurve und die in dieser Aufgabe hergeleitete AD-Kurve jeweils bei einem Preisniveau von $P = 1$.

Aufgabe 4.3

Legen Sie alternativ die folgenden Funktionen für das gesamtwirtschaftliche Preisniveau zugrunde:

(1) $P = 0,2 + 0,0008X$

(2) $P = 0,9 + 0,0001X$

(3) $X = 990 + 10P$

a) Stellen Sie die Funktionen graphisch dar.

b) Bestimmen Sie jeweils die Preiselastizität des Güterangebots.

c) Wie wird jeweils das Güterangebot verändert, wenn das Preisniveau, ausgehend von $P = 1,0$, um 10% steigt?

Aufgabe 4.4

Legen Sie das folgende Modell zugrunde:

(1) $H = 500 + 0,8Y - 2000i + \dfrac{100}{P}$ Heimische Absorption

(2) $AB = 200 - 0,2Y + \dfrac{200}{P}$ Außenbeitrag

(3) $L = 0,4Y - 2000i$ Geldnachfrage

(4) $M^n = 600$ Geldangebot

(5) $X = 2000$ Güterangebot

a) Berechnen Sie das Gleichgewichtseinkommen, das Preisniveau und den Zinssatz.

b) Welche Wirkungen auf das Einkommen, das Preisniveau und den Zinssatz treten auf, wenn alternativ

- die autonome heimische Absorption um 150
- die nominelle Geldmenge um 180
- das Güterangebot um 125

erhöht wird?

c) Um welchen Betrag müsste das Güterangebot zunehmen, damit sich bei einer Erhöhung der staatlichen Investitionsausgaben um 200 kein Preiseffekt ergibt? Legen Sie bei Ihrer Lösung die Ausgangssituation mit einem Preisniveau von P = 1 zugrunde.

d) Verändern Sie die Geldnachfragefunktion zu

(3a) $L = 600 + 0{,}4Y - 8000i$

Welche Ergebnisse ergeben sich jetzt zu a) und zu b)? Erläutern Sie die Unterschiede.

e) Verändern Sie die Funktionen der heimischen Absorption und des Außenbeitrags wie folgt:

(1a) $H = 600 + 0{,}8Y - 2000i$

(2a) $AB = 400 - 0{,}2Y$

Legen Sie die Geldnachfragefunktion (3) zugrunde. Welche Ergebnisse treten jetzt zu a) und zu b) auf?

Aufgabe 4.5

Legen Sie das in der Aufgabe 4.4 verwendete Modell (1) bis (4) zugrunde. Anstelle eines preisunelastischen Güterangebots möge jetzt ein preiselastisches Güterangebot gemäß der folgenden Funktion gegeben sein:

(5a) $X = 750 + 1000P$

a) Bestimmen Sie aus der aggregierten Güternachfrage und dem aggregierten Güterangebot sowohl algebraisch als auch graphisch das Gleichgewichtseinkommen und das Preisniveau.

b) Welche Wirkungen auf das Gleichgewichtseinkommen und auf das Preisniveau treten auf, wenn

- das autonome Güterangebot um 250
- die autonome heimische Absorption um 180

erhöht wird?

Bestimmen Sie das Ergebnis sowohl auf graphischem Wege als auch algebraisch.

c) Um welchen Betrag müssten die staatlichen Investitionsausgaben (bzw. die autonome heimische Absorption) und das autonome Güterangebot zunehmen, wenn bei konstantem Preisniveau eine Erhöhung des Einkommens um 125 erreicht werden soll? Lösen Sie diese Aufgabe auf der Grundlage der im Aufgabenteil a) betrachteten Ausgangssituation.

Aufgabe 4.6

Für den Gütermarkt sind die folgenden Funktionen und Daten bekannt:[2]

(1) $C = 10 + 0,9YV - 100P$ (5) $T = 100 + 0,25Y$

(2) $I = 50 + 0,125Y - 1000i$ (6) $EX = 800 - 200P$

(3) $G = 450$ (7) $IM = 50 + 0,2Y + 150P$

(4) $Ü = 200$

Das Gleichgewicht auf dem Geldmarkt (die LM-Kurve) wird in vereinfachter Form wie folgt erklärt:

(8) $i = 0,001 (0,225Y + 800P - M^n - 350)$

Das nominelle Geldangebot beträgt in der Ausgangssituation:

(9) $M^n = 800$

Auf der Angebotsseite des Gütermarktes gelten alternativ:

(10) $X = 2000$

(10a) $P = 0,0005X$

(10b) $P = 1$

a) Bestimmen Sie die Funktionen der IS-Kurve und der AD-Kurve.

b) Stellen Sie das Modell mit Hilfe der IS-Kurve, der LM-Kurve, der AD-Kurve und der AS-Kurve graphisch dar.

c) Berechnen Sie das Gleichgewichtseinkommen, den Zinssatz und das Preisniveau in der Ausgangssituation. Prüfen Sie, ob in dieser Situation die Gleichgewichtsbedingung $S = I - FS + AB$ erfüllt ist.

d) Bestimmen Sie die Funktion der heimischen Absorption.

e) Wie lauten die Einkommensmultiplikatoren für eine autonome Veränderung der heimischen Absorption? Beachten Sie dabei die verschiedenen Angebots- bzw. Preisfunktionen (10) bis (10b). Vergleichen Sie die Multiplikatoren und erklären Sie die Unterschiede.

f) Die staatlichen Investitionsausgaben werden um 100 erhöht. Welche Wirkungen ergeben sich auf Einkommen, Zinssatz, Preisniveau und staatlichen

---

2 Um eine leichte Berechnung innerhalb des Modells zu ermöglichen, wird zur Erfassung der Determinante "Preisniveau" eine einfache lineare Form verwendet.

Finanzierungssaldo? Aus welchen Quellen wird ein zusätzliches staatliches Budgetdefizit finanziert?

g) Die Geldmenge steigt um 100. Wie verändern sich das Einkommen, der Zinssatz und das Preisniveau? Prüfen Sie, ob die Gleichgewichtsbedingung des Gütermarktes weiterhin erfüllt ist.

h) Das Güterangebot wird im Fall der Angebotsfunktion (10) um 100 erhöht. Bestimmen Sie die Wirkungen auf Einkommen, Zinssatz und Preisniveau. Prüfen Sie auch hier, ob die Gleichgewichtsbedingung des Gütermarktes weiterhin erfüllt ist.

i) Legen Sie die Angebotsfunktion (10) zugrunde. Um welchen Betrag müssten die Geldmenge und das autonome Güterangebot steigen, wenn trotz einer Erhöhung der staatlichen Investitionsausgaben um einen Betrag von 100 der Zinssatz und das Preisniveau konstant bleiben sollen? Welcher Einkommenseffekt würde sich in diesem Fall ergeben?

Aufgabe 4.7

Die Regierung eines Landes plant, die staatlichen Transferzahlungen an private Haushalte kräftig zu erhöhen, um so die Güternachfrage anzuregen und darüber positive Einkommens- und Beschäftigungseffekte zu erzielen. Ein Wirtschaftsforschungsinstitut warnt eindringlich vor einer solchen Politik, da diese erfahrungsgemäß nur Zins- und Preissteigerungen zur Folge habe. Statt dessen wird eine kräftige Steuersenkung empfohlen, durch die sich nicht nur positive Wirkungen auf die Güternachfrage, sondern auch auf das Güterangebot ergeben würden.

a) Zeigen Sie, wie sich eine kreditfinanzierte Erhöhung der staatlichen Transferzahlungen an private Haushalte bei unterschiedlichen Rahmenbedingungen auf das Einkommen, das Preisniveau und den Zinssatz auswirkt. Machen Sie dabei insbesondere deutlich, auf welche Rahmenbedingungen das Wirtschaftsforschungsinstitut Bezug nimmt.

b) Nehmen Sie an, dass die vom Wirtschaftsforschungsinstitut vertretene Auffassung, mit einer Steuersenkung ließe sich auch das Güterangebot steigern, richtig ist. Welche Einkommens- und Preiseffekte können sich dann aufgrund einer Steuersenkung ergeben?

Begründen Sie Ihre Lösung ausführlich im Rahmen einer graphischen Darstellung mit Hilfe der IS-Kurve, der LM-Kurve, der AD-Kurve sowie der AS-Kurve.

Aufgabe 4.8

In einer Stellungnahme des Wirtschaftsministeriums heißt es: "Da wir mit einer kreditfinanzierten Erhöhung der Staatsausgaben allein keine Einkommens- und

Beschäftigungseffekte erzielen können, ist es dringend geboten, dass die Zentralbank unsere Politik durch eine expansive Geldpolitik unterstützt."

a) Nennen Sie mögliche Ursachen, durch die positive Einkommenseffekte einer expansiven Fiskalpolitik verhindert werden können.

b) Machen Sie im Rahmen einer graphischen Darstellung mit Hilfe der IS-Kurve, der LM-Kurve, der AD-Kurve und der AS-Kurve deutlich, wie sich eine expansive Fiskalpolitik auf das Einkommen und auf das Preisniveau auswirken kann, wenn sie durch eine expansive Geldpolitik unterstützt wird. Legen Sie den Fall einer zinsunelastischen Geldnachfrage zugrunde.

c) Ist die Auffassung des Wirtschaftsministeriums richtig, dass sich mit der expansiven Fiskalpolitik positive Einkommenseffekte erzielen lassen, wenn die Zentralbank begleitend eine expansive Geldpolitik betreibt? Begründen Sie Ihre Antwort ausführlich.

Aufgabe 4.9

"Obwohl eine expansive Geldpolitik betrieben wurde, ist das Zinsniveau gestiegen. Offenbar greifen die geldpolitischen Maßnahmen nicht mehr."
Prüfen Sie, ob und gegebenenfalls wie es trotz einer expansiven Geldpolitik zu einem Zinsanstieg kommen kann. Ist der Zinsanstieg ein Indiz für die fehlende Wirksamkeit der Geldpolitik?

C. Lösungen

Aufgabe 4.1

a) IS-Kurve: $Y = 1750 - 5000i + \dfrac{750}{P}$

   LM-Kurve: $i = 0,0002Y - \dfrac{0,3}{P}$

   AD-Kurve: $Y = 875 + \dfrac{1125}{P}$

b) Bei P_1: $Y_1 = 2000$; $i_1 = 0,1$ (10%)

   Bei P_2: $Y_2 = 2375$; $i_2 = 0,075$ (7,5%)

   Bei P_3: $Y_3 = 1775$; $i_3 = 0,115$ (11,5%)

c) **Preissenkung:** Diese impliziert eine Bewegung auf der AD-Kurve. Das Einkommen steigt von 2000 auf 2375.
   Erhöhung der autonomen heimischen Absorption: Sie bewirkt eine Verschiebung der IS-Kurve und der AD-Kurve nach rechts. Die AD-Kurve

lautet jetzt: $Y = 1000 + 1125/P$. Bei einem Preisniveau von $P_0 = 1$ erhöht sich das Einkommen von $Y_0 = 2000$ auf $Y_1 = 2125$.

Erhöhung der autonomen Importe: Diese ist unmittelbar mit einer Verringerung des autonomen Außenbeitrags verbunden. Es kommt so zu einer Verschiebung der IS-Kurve und der AD-Kurve nach links. Die AD-Kurve lautet nun: $Y = 812,5 + 1125/P$. Das Einkommen verringert sich bei konstantem Preisniveau um 62,5, zum Beispiel bei $P_0 = 1$ von $Y_0 = 2000$ auf $Y_1 = 1937,5$.

Aufgabe 4.2

a) LM-Kurve: $i = 0,00005Y + 0,075 - \dfrac{0,075}{P}$; AD-Kurve: $Y = 1100 + \dfrac{900}{P}$

Die AD-Kurve verläuft jetzt steiler. Wegen der höheren Zinselastizität der Geldnachfrage wirkt sich eine Preisänderung hier nicht so stark auf den Zinssatz aus wie im Modell der Aufgabe 4.1.

b) Bei $P_1 = 1$: $Y_1 = 2000$; $i_1 = 0,1$ (10%)

Bei $P_2 = 0,75$: $Y_2 = 2300$; $i_2 = 0,09$ (9%)

Bei $P_3 = 1,25$: $Y_3 = 1820$; $i_3 = 0,106$ (10,6%)

c) Für (4.1): $\varepsilon(Y,P) = 0,5625$

Für (4.2): $\varepsilon(Y,P) = 0,45$

Aufgabe 4.3

b) Zunächst werden die Gleichungen (1) und (2) nach X aufgelöst:

(1a) $X = -250 + 1250P$

(2a) $X = -9000 + 10000P$

Die Preiselastizität ist allgemein wie folgt definiert:

$$\varepsilon(X,P) = \frac{\delta X}{\delta P} \frac{P}{X}$$

Die Preiselastizitäten lauten somit konkret:

Für (1a): $\varepsilon_1 = \dfrac{1250P}{-250 + 1250P}$ (bei $P > 0,2$);

für (2a): $\varepsilon_2 = \dfrac{10000P}{-9000 + 10000P}$ (bei $P > 0,9$)

für (3): $\varepsilon_3 = \dfrac{10P}{990 + 10P}$

c) Für (1): $\Delta X = 125$; für (2): $\Delta X = 1000$; für (3): $\Delta X = 1$

Aufgabe 4.4

a) $Y_0 = 2000$; $P_0 = 1$; $i_0 = 0,1$ (10%)

b) $\Delta H^a = 150$: $\Delta Y = 0$; $\Delta P = 0,2$; $\Delta i = 0,05$

   $\Delta M^n = 180$: $\Delta Y = 0$; $\Delta P = 0,2$; $\Delta i = -0,025$

   $\Delta X = 125$: $\Delta Y = 125$; $\Delta P = -0,1$; $\Delta i = -0,0083$

c) $\Delta X = 250$

d) $Y_0 = 2000$; $P_0 = 1$; $i_0 = 0,1$

   $\Delta H^a = 150$: $\Delta Y = 0$; $\Delta P = 0,5$; $\Delta i = 0,025$

   $\Delta M^n = 180$: $\Delta Y = 0$; $\Delta P = 0,1$; $\Delta i \approx -0,0136$

   $\Delta X = 125$: $\Delta Y = 125$; $\Delta P \approx -0,122$; $\Delta i \approx -0,0042$

Die LM-Kurve verläuft jetzt wegen der höheren Zinselastizität der Geldnachfrage flacher. Dadurch ergibt sich eine geringere Veränderung des
Zinssatzes als im Aufgabenteil b). Die AD-Kurve verläuft steiler, so dass
eine Veränderung der autonomen Absorption oder des Güterangebots zu
einer stärkeren Preisniveauänderung führt. Die Erhöhung der nominellen
Geldmenge bewirkt im Vergleich zu b) eine geringere Ausweitung der
zinsabhängigen Güternachfrage. Folglich ergibt sich auch ein geringerer
Preisniveaueffekt.

e) $Y_0 = 2000$; $P_0 = 1$; $i_0 = 0,1$

   $\Delta H^a = 150$: $\Delta Y = 0$; $\Delta P = 0,\overline{3}$; $\Delta i = 0,075$

   $\Delta M^n = 180$: $\Delta Y = 0$; $\Delta P = 0,3$; $\Delta i = 0$

   $\Delta X = 125$: $\Delta Y = 125$; $\Delta P \approx -0,1429$; $\Delta i = -0,025$

Die AD-Kurve verläuft jetzt steiler als im Aufgabenteil b), da weder die
heimische Absorption noch der Außenbeitrag direkt vom Preisniveau abhängig sind und sich folglich bei Veränderung des Preisniveaus keine
Verschiebung der IS-Kurve ergibt. Deshalb ergibt sich in den drei Fällen
jeweils eine stärkere Veränderung des Preisniveaus und eine damit einher-
gehende größere Veränderung der realen Geldmenge. Folglich reagiert bei
einer Veränderung der heimischen Absorption oder des Güterangebots das
Zinsniveau stärker als unter b). Eine Ausweitung der nominellen Geldmenge führt zu einer Preisniveaureaktion, die die ursprüngliche reale Geldmenge wiederherstellt, so dass sich das Zinsniveau nicht verändert.

Aufgabe 4.5

a) Zur Bestimmung des Preisniveaus werden die aggregierte Nachfragekurve
   und die aggregierte Angebotskurve benötigt:
   AD-Kurve: $Y = 875 + 1125/P$; AS-Kurve: $X = 750 + 1000P$

Daraus folgt bei $X = Y$: $1000P^2 - 125P - 1125 = 0$

Aufgelöst nach P ergibt sich:

$$P = \frac{0{,}125}{2} \pm \sqrt{\left(\frac{0{,}125}{2}\right)^2 + 1{,}125} = 0{,}0625 \pm 1{,}0625$$

Da ein negatives Preisniveau ökonomisch nicht möglich ist, ergibt sich somit: $P = 1{,}125$.

Aus der AD- oder der AS-Kurve lässt sich jetzt auch das Gleichgewichtseinkommen bestimmen: $Y_0 = 1875$.

b) Für $\Delta X^a = 250$: $\Delta P = -0{,}125$; $\Delta Y = 125$

   Für $\Delta H^a = 180$: $\Delta P = 0{,}125$; $\Delta Y = 125$

c) Erhöhung der staatlichen Investitionsausgaben um $\Delta H^a = 100$ sowie des autonomen Güterangebots um $\Delta X^a = 125$.

Aufgabe 4.6

a) Die IS-Kurve lautet: $Y = \dfrac{1}{1 - c_Y(1-\tau) - b_Y + m}(H^a + AB^a + 450P - 1000i)$

   H^a ist die autonome heimische Absorption und AB^a ist der autonome Außenbeitrag. Es gilt: $H^a = C^a + I^a + G^a + c_Y(\ddot{U} - T^a) = 600$; $AB^a = EX - IM^a = 750$. Setzt man die Koeffizientenwerte in den Quotienten ein, so erhält man: (11) $Y = 3375 - 1125P - 2500i$.

   Nach Einsetzen von Gleichung (8) für den Zinssatz ergibt sich die Gleichung der AD-Kurve: (12) $Y = 1{,}6 (H^a + M^n + 1100 - 1250P) = 4000 - 2000P$.

c) $Y_0 = 2000$; $i_0 = 0{,}1$ (10%); $P_0 = 1$;

   $S_0 = 250$; $I_0 = 200$; $FS_0 = -50$; $AB_0 = 0$

d) $H = 600 + 0{,}8Y - 100P - 1000i$

e) Für (10): $\delta Y/\delta H^a = 0$; für (10a): $\delta Y/\delta H^a = 0{,}8$; für (10b): $\delta Y/\delta H^a = 1{,}6$.

   Im **ersten Fall** ist das Güterangebot fixiert, so dass ein Einkommenseffekt nicht möglich ist. Der Einkommensmultiplikator ist somit null. Die Güternachfrage wird durch einen Preisanstieg auf das Ausgangsniveau zurückgedrängt: $\Delta Y = 0$. Gemäß Gleichung (12) erhält man dafür: $\Delta P = 0{,}0008\Delta H^a$.

   Im **zweiten Fall** ist das Güterangebot preiselastisch, aber nicht vollkommen preiselastisch; die Erhöhung der Güternachfrage hat deshalb einen Preisanstieg zur Folge, durch den es zu einer preisinduzierten Dämpfung der Güternachfrage kommt. Außerdem erhöht sich der Zinssatz, so dass von hierher noch eine zinsinduzierte Dämpfung der Güternachfrage auftritt. Zur Berechnung der Einkommensänderung muss (10a) in (12) eingesetzt werden. Es ergibt sich dann: $\Delta Y = 0,8\Delta H^a$.

Im **dritten Fall** ist das Preisniveau konstant; das Güterangebot ist jetzt vollkommen preiselastisch; folglich findet auch keine preisinduzierte Dämpfung der Güternachfrage statt; allerdings erhöht sich das Zinsniveau, so dass eine zinsinduzierte Dämpfung der Güternachfrage eintritt. Der Einkommenseffekt ergibt sich für $\Delta P = 0$ unmittelbar aus (12).

f)

	ΔY	Δi	ΔP	ΔFS	ΔS	ΔI	ΔAB
(10)	0	0,064	0,08	− 100	8	− 64	− 28
(10a)	80	0,050	0,04	− 80	10	− 40	− 30
(10b)	160	0,036	0,00	− 60	12	− 16	− 32

g)

	ΔY	Δi	ΔP	ΔFS	ΔS	ΔI	ΔAB
(10)	0	− 0,036	0,08	0	8	36	− 28
(10a)	80	− 0,050	0,04	20	10	60	− 30
(10b)	160	− 0,064	0,00	40	12	84	− 32

h)

	ΔY	Δi	ΔP	ΔFS	ΔS	ΔI	ΔAB
(10)	100	− 0,017500	− 0,050	25,00	2,50	30	− 2,50

i) Das autonome Güterangebot muss um 250 und die Geldmenge muss um 56,25 erhöht werden. Das Einkommen steigt dann um 250.

Aufgabe 4.7

a) Durch die Erhöhung der staatlichen Transferzahlungen nimmt das verfügbare Einkommen der privaten Haushalte zu. Es ist deshalb mit einem Anstieg der privaten Konsumgüternachfrage zu rechnen. Die hier betrachtete Politik hat keinen Einkommenseffekt, wenn

- die Geldnachfrage zinsunelastisch ist oder alternativ
- das Güterangebot preisunelastisch ist.

Im **ersten Fall** ergibt sich aufgrund des Zinsanstiegs ein totaler zinsinduzierter Crowding-out-Effekt. Einerseits steigt zwar aufgrund der Transferzahlungen die private Konsumgüternachfrage, andererseits wird aber in gleicher Höhe infolge der Zinssteigerung private Güternachfrage - insbesondere private Investitionsgüternachfrage - verdrängt.

Im **zweiten Fall** kommt es zu einem Preisanstieg und in der Regel auch zu einem Zinsanstieg. Es findet dann ein totaler zins- und preisinduzierter Crowding-out-Effekt statt. Auch hier steigt auf der einen Seite wegen der höheren Transferzahlungen die private Konsumgüternachfrage, aber auf der anderen Seite geht in gleicher Höhe infolge des Preis- und Zinsanstiegs Nachfrage nach inländischen Produkten verloren. Der Zinsanstieg verdrängt insbesondere private Investitionsgüternachfrage. Der Preisanstieg hat zum einen eine Verringerung der realen Geldmenge und dadurch einen Zinsanstieg zur Folge, er wirkt sich aber auch direkt auf die Nachfrage nach inländischen Produkten aus, indem insbesondere die Exporte beeinträchtigt und die Importe angeregt werden.

In **allen anderen Fällen** wird das Einkommen gesteigert. Allerdings erhöhen sich bei normalen Bedingungen zugleich das Preisniveau und der Zinssatz, so dass auch hier ein gewisser zins- und preisinduzierter Crowding-out-Effekt auftritt. Die durch die zusätzlichen Transferzahlungen bewirkte Erhöhung der privaten Konsumgüternachfrage wird jetzt allerdings nicht vollständig kompensiert. Der Zinssatz bleibt nur dann konstant, wenn die Geldnachfrage vollkommen zinselastisch ist. Und ein konstantes Preisniveau ist nur dann möglich, wenn ein vollkommen preiselastisches Güterangebot vorliegt.

Fazit: Das Wirtschaftsforschungsinstitut nimmt offenbar auf die oben genannten extremen Fälle einer zinsunelastischen Geldnachfrage und/oder eines preisunelastischen Güterangebots Bezug.

b) Im Folgenden werden nur die beiden zuvor im Fazit genannten Fälle einer zinsunelastischen Geldnachfrage und alternativ eines preisunelastischen Güterangebots betrachtet. Die Abbildung 1 zeigt den ersten Fall.

Abbildung 1

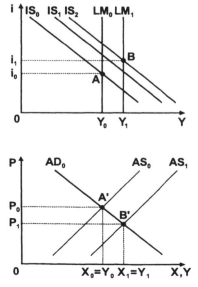

Infolge der Steuersenkung steigt das verfügbare Einkommen der privaten Wirtschaftssubjekte. Es ist deshalb mit einem Anstieg der privaten Güternachfrage zu rechnen. Dieser Anstieg kommt in einer Verschiebung der IS-Kurve nach rechts (hier z.B. von IS_0 nach IS_1) zum Ausdruck. Da die Geldnachfrage zinsunelastisch ist, bleibt die aggregierte Nachfragekurve AD hiervon unberührt.

Wenn sich aber, wie das Wirtschaftsforschungsinstitut annimmt, infolge der Steuersenkung auch das Güterangebot erhöht, so verschiebt sich die AS-Kurve nach rechts, hier z. B. von AS_0 nach AS_1. Demzufolge kommt es zu einer Preissenkung von P_0 auf P_1. Die Preissenkung bewirkt zum einen eine Erhöhung der realen Geldmenge, die sich in einer Verschiebung der LM-Kurve nach rechts, hier z. B. von LM_0 nach LM_1 ausdrückt. Außerdem induziert die Preissenkung direkt eine Erhöhung der Nachfrage nach inländischen Produkten, insbesondere eine Erhöhung der Exporte und eine Verringerung der Importe zugunsten von Gütern aus inländischer Produktion. Dementsprechend verschiebt sich die IS-Kurve weiter nach rechts, hier nach IS_2. Nur aufgrund der steuerinduzierten Erhöhung des Güterangebots wird es also in dem hier untersuchten Fall möglich, einen positiven Einkommenseffekt zu erzielen.

Der Abbildung 2 liegt der zweite Fall eines preisunelastischen Güterangebots zugrunde.

Abbildung 2

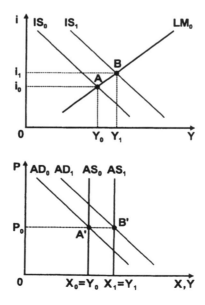

Infolge der höheren privaten Konsumgüternachfrage, die durch die zusätzlichen staatlichen Transferzahlungen ermöglicht wird, verschiebt sich auch hier die IS-Kurve nach rechts, nämlich von IS_0 nach IS_1. Im Unterschied zu dem in der Abbildung 1 untersuchten Fall ergibt sich hierdurch gleichzeitig eine Verschiebung der aggregierten Nachfragekurve nach rechts, hier von AD_0 nach AD_1. Wenn das Güterangebot unverändert bliebe, käme es allerdings nur zu einem Preisanstieg, der seinerseits die Güternachfrage wieder auf das ursprüngliche Niveau zurückdrängen würde. Nimmt das Güterangebot jedoch infolge der Steuersenkung zu, so verschiebt sich die AS-Kurve nach rechts. Es sei hier beispielsweise angenommen, dass es zu einer Verschiebung nach AS_1 kommt und deshalb das zusätzliche Güterangebot bei einem unveränderten Preisniveau von P_0 exakt der zusätzlichen aggregierten Güternachfrage entspricht. Dadurch wird ein Einkommensanstieg auf Y_1 möglich. Es ist allerdings zu beachten, dass die Zunahme des Güterangebots nicht zwingend mit der Zunahme der aggregierten Güternachfrage übereinstimmen muss. Würde beispielsweise das Güterangebot um einen geringeren Betrag zunehmen als die Güternachfrage, so käme es zu einem Preisanstieg sowie dadurch auch zu einer Verdrängung von Güternachfrage. Gleichwohl hätte die Steuersenkung einen positiven Einkommenseffekt.

Aufgabe 4.8

a) Eine expansive Fiskalpolitik (z. B. eine Erhöhung des Staatskonsums, der staatlichen Investitionsausgaben oder der staatlichen Übertragungen oder einer Steuersenkung) hat keinen Einkommenseffekt, wenn

- die Geldnachfrage zinsunelastisch ist
- das Güterangebot preisunelastisch ist.

b) In der Abbildung 1 wird der Fall einer zinsunelastischen Geldnachfrage untersucht. Durch die expansive Fiskalpolitik verschiebt sich die IS-Kurve nach rechts, hier z. B. von IS_0 nach IS_1. Bliebe die Geldmenge unverändert, so würde sich im Punkt B ein neues Gleichgewicht ergeben. Der Zins wäre dann also auf i_1 gestiegen. Ein Einkommenseffekt hätte sich nicht ergeben. Steigt die Geldmenge, so wird die LM-Kurve nach rechts verschoben, hier z. B. von LM_0 nach LM_1. Bei konstantem Preisniveau käme es dann zu einem neuen Gleichgewicht im Punkt C. Der Zinssatz hätte sich dann nicht verändert, und das Einkommen wäre auf Y_1 gestiegen. Ist das Güterangebot zwar preiselastisch, aber nicht vollkommen preiselastisch, so ist beispielsweise die aggregierte Angebotskurve AS gültig. Infolge der Erhöhung der Güternachfrage, die hier aus der expansiven Fiskalpolitik und der expansiven Geldpolitik resultiert, verschiebt sich die aggregierte Nachfragekurve nach rechts, hier von AD_0 nach AD_1. Es ergibt sich somit ein Preisanstieg auf P_1. Dieser Preisanstieg hat zum einen eine Verringerung der realen Geldmenge und zum anderen direkt eine Verringerung der Güternachfrage zur Folge. Dadurch verschiebt sich die LM-Kurve z.B. von LM_1 nach LM_2 sowie die IS-Kurve von IS_1 nach IS_2. Ein neues Gleichgewicht stellt sich in den Punkten D und D' ein.

Abbildung 1

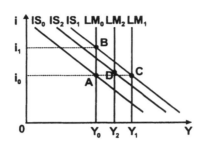

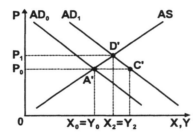

Das Einkommen ist in dem hier betrachteten Fall auf Y_2 gestiegen. Insofern hat die Unterstützung durch eine expansive Geldpolitik einen positiven Einkommenseffekt bewirkt. Wenn die private Güternachfrage zinselastisch ist, hätte sich ein solcher Einkommenseffekt jedoch auch allein mit einer expansiven Geldpolitik erreichen lassen. Die hier betrachtete kombinierte Fiskalpolitik und Geldpolitik ist aber immer dann angebracht, wenn sich mit einer Zinssenkung keine oder keine ausreichend große zusätzliche private Güternachfrage induzieren lässt

c) Das in der Abbildung 1 dargestellte Beispiel macht deutlich, dass bei zinsunelastischer Geldnachfrage ein positiver Einkommenseffekt möglich ist, wenn auch die Geldmenge ausgeweitet wird. Zu untersuchen ist allerdings noch der Fall eines preisunelastischen Güterangebots, bei dem sich, wie im Aufgabenteil a) erwähnt, mit einer expansiven Fiskalpolitik allein kein positiver Einkommenseffekt erzielen lässt. Dieser Fall wird in der Abbildung 2 zugrunde gelegt.
Wenn das Güterangebot preisunelastisch ist, verläuft die AS-Kurve parallel zur Preisachse. Infolge der expansiven Fiskalpolitik verschiebt sich die ag-

gregierte Nachfragekurve nach rechts, hier z. B. von AD_0 nach AD_1. Ein neues Gleichgewicht würde jetzt im Punkt B erreicht. Das Preisniveau wäre auf P_1 gestiegen, wogegen sich das Einkommen nicht verändert hätte.

Abbildung 2

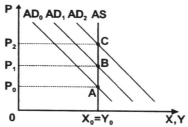

Wird jetzt noch zusätzlich die Geldpolitik expansiv eingesetzt, so verschiebt sich die aggregierte Nachfragekurve noch weiter nach rechts, hier z. B. nach AD_2. Mit Erreichen des neuen Gleichgewichts im Punkt C ergibt sich mit P_2 nun ein noch höheres Preisniveau. Indem die expansive Fiskalpolitik durch eine expansive Geldpolitik ergänzt worden ist, hat es also lediglich einen stärkeren Preisanstieg, jedoch keine Einkommenserhöhung gegeben.

Es zeigt sich also, dass sich weder mit einer expansiven Fiskalpolitik noch mit einer expansiven Geldpolitik ein positiver Einkommenseffekt erzielen lässt, wenn das Güterangebot preisunelastisch ist. Der positive Nachfrageeffekt, der sich zunächst aufgrund der expansiven Fiskalpolitik und der expansiven Geldpolitik ergibt, wird vollständig durch einen preisinduzierten negativen Nachfrageeffekt kompensiert. Diese Kompensation ergibt sich zum einen aus der preisinduzierten Verringerung der realen Geldmenge und zum anderen aus der negativen Wirkung einer Preissteigerung auf die Nachfrage nach inländischen Gütern.

Fazit: Die Unterstützung der expansiven Fiskalpolitik durch eine expansive Geldpolitik ist überhaupt nur dann sinnvoll, wenn die Geldnachfrage zinsunelastisch ist. In diesem Fall müsste allerdings überlegt werden, ob nicht eine expansive Geldpolitik allein ausreicht, einen positiven Einkommenseffekt zu erzielen. Diese Möglichkeit ist nur dann ausgeschlossen, wenn die Güternachfrage nicht oder nicht ausreichend auf eine Zinssenkung reagiert. Ist diese Situation gegeben, so kann in der Tat ein positiver Einkommenseffekt nur durch einen kombinierten Einsatz einer expansiven Fiskalpolitik und einer expansiven Geldpolitik erzielt werden.

Bei preisunelastischem Güterangebot sollte sowohl auf die expansive Fiskalpolitik als auch auf die expansive Geldpolitik verzichtet werden, da es ansonsten nur zu einem relativ starken Preisanstieg kommt.

In allen anderen Fällen der Zinselastizitäten auf dem Güter- und dem Geldmarkt sowie der Preiselastizität des Güterangebots lässt sich ein positiver

Einkommenseffekt mit einer expansiven Fiskalpolitik allein, also ohne eine begleitende expansive Geldpolitik erreichen. Zu bedenken ist allerdings, dass sich bei preiselastischer, aber nicht vollkommen preiselastischer Geldnachfrage ein Zinsanstieg ergibt, durch den private Güternachfrage verdrängt wird. Dieser Zinsanstieg ließe sich durch eine begleitende expansive Geldpolitik verhindern.

Aufgabe 4.9

Wenn trotz einer Erhöhung der nominellen Geldmenge das Zinsniveau steigt, kann das zwei verschiedene Ursachen haben:

1. Die autonome Güternachfrage ist so weit erhöht worden, dass sich von hierher eine relativ starke Zunahme des Einkommens ergeben hat und die dabei aufgetretene zusätzliche Nachfrage nach Transaktionskasse höher war als das zusätzliche Geldangebot der Zentralbank. Die noch fehlende zusätzliche Transaktionskasse konnte deshalb nur aus einem Abbau von Spekulationskasse befriedigt werden, der seinerseits aber nur aufgrund eines Zinsanstiegs möglich war.

2. Es ist zu einer autonomen Verringerung des aggregierten Güterangebots (einer Verschiebung der Angebotskurve nach links) gekommen, durch die es einen relativ starken Anstieg des Preisniveaus gegeben hat. Infolge des Preisanstiegs ist die reale Geldmenge trotz Erhöhung der nominellen Geldmenge zurückgegangen. Mit Blick auf das IS- und LM-Schema ist die LM-Kurve dementsprechend nach oben (bzw. nach links) verschoben worden. Der Zinsanstieg setzt allerdings voraus, dass diese Verschiebung relativ stark ist und der darin implizierte Zinssteigerungseffekt nicht durch eine preisinduzierte Verringerung der Güternachfrage kompensiert wird, die sich in einer Verschiebung der IS-Kurve nach links ausdrückt.

Im **ersten Fall** ist die expansive Geldpolitik im Hinblick auf den Zinssatz wirksam, sofern im Zinssenkungsbereich keine Liquiditätsfalle vorliegt. Im **zweiten Fall** kann die expansive Geldpolitik im Hinblick auf den Zinssatz nur dann als wirksam gelten, wenn die Verringerung des Güterangebots bzw. die Linksverschiebung der Angebotskurve nicht ursächlich auf die Erhöhung der nominellen Geldmenge zurückzuführen ist.

Kapitel 5

Arbeitsmarkt und Gütermarkt

A. Kontrollfragen

5.1 Welche Beziehung besteht zwischen dem durchschnittlichen realen Lohnsatz und der Grenzproduktivität des Produktionsfaktors Arbeit, wenn die Unternehmungen das Ziel der Gewinnmaximierung verfolgen?

5.2 Wie lässt sich erklären, dass die gesamtwirtschaftliche Arbeitsproduktivität sinkt, wenn bei sonst gleichen Produktionsbedingungen der Arbeitsinput zunimmt? Welchen Verlauf haben vor diesem Hintergrund die Produktionskurve und die Grenzproduktivitätskurve?

5.3 Wie gewinnt man die Kurve der Nachfrage nach Arbeit (die AN-Kurve), wenn eine Produktionsfunktion mit einer abnehmenden Grenzproduktivität des Faktors Arbeit vorliegt und die Unternehmungen Gewinnmaximierung betreiben?

5.4 Welche Annahmen zu den Bedingungen auf dem Gütermarkt und auf dem Arbeitsmarkt sind typisch für die traditionelle neoklassische makroökonomische Theorie?

5.5 Wie wird in der neoklassischen Theorie das Arbeitsangebot erklärt? Was bedeutet es in diesem Zusammenhang, wenn die Wirtschaftssubjekte (in diesem Fall die Arbeitsuchenden) frei von Geldillusion sind?

5.6 Wann liegt auf dem Arbeitsmarkt gemäß der neoklassischen Theorie freiwillige Arbeitslosigkeit vor? Wie ist im Unterschied dazu unfreiwillige Arbeitslosigkeit zu erklären?

5.7 Welche Anpassungsvorgänge sind gemäß neoklassischer Theorie auf einem vollkommenen Arbeitsmarkt zu erwarten, wenn das Arbeitsangebot autonom steigt?

5.8 Was versteht man unter einer Nominallohnfixierung? Warum ist das kurzfristige gesamtwirtschaftliche Güterangebot preiselastisch, wenn der durchschnittliche volkswirtschaftliche Nominallohnsatz tarifvertraglich fixiert ist?

5.9 Welche Änderung des Reallohnsatzes ist zu erwarten, wenn bei tarifvertraglicher Nominallohnfixierung die autonome Güternachfrage zunimmt? Wie lässt sich der Zusammenhang zwischen Güterpreisniveau,

Nominallohnsatz und Reallohnsatz graphisch (in der LP-Kurve) darstellen?

5.10   Was versteht man unter einer Reallohnfixierung? Warum ist das gesamtwirtschaftliche Güterangebot preisunelastisch, wenn der durchschnittliche volkswirtschaftliche Reallohnsatz tarifvertraglich fixiert ist?

5.11   Welche Nominallohnforderungen werden Arbeitnehmer bzw. Gewerkschaften für eine neue Tarifperiode stellen, wenn sie ein bestimmtes Reallohnziel bzw. einen Reallohnsatz w_z erreichen möchten und mit einem Anstieg des Güterpreisniveaus zu rechnen ist?

5.12   Warum muss zwischen einem kurzfristigen und einem langfristigen gesamtwirtschaftlichen Güterangebot unterschieden werden, wenn zwar in Tarifverträgen der Nominallohnsatz vereinbart wird, die Arbeitnehmer bzw. die Gewerkschaften aber letztlich eine Reallohnsicherung durchsetzen? Welche Preiselastizitäten des Güterangebots liegen vor diesem Hintergrund kurz- und langfristig vor?

5.13   Was versteht man unter einem „natürlichen" Produktionsniveau? Wie lautet die hierauf bezogene Lucas-Angebotsfunktion?

5.14   Welche Eigenschaften sind charakteristisch für einen unvollkommenen Gütermarkt? Vergleichen Sie diese Eigenschaften mit denjenigen, die typisch sind für einen vollkommenen Gütermarkt?

5.15   Warum sind Unternehmungen auf einem vollkommenen Gütermarkt zur Mengenanpassung gezwungen und warum können sie auf einem unvollkommenen Gütermarkt zumindest innerhalb gewisser Grenzen eine autonome Preispolitik betreiben?

5.16   Wie sind die Lohnstückkosten einer Volkswirtschaft definiert?

5.17   Welcher Zusammenhang besteht zwischen dem Güterpreisniveau, dem Nominallohnsatz und der Arbeitsproduktivität, wenn die Preisbildung gemäß der Mark-up-Hypothese erfolgt?

5.18   Wie sind die reale Lohnquote und die reale Gewinnquote definiert? Welcher Zusammenhang besteht zwischen diesen Quoten, wenn die Unternehmungen eine Mark-up-Preisbildung vornehmen?

5.19   Wie lässt sich der positive Zusammenhang zwischen dem gesamtwirtschaftlichen Güterpreisniveau und der gesamtwirtschaftlichen Güterproduktion (bzw. dem gesamtwirtschaftlichen Güterangebot) erklären, wenn die Güterpreise gemäß der Mark-up-Hypothese bestimmt werden?

5.20 Welche Verhaltensweisen und Marktbedingungen können dafür aus-schlaggebend sein, dass das Güterpreisniveau „nach unten" inflexibel ist?

5.21 Wie verläuft die gesamtwirtschaftliche Angebotskurve (AS-Kurve) gemäß der traditionellen keynesianischen Theorie? Erklären Sie, welche Preiselastizität das gesamtwirtschaftliche Güterangebot bei verschie-denen Graden der Kapazitätsauslastung aufweist.

5.22 Ist es richtig, dass das gesamtwirtschaftliche Güterangebot zwar kurzfris-tig preiselastisch, aber langfristig preisunelastisch ist, wenn die Preisbil-dung gemäß der Mark-up-Hypothese erfolgt und der Nominallohnsatz im Hinblick auf eine Reallohnsicherung in zeitlich befristeten Tarifverträgen vereinbart wird? Erklären Sie die hier zugrunde liegenden Zusammenhänge.

5.23 Welche Bedeutung hat die Arbeitsmarktsituation bzw. die Beschäfti-gungslage im Rahmen der Nominallohnforderungen von Arbeitnehmern bzw. Gewerkschaften? Welcher Zusammenhang lässt sich diesbezüglich zwischen dem Zielwert des Reallohnsatzes w_z und der „natürlichen" Ar-beitslosenquote A^o formulieren? Ist es richtig, dass bei einer Politik der Lohnanpassung an die Arbeitsmarktlage nur dann ein Gleichgewicht bei einem konstanten Nominallohnsatz vorliegt, wenn die tatsächliche mit der natürlichen Arbeitslosenquote übereinstimmt?

5.24 Welche Preiselastizität besitzt das langfristige gesamtwirtschaftliche Güterangebot, wenn die tarifvertragliche Nominallohnfixierung an der Beschäftigungslage ausgerichtet wird und dabei die „natürliche" Arbeits-losenquote A^o maßgebend ist?

5.25 Wie lautet die Lucas-Angebotsfunktion vor dem Hintergrund unvoll-kommener Informationen über Preis- und Lohnentwicklungen?

5.26 Wie ist die reale Lohnquote definiert? Zeigen Sie, dass diese Quote bei einer Erhöhung von Arbeitsinput und Produktion konstant bleibt, wenn die Unternehmungen auf einem vollkommenen Gütermarkt das Ziel der Gewinnmaximierung verfolgen sowie eine Produktionsfunktion vom Cobb-Douglas Typ in folgender Form zugrunde liegt: $X = \beta A^\alpha$.

5.27 Lassen sich mit einer Senkung des Nominallohnsatzes die Beschäftigung und die Güterproduktion steigern, wenn die in der Aufgabe 5.26 genann-ten Bedingungen gegeben sind?

5.28 Wie wirkt sich eine Erhöhung des Aufschlagssatzes auf die reale Lohn-quote aus, wenn die Preisbildung auf dem Gütermarkt gemäß der Mark-up-Hypothese vorgenommen wird?

5.29 Ist zu erwarten, dass auf einem unvollkommenen Gütermarkt mit Mark-up-Preisbildung Beschäftigung und Produktion zunehmen, wenn der Nominallohnsatz gesenkt wird? Welche Reaktionen könnten auftreten, durch die ein solches Ergebnis verhindert wird?

5.30 Wie wirkt sich eine autonome Erhöhung der Arbeitsproduktivität auf das gesamtwirtschaftliche Güterangebot bzw. auf die AS-Kurve aus, wenn die Unternehmungen auf einem vollkommenen Gütermarkt Gewinnmaximierung betreiben oder alternativ die Preisbildung auf einem unvollkommenen Gütermarkt gemäß der Mark-up-Hypothese erfolgt?

5.31 Warum sind die Beschäftigungseffekte einer Produktivitätssteigerung sowohl bei Gewinnmaximierung auf dem vollkommenen Gütermarkt als auch bei Mark-up-Preisbildung auf dem unvollkommenen Gütermarkt unbestimmt?

5.32 Ist es richtig, dass sowohl die Produktion als auch die Beschäftigung erhöht werden können, wenn es gleichzeitig jeweils zu einem autonomen Anstieg der Arbeitsproduktivität und der Güternachfrage kommt? Erläutern Sie die dabei wichtigen Zusammenhänge und Bedingungen.

B. Übungsaufgaben

Aufgabe 5.1

Die folgenden Daten sind bekannt:

- Nomineller Lohnsatz: $w^n = 30$ € je Beschäftigtenstunde
- Preisniveau: $P = 1,50$
- Arbeitsproduktivität: $a = 25$ € je Beschäftigtenstunde
- Geleistete Beschäftigtenstunden: $A = 40$ Mrd.

a) Berechnen Sie das nominelle und das reale Einkommen des Faktors Arbeit, das volkswirtschaftliche bzw. gesamte Realeinkommen sowie die Lohnquote.

b) Wie verändern sich die Lohnquote und das gesamte Realeinkommen, wenn der reale Lohnsatz um 10% steigt, die Arbeitsproduktivität und die geleisteten Beschäftigtenstunden aber nicht verändert werden?

c) Wie verändern sich die Lohnquote und das gesamte Realeinkommen, wenn einerseits die Arbeitsproduktivität um 5% zunimmt und die Anzahl der geleisteten Beschäftigtenstunden um 4% sinkt, andererseits aber der reale Lohnsatz konstant bleibt?

Aufgabe 5.2

Die gesamtwirtschaftliche Produktionsfunktion lautet:

$X = 300A^{0,5}$ (Reale Produktion in Mrd. € / Jahr)

A bezeichnet die geleisteten Beschäftigtenstunden in Mrd. Stunden im Jahr. Die Unternehmungen verfolgen auf einem vollkommenen Gütermarkt das Ziel der Gewinnmaximierung.

a) Auf dem Arbeitsmarkt werden die folgenden Daten beobachtet:
  - Unselbständig Beschäftigte: 20 Millionen
  - Durchschnittliche Arbeitszeit pro Woche: 40 Stunden
  - Durchschnittliche Arbeitszeit pro Jahr: 45 Wochen

  a1) Berechnen Sie die Anzahl der geleisteten Beschäftigtenstunden pro Jahr, die in der Produktionsfunktion mit A bezeichnet werden.

  a2) Bestimmen Sie das gesamtwirtschaftliche Realeinkommen, den Reallohnsatz, die durchschnittliche Arbeitsproduktivität und die Lohnquote.

b) Der Reallohnsatz wird um 20% erhöht. Welche Wirkungen ergeben sich auf den Arbeitsinput A, die Produktion bzw. das Realeinkommen X sowie auf die Lohnquote?

Aufgabe 5.3

In zwei Ländern mit etwa gleicher Bevölkerungszahl werden im Jahr jeweils 32 Mrd. Beschäftigtenstunden geleistet. Die Produktionsfunktionen lauten:

(1) $X_1 = 250A_1^{0,6}$ (Reale Produktion in Mrd. € / Jahr im Land 1)

(2) $X_2 = 75A_2^{0,8}$ (Reale Produktion in Mrd. € / Jahr im Land 2)

In beiden Ländern verfolgen die Unternehmungen das Ziel der Gewinnmaximierung.

a) Berechnen Sie die Produktion, den Reallohnsatz, die Arbeitsproduktivität und die Lohnquote in jedem Land.

b) Um welchen Betrag müsste der Reallohnsatz in jedem Land gesenkt werden, damit ein Anstieg der Produktion um 5% erreicht wird?

Aufgabe 5.4

Die Produktionsfunktion lautet:

(1) $X = 300A^{0,5}$ (Reale Produktion in Mrd. € / Jahr)

Die Unternehmungen verfolgen auf einem vollkommenen Gütermarkt das Ziel der Gewinnmaximierung. Auf der Angebotsseite des Arbeitsmarktes gelten **alternativ** die folgenden Bedingungen:

(2a) $A^s = 16 + 0{,}8w$ (Arbeitsangebot in Mrd. Beschäftigtenstunden)

(2b) $w = 25$ (Reallohnsatz je Beschäftigtenstunde)

(2c) $w^n = 25$ (Nominallohnsatz je Beschäftigtenstunde)

Im ersten Fall ist das Arbeitsangebot vom Reallohnsatz abhängig und der Reallohnsatz wird frei am Arbeitsmarkt gebildet. Im zweiten Fall wird der Reallohnsatz fixiert. Im dritten Fall wird eine Politik der Nominallohnfixierung betrieben.

a) Bestimmen Sie die Arbeitsnachfragefunktion A^s, den Arbeitsinput A sowie das gesamtwirtschaftliche Güterangebot X bei einem Preisniveau von P = 1.

b) Bestimmen Sie die Funktion des gesamtwirtschaftlichen Güterangebots X bzw. der aggregierten Angebotskurve AS und stellen Sie diese Funktion graphisch dar. Wie groß ist jeweils die Preiselastizität des Güterangebots?

c) Welche Wirkungen ergeben sich auf das gesamtwirtschaftliche Güterangebot X, wenn **alternativ**

c1) der Reallohnsatz im Fall der Reallohnfixierung tarifvertraglich um 10% erhöht wird,

c2) der Nominallohnsatz im Fall der Nominallohnfixierung tarifvertraglich um 10% erhöht wird,

c3) das Preisniveau infolge einer autonomen Erhöhung der Güternachfrage um 10% steigt und die Politik der Nominallohnfixierung betrieben wird?

Aufgabe 5.5

Wie in der Aufgabe 5.4, so liegt auch hier die folgende Produktionsfunktion zugrunde:[3]

(1) $X = 300 A^{0{,}5}$

Die Unternehmungen verfolgen wiederum auf einem vollkommenen Gütermarkt das Ziel der Gewinnmaximierung. Der nominelle Lohnsatz w^n (in € je Beschäftigtenstunde) wird jetzt verzögert wie folgt an die Preisentwicklung angepasst:

(2) $\Delta w^n_t = w_z \Delta P_{t-1}$ mit: $w_z = 7{,}50$

---

[3]   Die Beschäftigtenstunden und die Währungsnomination werden hier sowie in den folgenden Aufgaben nicht mehr angegeben.

w_z ist der gewünschte reale Lohnsatz und t bezeichnet die laufende Periode t. Die aggregierte Güternachfrage wird mit folgender Gleichung erklärt:

(3) $Y = 8000 - 2000P$

a) Bestimmen Sie den Arbeitsinput A, die Produktion X und das Realeinkommen Y in der Ausgangssituation (in der Periode t = 1), in der ein Gleichgewicht mit einem Preisniveau von P = 1 besteht. Wie groß ist die Veränderungsrate des Nominallohnsatzes in dieser Situation?

b) Bestimmen Sie die kurzfristige aggregierte Angebotskurve des Gütermarktes (für eine Periode t). Begründen Sie den Verlauf dieser Kurve.

c) Die autonome Güternachfrage steigt in der Periode t = 2 um 400. Welche Wirkungen ergeben sich in dieser Periode sowie in der darauf folgenden Periode t = 3 auf die Produktion, das Preisniveau und den Nominallohnsatz? Die autonome Güternachfrage verändert sich in der Periode t =3 sowie in den darauf folgenden Perioden nicht mehr.

d) Wie verläuft die langfristige aggregierte Angebotskurve auf dem Gütermarkt? Berechnen Sie das Güterangebot, das Preisniveau und den Nominallohnsatz im neuen Gleichgewicht, das nach Abschluss der gemäß Aufgabenteil c) ausgelösten Anpassungsvorgänge erreicht wird.

Aufgabe 5.6

Die folgenden Funktionen und Daten sind bekannt:

(1) $Y = 7500 - 2500P$ (Aggregierte Güternachfrage)

(2) $X = 500A^{0,5}$ (Reale Produktion)

(3) $A_v = 110$ (Arbeitspotenzial)

Die Unternehmungen verfolgen auf einem vollkommenen Gütermarkt das Ziel der Gewinnmaximierung. Es werden alternativ zwei lohnpolitische Strategien betrachtet:

(4a) $w^n = 25$ (Fixierter Nominallohnsatz)

(4b) $w = 25$ (Fixierter Reallohnsatz)

a) Bestimmen Sie die Produktion, das Preisniveau, den Arbeitsinput und die Arbeitslosenquote in der Ausgangssituation.

b) Welche Wirkungen auf Produktion, Preisniveau, Arbeitsinput und Arbeitslosenquote hat eine Erhöhung der autonomen Güternachfrage um 225 Mrd. € in beiden lohnpolitischen Strategien?

c) Im Rahmen der Politik der Nominallohnfixierung wird w^n um 10% erhöht. Ermitteln Sie die Veränderungen der Produktion, des Preisniveaus, des Reallohnsatzes, des Arbeitsinputs und der Arbeitslosenquote.

d) Der Reallohnsatz w wird im Rahmen der Politik der Reallohnfixierung um 10% erhöht. Wie verändern sich dadurch Produktion, Preisniveau, Nominallohnsatz, Arbeitsinput und Arbeitslosenquote?

e) Durch technischen Fortschritt verändert sich die Produktionsfunktion zu:

(2a) $X = 510A^{0,5}$

Welche Wirkungen ergeben sich auf Produktion, Nominallohnsatz, Reallohnsatz, Preisniveau, Arbeitsinput und Arbeitslosenquote in beiden lohnpolitischen Strategien?

Aufgabe 5.7

Im Rahmen der Mark-up-Hypothese sind die folgenden Funktionen und Daten zugrunde zu legen:

(1) $P = (1 + \gamma) \dfrac{w^n}{a}$ (Preisniveau)

(2) $\gamma = 0,25 + 0,001(X - X^\circ)$ (Aufschlagssatz)

(3) $X^\circ = 3000$ („Natürliches" Produktionsniveau)

(4) $a = 40$ (Arbeitsproduktivität)

Als „natürliches" Produktionsniveau wird die reale Produktion bei normaler Auslastung der Sachkapazitäten bezeichnet.

a) Wie lautet die gesamtwirtschaftliche Preisfunktion bzw. die Gleichung der aggregierten Angebotskurve (AS-Kurve) für einen Nominallohnsatz von $w^n = 32$ oder alternativ von $w^n = 48$?

b) Berechnen Sie das Preisniveau für eine aggregierte Güternachfrage von $Y_1 = 2850$, $Y_2 = 3000$ und $Y_3 = 3400$. Es gelte ein Nominallohnsatz von $w^n = 32$.

c) Welche Wirkungen ergeben sich auf das Preisniveau, wenn gleichzeitig der Nominallohnsatz um 10,25% und die Arbeitsproduktivität um 5% steigen? In der Ausgangssituation möge ein Nominallohnsatz von $w^n = 32$ gelten. Die aggregierte Güternachfrage sei mit $Y = 3000$ konstant.

Aufgabe 5.8

Die Preisbildung erfolgt gemäß der Mark-up-Hypothese:

(1) $P = (1 + \gamma) \dfrac{w^n}{a}$

Die Produktionsfunktion lautet:

(2) $X = 300A^{0,5}$

a) Bestimmen Sie die gesamtwirtschaftliche Preisfunktion bzw. die Gleichung der AS-Kurve, wenn der Aufschlagssatz mit $\gamma = 0,8$ konstant ist. Berechnen Sie das Preisniveau, die Arbeitsproduktivität und den Arbeitsinput für einen Nominallohnsatz von $w^n = 24$ sowie alternativ für ein Produktionsniveau von $X_1 = 3000$ und $X_2 = 3300$.

b) Wie lautet die Preisfunktion, wenn der Aufschlagssatz wie folgt von der Höhe der Produktion abhängig ist: $\gamma = 0,8 + 0,001(X - X^o)$. Bei Normalauslastung der Sachkapazitäten gilt: $X^o = 3000$. Berechnen Sie das Preisniveau, die Arbeitsproduktivität und den Arbeitsinput auch hier für einen Nominallohnsatz von $w^n = 24$ und für ein Produktionsniveau von $X_1 = 3000$ und alternativ von $X_2 = 3300$.

Aufgabe 5.9

Legen Sie die folgenden Funktionen zugrunde:

(1) $Y = Y^a - 2000P$ (Aggregierte Güternachfrage)

(2) $P = (1 + \gamma) \dfrac{w^n}{a}$ (Preisniveau)

(3) $X = 500A^{0,5}$ (Reale Produktion)

Der Aufschlagssatz ist konstant: $\gamma = 0,25$. In der Ausgangssituation gilt für die autonome Güternachfrage: $Y^a = 7000$. Der Nominallohnsatz beträgt in dieser Situation: $w^n = 40$. Außerdem sind vorgegeben: Arbeitspotenzial $A_v = 125$; „natürliche" Arbeitslosenquote: $u^o = 0,2$.

a) Berechnen Sie die Produktion, das Preisniveau, den Arbeitsinput und die Arbeitslosenquote in der Ausgangssituation (Periode t = 0).

b) Der Nominallohnsatz wird im Rahmen einer tarifvertraglichen Nominallohnfixierung um 5% erhöht. Wie verändern sich die Produktion, das Preisniveau, der Arbeitsinput und die Arbeitslosenquote?

c) Nehmen Sie an, dass das Güterpreisniveau nach unten fixiert ist. Wie wirkt sich eine Verringerung der autonomen Güternachfrage um 100 auf das Einkommen, den Arbeitsinput und die Arbeitslosenquote aus?

d) Welches Ergebnis würde sich im Aufgabenteil c) ergeben, wenn das Preisniveau nach unten flexibel wäre und eine Politik der Nominallohnfixierung mit $w^n = 40$ betrieben würde?

e) In der Lohnpolitik werden alternativ vier Fälle betrachtet:

Fall 1: Nominallohnfixierung: $w^n = 40$

Fall 2: Reallohnfixierung: $w = 40$

Fall 3: Verzögerte Anpassung des Nominallohnsatzes an die Preisentwicklung zur Realisierung eines gewünschten Reallohnsatzes w_z:

$$\Delta w^n_t = w_z \Delta P_{t-1} \text{ mit: } w_z = 40,00$$

Fall 4: Verzögerte Anpassung des Nominallohnsatzes an die Lage auf dem Arbeitsmarkt:

$$\Delta w^n_t = 20(u^o - u)_{t-1}$$

In der Periode $t = 1$ wird die autonome Güternachfrage um einen Betrag von $\Delta Y^a = 350$ auf $Y^a = 7350$ erhöht. In den Folgeperioden wird dieses höhere Niveau beibehalten. Welche Wirkungen auf Produktion, Preisniveau, Arbeitsinput und Arbeitslosenquote ergeben sich für die vier lohnpolitischen Alternativen

- in der Periode $t = 1$?
- in der Periode $t = 2$?
- nach Erreichen des neuen Gleichgewichts?

Aufgabe 5.10

Auf einem vollkommenen Gütermarkt, auf dem die Unternehmungen das Ziel der Gewinnmaximierung verfolgen, lassen sich die aggregierte Güternachfrage und die Produktion mit folgenden Gleichungen erklären:

(1) $Y = 8000 - 4000P$ (Aggregierte Güternachfrage)

(2) $X = 400A^{0,5}$ (Reale Produktion)

Es ist ein Arbeitspotenzial von $A_v = 110$ gegeben. Der Nominallohnsatz ist für einen bestimmten Zeitraum tarifvertraglich fixiert und beträgt in der Ausgangssituation $w^n = 20$.

a) Berechnen Sie das Preisniveau, die Produktion, den Arbeitsinput. die Arbeitslosenquote, den Reallohnsatz und die Lohnquote in der Ausgangssituation.

b) Es wird empfohlen, den nominellen Lohnsatz um 5% zu senken, um die Beschäftigungslage zu verbessern. Welche Wirkungen hätte diese Maßnahme auf Preisniveau, Produktion, Arbeitsinput, Arbeitslosenquote, Reallohnsatz und Lohnquote?

Aufgabe 5.11

Alternativ werden für die aggregierte Güternachfrage die folgenden Funktionen zugrunde gelegt:

(1a) $Y = 12000 - 8000P$

(1b) $Y = 6000 - 2000P$

Die Produktionsfunktion lautet:

(2) $X = 400A^{0,5}$

In der Ausgangssituation gilt: Arbeitspotenzial $A_v = 110$; nomineller Lohnsatz $w^n = 20$.

a) Berechnen Sie das Preisniveau, die Produktion, den Arbeitsinput. die Arbeitslosenquote, den Reallohnsatz und die Lohnquote in der Ausgangssituation.

b) Durch technischen Fortschritt erhöht sich der Effizienzparameter in der Produktionsfunktion von 400 auf 440: $X = 440A^{0,5}$. Bestimmen Sie für beide Nachfragefunktionen die unter a) genannten Größen.

c) Ergänzend zur Erhöhung des Effizienzparameters gemäß b) nimmt die autonome Güternachfrage jeweils um 240 zu. Bestimmen Sie auch für diesen Fall im Hinblick auf beide Nachfragefunktionen die unter a) genannten Größen.

Aufgabe 5.12

Auf einem unvollkommenen Gütermarkt mit Mark-up-Preisbildung sind folgende Zusammenhänge gegeben:

(1) $Y = Y^a - y_p P$ (Aggregierte Güternachfrage)

(2) $P = (1 + \gamma) \dfrac{w^n}{a}$ (Preisniveau)

(3) $X = \beta A^{0,5}$ (Produktion)

a) Bestimmen Sie in allgemeiner Form die Arbeitsproduktivität a, das Preisniveau P, die Produktion X, den Arbeitsinput A, die Lohnquote LQ und den Reallohnsatz w.

b) Ermitteln Sie die unter a) genannten Größen für die folgenden Daten: $Y^a = 7000$; $y_p = 2000$; $\gamma = 0,6$; $w^n = 31,25$; $\beta = 500$.

c) Es wird empfohlen, zur Erhöhung der Beschäftigung den Nominallohnsatz um 4% auf $w^n = 30$ zu senken. Im übrigen gilt weiterhin: $Y^a = 7000$; $y_P = 2000$; $\gamma = 0,6$; $\beta = 500$. Berechnen Sie vor diesem Hintergrund wiederum die zuvor genannten Größen.

d) Um einen höheren Stückgewinn zu erzielen, wird von vielen Unternehmungen der Volkswirtschaft der Aufschlagssatz auf die Lohnstückkosten angehoben. Dadurch steigt der volkswirtschaftliche Aufschlagssatz auf $\gamma = 0,65$. Welche Wirkungen ergeben sich auf die unter a) genannten Größen?

Aufgabe 5.13

Die Güternachfrage wird mit der folgenden Gleichung erklärt, wobei diese zugleich Ausdruck der IS-Kurve ist:

(1) $D = D^a + 0,5Y - 2000i - 500P$

Der Zinssatz ergibt sich aus der Gleichung der LM-Kurve:

(2) $i = 0,00025(0,25Y + 1000P - M^n)$

Das Preisniveau wird gemäß Mark-up-Hypothese gebildet. Unterhalb eines bestimmten Produktionsniveaus besteht bei gegebenem Nominallohnsatz Preisstarrheit, oberhalb dieses Produktionsniveaus wird das Preisniveau mit zunehmender Produktionsmenge angehoben:

(3a) $P = 0,05 + 0,000125X + 0,01w^n$ für $X > 3600$

(3b) $P = 0,5 + 0,01w^n$ für $X \leq 3600$

Die Produktionsfunktion lautet:

(4) $X = 90A^{0,8}$

In der Ausgangssituation gilt: $D^a = 2460$; $M^n = 1580$; $w^n = 50$. Das Arbeitspotenzial beträgt: $A_v = 110$.

a) Bestimmen Sie die Funktion der aggregierten Güternachfrage. Stellen Sie die aggregierte Nachfragekurve und die aggregierte Angebotskurve graphisch dar. Handelt es sich um ein neoklassisches oder um ein keynesianisches Modell? Begründen Sie Ihre Antwort.

b) Berechnen Sie jeweils in der Ausgangssituation die Produktion und das Realeinkommen, den Zinssatz, das Preisniveau, den Arbeitsinput, die Arbeitslosenquote und den Reallohnsatz.

c) Welche Wirkungen ergeben sich auf die unter b) genannten Größen, wenn
  - die autonome Güternachfrage um 100 oder alternativ
  - die nominelle Geldmenge um 50

verringert wird?

d) Welche Einkommens-, Zins-, Preis- und Beschäftigungseffekte treten auf, wenn
  - die staatlichen Investitionsausgaben im Rahmen einer expansiven Fiskalpolitik um 150 erhöht werden oder alternativ
  - die nominelle Geldmenge im Rahmen einer expansiven Geldpolitik um 150 erhöht wird?

  Wie verändert sich jeweils der reale Lohnsatz?

e) Um welchen Betrag müsste der Nominallohnsatz gesenkt werden, um eine Erhöhung der Produktion und des Realeinkommens um 100 zu erreichen?

Welche Wirkungen hätte die Nominallohnsenkung auf das Preisniveau, den Zinssatz, die Arbeitslosenquote und den Reallohnsatz?

Aufgabe 5.14

Legen Sie das folgende Modell zugrunde:

(1) $Y_t = Y^a - 1600P_t$ Aggregierte Güternachfrage

(2) $X_t = X^o + 400(P_t - P_t^e)$ Lucas-Angebotsfunktion

(3) $X^o = 2000$ "Natürliches" Produktionsniveau

(4) $P_t^e = P_{t-1}$ Erwartetes Preisniveau

In der Ausgangssituation gilt ferner: $Y^a = 3600$. In der Ausgangssituation möge ein Gleichgewicht mit $P_t^e = P_t$ bestehen.

a) Berechnen Sie das Einkommen und das Preisniveau in der Ausgangssituation.

b) Welche Wirkungen ergeben sich kurzfristig, mittelfristig und langfristig auf Produktion, Einkommen und Preisniveau, wenn die autonome Güternachfrage um 10% auf $Y^a = 3960$ zunimmt? Stellen Sie den mittelfristigen Anpassungsprozeß drei Perioden in einer Sequenztabelle dar.

Aufgabe 5.15

"Die Gewerkschaften müssen begreifen, dass ihr Festhalten an einer Politik der strikten Reallohnsicherung die Ursache unserer Beschäftigungsprobleme ist. Die Reallöhne müssen runter, wenn wir die Arbeitslosigkeit verringern wollen. Der Forderung nachzugeben, jetzt Beschäftigungspolitik mit expansiven fiskal- und geldpolitischen Maßnahmen zu betreiben, wäre ein großer Fehler. Bei den derzeitigen Rahmenbedingungen würde das lediglich einen Preisauftrieb, nicht aber weniger Arbeitslosigkeit bedeuten."

Prüfen Sie, ob diese Aussage eines Wirtschaftsforschungsinstituts generell richtig ist oder welche Rahmenbedingungen gegeben sein müssen, damit die Aussage zutrifft. Begründen Sie Ihre Lösungen im Rahmen einer theoretischen Analyse. Nehmen sie dabei an, dass die Unternehmungen auf einem vollkommenen Gütermarkt das Ziel der Gewinnmaximierung verfolgen.

Aufgabe 5.16

"Um mehr Beschäftigung bei Sicherung der Preisstabilität zu erlangen, ist eine Zunahme der Arbeitsproduktivität erforderlich. Diese muss allerdings begleitet werden zum einen von Maßnahmen zur Anregung der Güternachfrage und zum anderen von einem Verzicht auf Lohnerhöhungen. Im Hinblick auf die Güternachfrage sollte eine expansive Fiskalpolitik betrieben werden, da von einer Geldpolitik derzeit keine positiven Nachfrageeffekte zu erwarten sind." Stellen Sie diese Empfehlung des Wissenschaftlichen Beirats im Wirtschaftsministerium im theoretischen Modell der IS- und LM-Kurve sowie der AD- und AS-Kurve graphisch dar und machen Sie dabei deutlich, ob die Empfehlungen tatsächlich geeignet sind, positive Beschäftigungseffekte ohne Preissteigerungen zu erzielen. Nehmen Sie an, dass die Unternehmungen eine autonome Preispolitik gemäß der Mark-up-Hypothese betreiben. Ist es richtig, dass sich die Ziele "mehr Beschäftigung" und "Preisstabilität" nicht erreichen lassen, wenn eine der drei Bedingungen nicht erfüllt ist?

C. Lösungen

Aufgabe 5.1

a) $Y_L^n = w^n A = 1200$ Mrd. €; $Y_L = Y_L^n/P = 800$ Mrd. €; $Y = X = aA = 1000$ Mrd. €; $LQ = Y_L/Y = w/a = 0,8$ (80%).

b) Die Lohnquote steigt um $\Delta LQ = \Delta w/a = 0,08$ auf $LQ = 0,88$ (88%). Das Realeinkommen verändert sich nicht, weil $X = aA$ konstant ist.

c) Die Lohnquote sinkt auf $LQ \approx 0,762$ (76,2%). Das Realeinkommen steigt auf: $Y = 1008$ Mrd. €.

Aufgabe 5.2

a1) $A = 36$ Mrd. Beschäftigtenstunden

a2) $X = 1800$ Mrd. € / Jahr

Der Reallohnsatz entspricht der Grenzproduktivität des Faktors Arbeit:

$$w = \frac{\delta X}{\delta A} = 150A^{-0,5} = 25 \text{ € / Beschäftigtenstunde.}$$

Die durchschnittliche Arbeitsproduktivität hat einen Wert von:

$$a = \frac{X}{A} = 50 \text{ € / Beschäftigtenstunde.}$$

Die Lohnquote hat einen Wert von: $LQ = \frac{w}{a} = 0,5$ (50%).

b) Der Reallohnsatz wird auf $w = 30$ € / Beschäftigtenstunde erhöht. Im Gewinnmaximum gilt:

$$w = \frac{\delta X}{\delta A} = 150A^{-0,5} = 30. \text{ Daraus folgt: } A = 25 \text{ Mrd. Beschäftigtenstunden.}$$

Somit ergibt sich eine Produktion von $X = 1500$ Mrd. €. Die Lohnquote hat sich nicht verändert; sie beträgt auch jetzt $LQ = 0,5$ (50%).

Aufgabe 5.3

a)

	X (Mrd. €)	w (€ / Stunde)	w^n (€ / Stunde)	LQ (%)
Land 1	2000	37,50	62,50	0,6
Land 2	1200	30,00	37,50	0,8

b) Land 1:   Aus der Produktionsfunktion folgt: $A_1 = (\dfrac{X_1}{250})^{\frac{1}{0,6}}$.

Bei $X_1 = 2100$ Mrd. €: $A_1 \approx 34{,}71$ Mrd. Beschäftigtenstunden.

Aus der Gewinnmaximierungsbedingung ergibt sich:

$$w_1 = \frac{\delta X_1}{\delta A_1} = 150 A_1^{-0,4} \approx 36{,}30 \text{ € / Beschäftigtenstunde.}$$

Land 2:   Aus der Produktionsfunktion folgt: $A_2 = (\dfrac{X_2}{75})^{\frac{1}{0,8}} = (\dfrac{X_2}{75})^{1,25}$.

Bei $X_2 = 1260$ Mrd. €: $A_2 \approx 34{,}01$ Mrd. Beschäftigtenstunden.

Aus der Gewinnmaximierungsbedingung ergibt sich:

$$w_2 = \frac{\delta X_2}{\delta A_2} = 60 A_2^{-0,2} \approx 29{,}64 \text{ € / Beschäftigtenstunde.}$$

Aufgabe 5.4

a) Die Arbeitsnachfrage A^d in Abhängigkeit vom Reallohnsatz w ergibt sich aus der Gewinnmaximierungsbedingung:

$$\frac{\delta X}{\delta A} = 150 A^{-0,5} = w. \text{ Durch Auflösung nach A erhält man: } A^d = (\frac{150}{w})^2.$$

Im **ersten Fall** lässt sich aus der Gleichgewichtsbedingung $A^d = A^s$ bestimmen: w = 25 € / Beschäftigtenstunde; A = 36 Mrd. Beschäftigtenstunden; X = 1800 Mrd. €.
Im **zweiten** und im **dritten Fall** ergibt sich mit A = 36 Mrd. Beschäftigtenstunden und X = 1800 Mrd. € das gleiche Ergebnis, weil ebenfalls ein Reallohnsatz von w = 25 €/Beschäftigtenstunde vorliegt.

b) Im **ersten Fall** ist Gleichgewicht auf dem Arbeitsmarkt bei einem Reallohnsatz von w = 25 €/Beschäftigtenstunde und einem Arbeitsinput von A = 36 Mrd. Beschäftigtenstunden realisiert. Preisänderungen haben hierauf keinen Einfluss, weil sie das Arbeitsangebot nicht berühren. Folglich ist das Güterangebot mit X = 1800 Mrd. € fixiert. Die Preiselastizität des Güterangebots ist somit null.

Im **zweiten Fall** wird der Reallohnsatz im Rahmen der Lohnpolitik mit w = 25 €/Beschäftigtenstunde fixiert. Demzufolge setzen die Unternehmungen Arbeit in Höhe von A = 36 Mrd. Beschäftigtenstunden ein. Preisänderungen haben darauf keinen Einfluss, so dass das Güterangebot auch in diesem Fall mit X = 1800 Mrd. € fixiert und somit preisunelastisch ist.

Im **dritten Fall** ist zwar der Nominallohnsatz mit w^n = 25 €/Beschäftigtenstunde fixiert, aber der Reallohnsatz ist eine flexible Größe: w = w/P. Gemäß der Gewinnmaximierungsbedingung setzen die Unternehmungen Arbeit ein in Höhe von: $A^d = (\frac{150P}{w^n})^2$.

Der Arbeitsinput ist also vom Preisniveau abhängig. Dementsprechend besteht auch eine Preisabhängigkeit des Güterangebots:

$$X = \frac{45000}{w^n} P$$

Somit gilt bei w^n = 25 €/Beschäftigtenstunde: X = 1800P.

Die Preiselastizität hat den folgenden Wert: $\varepsilon(X,P) = \frac{\delta X}{\delta P} \frac{P}{X} = 1$.

c1) Aus der Gewinnmaximierungsbedingung resultiert eine Arbeitsnachfrage bzw. ein Arbeitsinput von A ≈ 29,75 Mrd. Beschäftigtenstunden. Das Güterangebot sinkt folglich auf X ≈ 1636,36 Mrd. €. Die aggregierte Angebotskurve verschiebt sich dementsprechend nach links.

c2) Bei P = 1 ergibt sich die gleiche Wirkung auf den Arbeitsinput und auf das Güterangebot wie zuvor. Aus der Güterangebotskurve des Aufgabenteils b) lässt sich jedoch die Wirkung einer Nominallohnänderung bei jedem beliebigen Preisniveau bestimmen. Es findet eine Drehung der Güterangebotsfunktion nach links statt.

c3) Die Wirkung der Preisänderung kann ebenfalls aus der im Aufgabenteil b) ermittelten Güterangebotsfunktion bestimmt werden. Demnach gilt:

$$\frac{\Delta X}{\Delta P} = \frac{4500}{w^n} = 1800 \text{ Mrd. € bei } w^n = 25 \text{ €/Beschäftigtenstunde}$$

Bei einer Preisniveauveränderung von ΔP = 0,1 (+10 Prozentpunkte) folgt somit: ΔX = 180 Mrd. DM!

Aufgabe 5.5

a) Analog zur Aufgabe 5.4 ergibt sich auch hier ein gewinnmaximaler Arbeitsinput von: $A = (\frac{150P}{w^n})^2$ sowie ein Güterangebot von $X = \frac{45000}{w^n} P$.

Im Gleichgewicht wird der Nominallohnsatz nicht verändert. Er entspricht hier dem gewünschten Reallohnsatz: $w^n = w_z = 7{,}50$. Demnach ergeben sich für P = 1 die folgenden Werte: A = 400; X = Y = 6000.

b) Für eine bestimmte Periode t lautet die Angebotsfunktion: $X_t = \frac{45000}{w^n_t} P_t$.

Dieses ist ein kurzfristiges Angebot, weil der Nominallohnsatz aufgrund der verzögerten Anpassung in der Periode t konstant bleibt, wenn sich das Preisniveau erhöht. Es besteht deshalb ein positiver Zusammenhang zwischen X und P, so dass das kurzfristige Güterangebot in einer Periode t preiselastisch ist.

c) $t = 2$: $\Delta w_2^n = 0$; $\Delta P_2 = 0{,}05$; $\Delta X_2 = 300$.

$t = 3$: $\Delta w_3^n = 0{,}375$; $\Delta P_3 \approx 0{,}039$; $\Delta X_3 \approx -77{,}78$.

Änderungen jeweils gegenüber der Vorperiode.

d) Ein langfristiges Gleichgewicht in der Periode $t = g$ liegt vor, wenn keine Lohnanpassungen mehr erfolgen und wenn somit der gewünschte Reallohnsatz realisiert wird. Das Güterangebot entspricht dann wieder dem Wert im Ausgangsgleichgewicht: $X_g = 6000$. Das Preisniveau ist auf $P_g = 1{,}2$ gestiegen, so dass die Güternachfrage von hierher wieder auf den Ausgangswert zurückgedrängt worden ist. Der Nominallohnsatz hat sich auf $w_g = 9$ erhöht.

Aufgabe 5.6

a) Zunächst muss die Angebotsfunktion hergeleitet werden. Die Gewinnmaximierungsbedingung lautet:

$\dfrac{\delta X}{\delta A} = 250A^{-0{,}5} = \dfrac{w^n}{P} = w$. Daraus folgt der Arbeitsinput $A = (\dfrac{250P}{w^n})^2$.

Setzt man diesen Ausdruck in die Produktionsfunktion ein, so erhält man die Angebotsfunktion: $X = \dfrac{125000}{w^n} P = \dfrac{125000}{w}$

Das Preisniveau ergibt sich aus dem Gütermarktgleichgewicht $X = Y$, wobei Y^a die autonome Güternachfrage ist:

Für (4a): $P = \dfrac{Y^a w^n}{125000 + 2500 w^n} = \dfrac{7500 w^n}{125000 + 2500 w^n}$

Für (4b): $P = \dfrac{Y^a w - 125000}{2500 w} = \dfrac{7500 w - 125000}{2500 w}$

Für beide Lohnstrategien erhält man: $X = 5000$; $P = 1$ und $A = 100$.

Die Arbeitslosenquote lautet: $u = \dfrac{A_v - A}{A_v} \approx 0{,}091$ (9,1 %).

b) Für (4a): $\Delta P = + 0{,}03$; $\Delta X = + 150$; $\Delta A = + 6{,}09$; $\Delta u \approx - 0{,}055$.
Für (4b): $\Delta P = + 0{,}09$; $\Delta X = 0$; $\Delta A = 0$; $\Delta u = 0$.

c) $\Delta P \approx + 0{,}065$; $\Delta X \approx - 161{,}29$; $\Delta A \approx - 6{,}35$; $\Delta u \approx + 0{,}058$; $\Delta w \approx + 0{,}83$.

d) $\Delta P \approx + 0{,}182$; $\Delta X \approx - 454{,}55$; $\Delta A \approx - 17{,}36$; $\Delta u \approx + 0{,}158$; $\Delta w^n = + 7{,}50$.

e) Es gilt jetzt: $A = (\frac{255P}{w^n})^2$; $X = \frac{130050}{w^n}$ $P = \frac{130050}{w}$

Das Preisniveau berechnet sich nun wie folgt:

Für (4a): $P = \dfrac{7500w^n}{130050 + 2500w^n}$

Für (4b): $P = \dfrac{7500w - 130050}{2500w}$

Hieraus lassen sich die folgenden Wirkungen bestimmen:

Für (4a): $\Delta P \approx -0,026$; $\Delta X \approx +65,57$; $\Delta A \approx -1,35$; $\Delta u \approx +0,012$; $\Delta w \approx +0,67$.

Für (4b): $\Delta P = -0,0808$; $\Delta X = +202$; $\Delta A = 4,04$; $\Delta u \approx -0,037$; $\Delta w^n = -2,02$.

Aufgabe 5.7

a) Die Preisgleichung lautet allgemein: $P = -1,75\dfrac{w^n}{a} + 0,001\dfrac{w^n}{a}X$.

Daraus ergibt sich die Angebotsfunktion: $X = 1750 + 1000\dfrac{a}{w^n}P$

Für $w^n = 32$: $P = -1,4 + 0,0008X$ bzw. $X = 1750 + 1250P$

Für $w^n = 48$: $P = -2,1 + 0,0012X$ bzw. $X = 1750 + 833\frac{1}{3}P$

b) $P_1 = 0,88$; $P_2 = 1$; $P_3 = 1,32$.

c) $\Delta P = 0,05$.

Aufgabe 5.8

a) Die Arbeitsproduktivität ergibt sich aus (2) wie folgt: $a = \dfrac{X}{A} = \dfrac{300}{A^{0,5}}$.

Bei Berücksichtigung der Produktionsfunktion erhält man: $a = \dfrac{90000}{X}$.

Demnach lautet die Preisfunktion: $P = 0,00002w^nX$.

Für die Gleichung der AS-Kurve gilt somit: $X = 50000\dfrac{P}{w^n}$.

Hieraus folgt: $P_1 = 1,44$; $a_1 = 30$; $A_1 = 100$; $P_2 = 1,584$; $a_2 \approx 27,27$; $A_2 = 121$.

b) Die Preisfunktion lautet: $P = (-1,2 + 0,001X)\dfrac{w^nX}{90000}$

Daraus folgt: $P_1 = 1,44$; $a_1 = 30$; $A_1 = 100$; $P_2 = 1,848$; $a_2 \approx 27,27$; $A_2 = 121$.

Aufgabe 5.9

a) Indem die Arbeitsproduktivität aus der Produktionsfunktion (3) berücksichtigt wird, gelangt man zur Preisfunktion: $P = 1,25\dfrac{w^n X}{250000}$.

Für Arbeitsproduktivität und Arbeitsinput gilt: $a = \dfrac{250000}{X}$; $A = \dfrac{X^2}{250000}$.

Aus dem Gütermarktgleichgewicht folgt: $X = Y = \dfrac{Y^a}{1 + 0,01 w^n}$.

Die Arbeitslosenquote ist wie folgt definiert: $u = \dfrac{A_v - A}{A_v}$.

In der Ausgangssituation besteht ein Gleichgewicht, in dem der Nominallohnsatz nicht verändert wird. Somit erhält man aus den zuvor genannten Zusammenhängen folgende Werte: $X = 5000$; $P = 1$; $A = 100$, $u = 0,2$.

b) $\Delta X \approx -70,42$; $\Delta P \approx +0,035$; $\Delta A \approx -2,80$; $\Delta u \approx +0,022$.

c) Bei Preisfixierung nach unten sinkt die Produktion um den vollen Betrag des autonomen Nachfragerückgangs: $\Delta X = -100$; $\Delta A = -3,96$; $\Delta u = 0,03168$.

d) Zwar ist der Nominallohnsatz fixiert, aber bei sinkender Produktion erhöht sich die Arbeitsproduktivität, so dass die Lohnstückkosten geringer werden. Das führt zu einer Preissenkung. Es ergeben sich somit folgende Wirkungen: $\Delta X \approx -71,43$; $\Delta P \approx -0,014$; $\Delta A \approx -2,80$; $\Delta u \approx +0,022$.

e) In den vier Fällen ergeben sich die folgenden Ergebnisse:

	Fall 1: Nominallohnfixierung				Fall 2: Reallohnfixierung			
t	X = Y	P	A	u	X = Y	P	A	u
0	5000	1,00	100,00	0,200	5000	1,000	100	0,20
1	5250	1,05	110,25	0,118	5000	1,175	100	0,20
2	5250	1,05	110,25	0,118	5000	1,175	100	0,20
⋮	⋮	⋮	⋮	⋮	⋮	⋮	⋮	⋮
n	5250	1,05	110,25	0,118	5000	1,175	100	0,20

	Fall 3: Lohnanpassung an die Preisentwicklung				Fall 4: Lohnanpassung an die Arbeitsmarktlage			
t	X = Y	P	A	u	X = Y	P	A	u
0	5000	1,00	100,00	0,200	5000	1,000	100,00	0,200
1	5250	1,05	110,25	0,118	5250	1,050	110,25	0,118
2	≈5176,06	≈1,087	≈107,17	≈0,143	≈5189,21	≈1,180	≈107,71	≈0,138
⋮	⋮	⋮	⋮	⋮	⋮	⋮	⋮	⋮
n	5000	1,175	110	0,20	5000	1,175	100	0,20

In den Fällen 1 und 2 wird bereits in der Periode t = 1 das neue Gleichgewicht erreicht. Es ergeben sich die folgenden Änderungen:

Fall 1: $\Delta X = +\,250$; $\Delta P = +\,0{,}05$; $\Delta A = +\,10{,}25$; $\Delta u = -\,0{,}082$.

Fall 2: $\Delta X = 0$; $\Delta P = +\,0{,}175$; $\Delta A = 0$; $\Delta u = 0$.

In den Fällen 3 und 4 erhält man in der Periode t = 1 die gleichen
Ergebnisse wie im Fall 1. In der Periode t = 2 wird der Nominallohnsatz jeweils angepasst, so dass **gegenüber der Periode t = 1** die folgenden zusätzlichen Änderungen eintreten:

Fall 3: $\Delta X \approx -\,73{,}94$; $\Delta P \approx +\,0{,}037$; $\Delta A \approx -\,3{,}08$; $\Delta u \approx +\,0{,}025$.

Fall 4: $\Delta X \approx -\,60{,}79$; $\Delta P \approx +\,0{,}030$; $\Delta A \approx -\,2{,}54$; $\Delta u \approx +\,0{,}020$.

Auch in den weiteren Perioden kommt es zu Anpassungen. Diese führen
jedoch letztlich zu einem neuen Gleichgewicht in t = n, das dem Fall 2
entspricht. Im **Vergleich zur Ausgangssituation** haben sich somit folgende
Änderungen ergeben: $\Delta X = 0$; $\Delta P = +\,0{,}175$; $\Delta A = 0$; $\Delta u = 0$.

Aufgabe 5.10

a) Aus der Gewinnmaximierung mit $\delta X/\delta A = w$ folgt ein Arbeitsinput von:

(3) $A = (\dfrac{200P}{w^n})^2$

Setzt man diesen Wert in die Produktionsfunktion (2) ein, so erhält man das
Güterangebot:

(4) $X = \dfrac{80000}{w^n}\,P$

Im Gleichgewicht gilt X = Y. Folglich ergibt sich aus (1) und (4) das
folgende Preisniveau:

(5) $P = \dfrac{8000w^n}{80000 + 4000w^n}$

Für die Lohnquote gilt:

(6) $LQ = \dfrac{w^n A}{P \cdot X} = \dfrac{w}{a}$

Hieraus lassen sich folgende Werte berechnen:

$P = 1$; $X = 4000$; $A = 100$; $u \approx 0{,}091$; $w = 40$; $LQ = 0{,}5$.

b) Aus (5) resultiert jetzt: $P \approx 0{,}974$. Aus (1) oder (4) folgt dann: $X \approx 4102{,}56$.
Gemäß Gleichung (3) ergibt sich: $A \approx 105{,}19$. Die Arbeitslosenquote wird
demnach auf $u \approx 0{,}0437$ (4,37%) verringert. Der reale Lohnsatz beträgt nun
$w = 19{,}5$. Die Lohnquote hat sich nicht verändert.

Aufgabe 5.11

a) Im Unterschied zur Aufgabe 5.10 lauten die Preisfunktionen jetzt:

(6a) $P = \dfrac{12000w^n}{80000 + 8000w^n}$ (für 1a)

(6b) $P = \dfrac{6000w^n}{80000 + 2000w^n}$ (für 1b)

Es ergeben sich in der Ausgangssituation für beide Güternachfragefunktionen die gleichen Ergebnisse wie im Teil a) der Aufgabe 5.10.

b) Es gilt jetzt: (3a) $A = \left(\dfrac{220P}{w^n}\right)^2$; (4a) $X = \dfrac{96800}{w^n} P$

(6c) $P = \dfrac{12000w^n}{96800 + 8000w^n}$ (für 1a) ; (6d) $P = \dfrac{6000w^n}{96800 + 2000w^n}$ (für 1b)

Daraus folgt:

Für (1a): $P \approx 0{,}935$; $X \approx 4523{,}36$; $A \approx 105{,}69$; $u \approx 3{,}92\%$; $w = 21{,}4$; $LQ = 0{,}5$.

Für (1b): $P \approx 0{,}877$; $X \approx 4245{,}61$; $A \approx 93{,}11$; $u \approx 15{,}36\%$; $w = 22{,}8$; $LQ = 0{,}5$.

Im ersten Fall wird der Arbeitsinput erhöht und demnach die Arbeitslosenquote gesenkt, weil die Güternachfrage eine relativ hohe Preiselastizität besitzt. Dadurch bewirkt die produktivitätsbedingte Preissenkung einen relativ starken Anstieg der Produktion. Im zweiten Fall nimmt die Arbeitslosenquote zu, weil die Güternachfrage eine geringe Preiselastizität besitzt. Trotz starker Preissenkung ergibt sich deshalb nur ein relativ geringer Anstieg der Produktion, der nicht ausreicht, um die produktivitätsbedingte Freisetzung von Arbeitskräften zu kompensieren.

c) Die Gleichungen (3a) und (4a) aus dem Aufgabenteil b) bleiben erhalten. Die Preisfunktionen lauten jetzt:

(6c) $P = \dfrac{12240w^n}{96800 + 8000w^n}$ (für 1a); (6d) $P = \dfrac{6240w^n}{96800 + 2000w^n}$ (für 1b)

Daraus folgt:

Für (1a): $P \approx 0{,}953$; $X \approx 4613{,}8$; $A \approx 109{,}96$; $u \approx 0$; $w \approx 20{,}98$; $LQ = 0{,}5$.

Für (1b): $P \approx 0{,}912$; $X \approx 4415{,}44$; $A \approx 100{,}7$; $u \approx 8{,}45$; $w \approx 21{,}92$; $LQ = 0{,}5$.

Im ersten Fall wird der positive Effekt auf Produktion und Beschäftigung, der gemäß Aufgabenteil b) aus dem Produktivitätsanstieg resultiert, noch verstärkt. Im zweiten Fall wird der im Aufgabenteil b) aufgezeigte negative Beschäftigungseffekt verhindert.

Aufgabe 5.12

a) (4) $a = \dfrac{\beta^2}{X}$;   (5) $P = (1 + \gamma)\dfrac{w^n}{\beta^2}X$;   (6) $Y = X = \dfrac{Y^a}{1 + y_P(1+\gamma)\dfrac{w^n}{\beta^2}}$;

(7) $A = (\dfrac{X}{\beta})^2$;   (8) $LQ = \dfrac{1}{1+\gamma}$;   (9) $w = \dfrac{w^n}{P} = \dfrac{\beta^2}{(1+\gamma)X}$

b) $a = 50$; $P = 1$; $Y = X = 5000$; $A = 100$; $LQ = 0{,}625$; $w = 31{,}25$.

c) $a \approx 49{,}43$; $P \approx 0{,}971$; $X \approx 5057{,}8$; $A \approx 102{,}33$; $LQ = 0{,}625$; $w \approx 30{,}89$.

d) $a \approx 50{,}45$; $P \approx 1{,}022$; $X \approx 4955{,}8$; $A \approx 98{,}24$; $LQ \approx 0{,}606$; $w \approx 30{,}57$.

Aufgabe 5.13

a) Gleichung (2) wird in (1) eingesetzt. Danach ist unter Beachtung von $D = Y$ nach Y aufzulösen:

(5) $Y = 1{,}6(D^a + 0{,}5M^n - 1000P)$ (Aggregierte Güternachfrage)

Es handelt sich um ein keynesianisches Modell eines unvollkommenen Gütermarktes mit Mark-up-Preisbildung. Insbesondere ist die Preisstarrheit nach unten typisch für ein solches Modell.

b) Die Gleichung (3a) und die Gleichung (3b) werden jeweils unter Beachtung von $Y = X$ in (5) eingesetzt. Man erhält dann:

(5a) $Y = X = \dfrac{1}{0{,}75}(D^a + 0{,}5M^n - 10w^n - 50)$ für (3a)

(5b) $Y = X = 1{,}6(D^a + 0{,}5M^n - 10w^n - 500)$ für (3b)

Demnach ergibt sich: $Y = X = 3600$.

Das Preisniveau resultiert hierfür aus (3b): $P = 1$.

Für $D = Y = X$ und $P = 1$ folgt aus (1) der Zinssatz: $i = 0{,}08$ (8%).

Der Arbeitsinput ergibt sich für $X = 3600$ aus (4): $A \approx 100{,}59$.

Bei $A_v = 110$ beträgt somit die Arbeitslosenquote: $u \approx 0{,}0855$.

Der reale Lohnsatz hat schließlich einen Wert von: $w = w^n/P = 50$.

c) Weil die Produktion unter $X = 3600$ sinken wird, muss zur Berechnung des Einkommens- und Produktionseffekts jeweils (5b) verwendet werden.

Die Verringerung der autonomen Güternachfrage hat folgende Effekte:

$\Delta Y = \Delta X = -160$; $\Delta P = 0$; $\Delta i = -0{,}01$; $\Delta A \approx -5{,}56$; $\Delta u \approx +0{,}051$; $\Delta w = 0$.

Aufgrund der Reduktion der Geldmenge ergeben sich folgende Wirkungen:

$\Delta Y = \Delta X = -40$; $\Delta P = 0$; $\Delta i = +0{,}01$; $\Delta A \approx -1{,}40$; $\Delta u \approx +0{,}013$; $\Delta w = 0$.

d) Weil die Produktion über X = 3600 steigen wird, muss zur Berechnung des Einkommens- und Produktionseffekts jeweils (5a) verwendet werden.

Infolge der Erhöhung der staatlichen Investitionen steigt die autonome Güternachfrage um 150. Das hat folgende Effekte:

$\Delta Y = \Delta X = + 200$; $\Delta P = + 0,025$; $\Delta i = + 0,01875$; $\Delta A \approx + 7,03$; $\Delta u \approx - 0,064$; $\Delta w \approx - 1,22$.

Die Geldmengenerhöhung hat folgende Effekte:

$\Delta Y = \Delta X = + 100$; $\Delta P = +0,0125$; $\Delta i = - 0,028125$; $\Delta A \approx + 3,50$; $\Delta u \approx - 0,032$; $\Delta w \approx - 0,62$.

e) Weil eine Zunahme der Produktion über X = 3600 hinaus zu erwarten ist, ist für die Berechnung die Gleichung (5a) zu verwenden. Daraus folgt: $\Delta w^n = - 7,50$.

Darüber hinaus ergeben sich folgende Wirkungen:

$\Delta P = - 0,0625$; $\Delta i = - 0,009375$; $\Delta A \approx + 3,50$; $\Delta u \approx - 0,032$; $\Delta w \approx - 4,67$.

Aufgabe 5.14

a) In der Ausgangssituation mit $P^e = P$ gilt gemäß Gleichung (2) sowie Gleichung (3): X = 2000.   Im Gütermarktgleichgewicht mit X = Y folgt aus der Gleichung (1) ein Preisniveau von: P = 1.

b) Im Gütermarktgleichgewicht mit X = Y folgt aus den Gleichungen (1) und (2) das Preisniveau:

(5) $P = 0,0005Y^a + 0,2P^e - 0,0005X^o$

Für ein konstantes „natürliches" Produktionsniveau (hier $X^o = 2000$) ergibt sich hieraus die Änderung des Preisniveaus in einer Periode t:

(6) $\Delta P_t = 0,0005\Delta Y_t^a + 0,2\Delta P_t^e$

Gemäß Gleichung (4) gilt:

(7) $\Delta P_t^e = \Delta P_{t-1}$

Nach einer Störung wird ein neues Gleichgewicht erreicht, wenn das erwartete Preisniveau mit dem tatsächlichen Preisniveau übereinstimmt: $P^e = P$. Dementsprechend muss zur Erreichung eines neuen Gleichgewichts auch gelten: $\Delta P^e = \Delta P$. Bei Berücksichtigung dieser Gleichgewichtsbedingung lässt sich aus der Gleichung (6) die Veränderung des Preisniveaus nach Erreichen eines neuen Gleichgewichts berechnen:

(8) $\Delta P = \dfrac{1}{0,8} 0,0005\Delta Y^a = 0,000625\Delta Y^a$

Die Veränderung der Produktion und des Einkommens lässt sich aus der Gleichung (2) bestimmen. Bei vorgegebenem natürlichem Produktionsniveau gilt in einer Periode t:

(9) $\Delta Y_t = \Delta X_t = 400\Delta P_t - 400\Delta P_t^e$

Da nach Erreichen des neuen Gleichgewichts die Veränderung des erwarteten Preisniveaus der Veränderung des tatsächlichen Preisniveaus entspricht, kann es gemäß (9) langfristig keine Veränderung der Produktion und des Einkommens geben. Langfristig, d.h. nach Erreichen des neuen Gleichgewichts wird hierfür wieder das Ausgangsniveau X = Y realisiert.

Das Ausgangsgleichgewicht, drei Perioden des Anpassungsprozesses sowie das neue Gleichgewicht sind in der folgenden Tabelle wiedergegeben worden. In dem Beispiel sind die Anpassungen des Preisniveaus und der Produktion bereits in den ersten drei Periode relativ hoch, so dass bereits in der Periode t = 3 Werte erreicht werden, die nah an den neuen Gleichgewichtswerten nach Abschluss des gesamten Anpassungsprozesses liegen.

t	P	P^e	X = Y
0	1,0000	1,0000	2000,00
1	1,1800	1,0000	2072,00
2	1,2160	1,1800	2014,40
3	1,2232	1,2160	2002,88
⋮	⋮	⋮	⋮
n	1,2250	1,2250	2000,00

Aufgabe 5.15

Die Aussage ist nur dann gültig, wenn das Güterangebot preisunelastisch ist. Da die Unternehmungen kurzfristig ihren Gewinn maximieren und da die Gewerkschaften gemäß der Feststellung des Forschungsinstituts eine Politik der Reallohnsicherung betreiben, liegt allerdings in der Tat ein preisunelastisches Güterangebot vor.

Nimmt die Grenzproduktivität des Faktors Arbeit mit steigendem Arbeitsinput ab, so ergibt sich die im Teil a) der Abbildung 1 dargestellte Produktionskurve sowie die im Abbildungsteil b) dargestellte Grenzproduktivitätskurve. Bei Gewinnmaximierung gilt: Grenzproduktivität des Faktors Arbeit gleich Reallohnsatz. Somit wird bei einem fixierten Reallohnsatz w_0 Arbeit in Höhe von A_0 eingesetzt, mit der ein Güterangebot von X_0 ermöglicht wird.

Abbildung 1

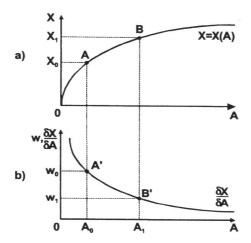

Da Preisänderungen keinen Einfluss auf diese Situation haben (denn der Reallohnsatz bleibt unverändert), verläuft die AS-Kurve bei X_0 parallel zur Preisachse (Abbildung 2).

Abbildung 2

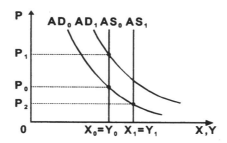

Eine expansive Fiskal- oder Geldpolitik würde sich in einer Verschiebung der AD-Kurve nach rechts ausdrücken, z.B. von AD_0 nach AD_1. Hierdurch käme es tatsächlich nur zu einem Preisanstieg (von P_0 auf P_1). Die Beschäftigung lässt sich nur durch eine Reallohnsenkung erhöhen. Bei einer Verringerung auf w_1 würde der Arbeitsinput z. B. auf A_1 steigen (Abb. 1), so dass das Güterangebot auf X_1 zunehmen würde. Es käme dadurch zu einer Verschiebung der AS-Kurve nach AS_1 (Abb. 2). Das Preisniveau würde auf P_2 sinken, und infolge dieser Preissenkung würde auch die Güternachfrage entsprechend steigen.

Diese Wirkungen treten allerdings nur ein, wenn das Güterpreisniveau nach unten flexibel ist und die Güternachfrage ausreichend preiselastisch ist. Die erste Bedingung ist aufgrund des gewinnmaximierenden Verhaltens der Unternehmungen erfüllt. Die zweite Bedingung ist nicht zwingend erfüllt. Falls die Güternachfrage keine Preiselastizität oder nur eine sehr geringe Preiselastizität besitzt, müssten auf jeden Fall zusätzlich zur Reallohnsenkung Maßnahmen zur autonomen Erhöhung der Güternachfrage eingesetzt werden, durch die sich dann auch die AD-Kurve nach rechts verschieben würde.

Fazit: Die Aussage, dass eine expansive Fiskal- und Geldpolitik bei Reallohnfixierung nur einen Preisauftrieb bewirkt, ist (Gewinnmaximierung der Unternehmungen vorausgesetzt) richtig. Richtig ist auch, dass in diesem Fall der Reallohnsatz gesenkt werden muss, um einen positiven Beschäftigungseffekt zu erreichen. Das ist jedoch nur eine notwendige, nicht aber eine hinreichende Bedingung. Denn außerdem muss die Güternachfrage preiselastisch sein. Falls sie es nicht ist, sind sehr wohl expansive Maßnahmen zur Ausweitung der Güternachfrage erforderlich.

Aufgabe 5.16

1. Zunächst sei untersucht, bei welchen Bedingungen eine expansive Fiskalpolitik eine Verschiebung der AD-Kurve nach rechts bewirkt und bei welchen Bedingungen eine expansive Geldpolitik keinen Einfluss auf die AD-Kurve hat. Wie in der Abbildung 1 dargestellt, erhöht sich die aggregierte Güternachfrage durch eine expansive Fiskalpolitik immer dann, wenn die Geldnachfrage zinselastisch ist.

Abbildung 1

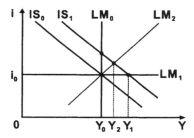

Bei LM_1 würde die Nachfrage auf Y_1, bei LM_2 auf Y_2 steigen. Bei zinsunelastischer Geldnachfrage (LM_0) wäre eine Erhöhung der aggregierten Güternachfrage dagegen nicht möglich.

Eine expansive Geldpolitik kann die aggregierte Güternachfrage nicht steigern, wenn entweder die Liquiditätsfalle mit einer vollkommen zinselastischen Geldnachfrage vorliegt oder wenn die Güternachfrage zinsunelastisch ist. Die erste Situation ist in der Abbildung 2a, die zweite Situation in der Abbildung 2b dargestellt worden.

Abbildung 2

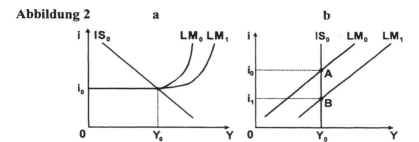

Im ersten Fall wird die zusätzliche Geldmenge vollständig absorbiert, ohne dass es zu einer Zinssenkung kommt. Im zweiten Fall sinkt zwar das Zinsniveau, aber eine zinsinduzierte Erhöhung der Güternachfrage bleibt aus.

Erstes Fazit: Die expansive Fiskalpolitik kann nur erfolgreich sein, wenn die Geldnachfrage zinselastisch ist. Die vom Beirat vermutete Unwirksamkeit der Geldpolitik ist im Hinblick auf die Güternachfrage nur dann zu vertreten, wenn die Geldnachfrage vollkommen zinselastisch oder die Güternachfrage zinsunelastisch ist.

2. Auf der Güterangebotsseite gilt die Mark-up-Hypothese: $P = (1 + \gamma)\dfrac{w^n}{a}$

Zunächst sei - wie im Allgemeinen üblich - angenommen, dass sich der Aufschlagssatz γ erhöht, wenn die Kapazitätsauslastung zunimmt. Die AS-Kurve hat dann eine positive Steigung. Sie verschiebt sich nach rechts bzw. nach oben, wenn die Lohnstückkosten w^n/a oder der Aufschlagssatz γ sinken und umgekehrt. Eine Erhöhung des Güterangebots bzw. eine Preissenkung wäre somit nicht nur durch einen Anstieg der Arbeitsproduktivität a, sondern auch durch eine Senkung des Nominallohnsatzes oder des Aufschlagssatzes möglich. Der Beirat schließt die beiden zuletzt genannten Möglichkeiten offenbar aus. Erfahrungsgemäß lässt sich eine Verringerung des Nominallohnsatzes in aller Regel auch tatsächlich nicht durchsetzen. Und auch bei den Unternehmungen zeigt sich häufig keine Bereitschaft zu Preissenkungen bei unveränderten Stückkosten. Somit würde in der Tat nur die Erhöhung der Arbeitsproduktivität eine Preissenkung bzw. eine Erhöhung des Güterangebots bewirken. In der Abbildung 3 käme es so z. B. zu einer Verschiebung der AS-Kurve von AS_0 nach AS_1.

Wäre die AD-Kurve AD_0 gültig, so könnte die Produktion hier auf X_1 zunehmen, und dadurch wäre dann auch ein Beschäftigungsanstieg möglich. Allerdings darf die Erhöhung des Güterangebots nicht durch Lohnerhöhungen zunichte gemacht werden. Denn diese würden die AS-Kurve wieder nach links bzw. wieder nach oben verschieben. Vor diesem Hintergrund ist die Forderung des Beirats zu verstehen, dass die Stärkung der Angebotsseite lohnpolitisch unterstützt werden muss. Diese Forderung ist somit richtig.

Abbildung 3

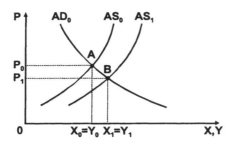

Die in der Abbildung 3 dargestellte Situation macht deutlich, dass eine Erhöhung der Produktion auch ohne eine autonome Zunahme der Güternachfrage möglich sein kann. Diese Möglichkeit ist allerdings nur dann gegeben, wenn sowohl das Güterpreisniveau nach unten flexibel ist als auch die Güternachfrage preiselastisch ist. Wenn der Beirat auch eine Erhöhung der aggregierten Güternachfrage als notwendig erachtet, so muss er also davon ausgehen, dass

- die Unternehmungen zu Preissenkungen auch bei einer Reduktion der Lohnstückkosten nicht bereit sind *oder*
- die Güternachfrage nicht preiselastisch oder zumindest nicht ausreichend preiselastisch ist.

In diesen Fällen sind die in den Abbildungen 4a und 4b dargestellten Situationen gegeben.

Abbildung 4   a   b

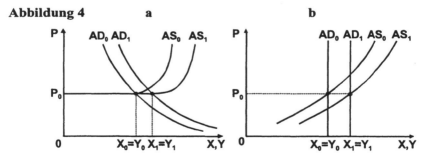

In beiden Fällen würde die Produktion nur dann steigen, wenn die AS- und die AD-Kurve gleichzeitig nach rechts verschoben würden. Und in beiden Fällen darf die Rechtsverschiebung der AS-Kurve nicht durch Lohnerhöhungen rückgängig gemacht werden.

Es ist allerdings auch möglich, dass das Güterangebot vollkommen preiselastisch ist, dass also die Unternehmungen entgegen der zuvor gesetzten Annahme den Aufschlagssatz γ konstant halten, wenn die Produktion zunimmt. In diesem Fall würde sich die in der Abbildung 5 dargestellte Situation ergeben.

Abbildung 5

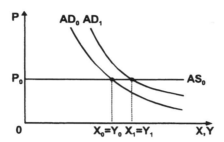

Infolge einer Nachfrageausweitung (durch die expansive Fiskalpolitik) verschiebt sich die AD-Kurve z.B. nach AD_1. Die Produktion steigt bei konstantem Preisniveau auf X_1. Bedingung ist jedoch auch hier, dass es nicht zu Lohnerhöhungen kommt, durch die sich dann die AS-Kurve nach oben verschieben würde.

Fazit: Die drei Maßnahmen sind gleichzeitig erforderlich, wenn

- das Güterangebot im Bereich von Produktionssteigerungen preiselastisch ist **oder**

- das Güterpreisniveau nach unten nicht flexibel ist **oder** die Güternachfrage preisunelastisch ist.

Ist das Güterangebot vollkommen preiselastisch, so genügt die expansive Fiskalpolitik und der Verzicht auf Lohnerhöhungen. Ist das Güterpreisniveau nach unten flexibel **und** ist die Güternachfrage preiselastisch, so genügt die Erhöhung der Arbeitsproduktivität und der Verzicht auf Lohnerhöhungen. Der Beirat nimmt also offenbar an, dass die zuvor genannten Rahmenbedingungen vorliegen.

Kapitel 6

Internationale Makroökonomik

A. Kontrollfragen

6.1 Wie setzt sich der reale Außenbeitrag eines Landes zusammen? Worin unterscheiden sich die realen von den mengenmäßigen Importen?

6.2 Wie ist der reale Wechselkurs definiert?

6.3 Welcher Zusammenhang besteht zwischen den Exporten und den Importen auf der einen und dem realen Wechselkurs auf der anderen Seite?

6.4 Was versteht man unter einer realen Abwertung, was unter einer realen Aufwertung einer Währung?

6.5 Wie wirkt sich eine reale Abwertung der Währung eines Landes auf den Außenbeitrag dieses Landes aus? Unterscheiden Sie dabei den Mengeneffekt und den Preiseffekt. Machen Sie deutlich, wie aus diesen Effekten eine Verbesserung oder auch eine Verschlechterung des Außenbeitrags resultieren kann.

6.6 Was versteht man unter dem J-Kurven-Effekt einer Wechselkursänderung? Wie lässt sich dieser Effekt erklären?

6.7 Welcher Zusammenhang besteht zwischen dem Außenbeitrag und dem Inlandsprodukt oder dem Einkommen eines Landes? Wie wirkt sich eine reale Abwertung zum einen auf das Einkommen und zum anderen auf den Außenbeitrag eines Landes aus, wenn die mengenmäßigen Importe vom Einkommen und vom realen Wechselkurs abhängig sind?

6.8 Welche Rolle spielt die marginale heimische Absorptionsquote für die Reaktion des Außenbeitrags auf eine Wechselkursänderung? Warum verändert sich der Außenbeitrag nicht, wenn die marginale heimische Absorptionsquote den Wert eins hat?

6.9 Was sind internationale Rückwirkungen? Welche Determinanten sind für den Außenbeitrag eines Landes maßgebend, wenn internationale Rückwirkungen auftreten?

6.10 Wie ist die marginale nationale Sparquote definiert?

6.11 Welche Bedeutung haben die marginalen Sparquoten sowie die marginalen Importquoten des In- und des Auslands für den Zusammenhang zwischen dem in- und dem ausländischen Einkommen?

6.12 Wie ergibt sich aus dem internen Einkommenseffekt und aus dem Rückwirkungseffekt (bzw. den Rückwirkungseffekten) die gesamte Wirkung einer Veränderung der autonomen heimischen Absorption eines Landes auf das Gleichgewichtseinkommen dieses Landes? Warum ist der Einkommenseffekt um so größer, je größer die marginale Importquote des Auslands und je kleiner die marginale nationale Sparquote sowie die marginale Importquote des Inlands sind?

6.13 Wie wirkt sich eine Erhöhung der autonomen heimischen Absorption eines Landes unter Beachtung der internationalen Rückwirkungen auf den Außenbeitrag dieses Landes aus?

6.14 Welche Wirkung hat die Abwertung der Währung eines Landes auf das Einkommen und auf den Außenbeitrag dieses Landes, wenn internationale Rückwirkungen auftreten? Welche Bedeutung haben die nationalen marginalen Sparquoten für diese Wirkungen?

6.15 Worin unterscheiden sich die internationalen Leistungstransaktionen von den internationalen Finanztransaktionen? Nennen Sie Beispiele für internationale Finanztransaktionen. Ist eine Leistungstransaktion immer mit einer Finanztransaktion verbunden?

6.16 Welcher Zusammenhang besteht zwischen dem internationalen Kapitalverkehr eines Landes und der internationalen Zinsdifferenz? Welche Rolle spielen in diesem Zusammenhang Wechselkurserwartungen?

6.17 Welche Bedeutung hat die internationale Kapitalmobilität für die Stärke der Abhängigkeit des Kapitalverkehrs von der internationalen Zinsdifferenz?

6.18 Was versteht man unter einem vollkommenen internationalen Kapitalverkehr? Welche Bedingungen müssen dabei erfüllt sein?

6.19 Welcher Zusammenhang besteht zwischen dem Zinssatz und dem Einkommen eines Landes für den Fall, dass ein Zahlungsbilanzgleichgewicht vorliegt? Wie verläuft die Z-Kurve bei zinsunelastischem, bei „normal" zinselastischem sowie bei vollkommen zinselastischem internationalen Kapitalverkehr?

6.20 Was ist ein Festkurssystem? Was sind bandfixierte Wechselkurse?

6.21 Wie lässt sich der Zusammenhang zwischen dem Wechselkurs und der Devisennachfrage auf der einen Seite sowie dem Wechselkurs und dem Devisenangebot auf der anderen Seite erklären?

6.22 Welche Devisenmarktinterventionen sind in einem System bandfixierter Wechselkurse erforderlich, wenn das Devisenangebot sinkt oder - alternativ - das Devisenangebot steigt und dabei jeweils ein Gleichgewichtswechselkurs außerhalb der Bandgrenzen erreicht würde?

6.23 Welcher Zusammenhang besteht zwischen dem Saldo der Zahlungsbilanz auf der einen Seite und den Währungsreserven sowie der Geldmenge eines Landes auf der anderen Seite? Wie wirkt sich ein Zahlungsbilanzüberschuss oder - alternativ - ein Zahlungsbilanzdefizit auf die Geldmenge eines Landes aus? Welche Devisenmarktinterventionen sind dabei jeweils erforderlich und welche Konsequenzen haben demnach diese Interventionen für die Geldmenge eines Landes?

6.24 Mit welcher Politik kann die Zentralbank bzw. die offizielle Währungsbehörde eines Landes den Geldmengeneffekt einer Devisenmarktintervention kompensieren? Warum sind dieser Politik Grenzen gesetzt?

6.25 Was versteht man unter einem Realignment?

6.26 Wie wirkt sich die expansive Geldpolitik eines kleinen Landes in einem Festkurssystem auf das Einkommen und den Zinssatz dieses Landes aus, wenn der internationale Kapitalverkehr zinselastisch sowie im Extremfall sogar vollkommen zinselastisch ist? Welche Rolle spielt dabei die Neutralisierungspolitik der Zentralbank?

6.27 Ist es richtig, dass die expansive Geldpolitik eines kleinen Landes in einem Festkurssystem in jedem Fall unwirksam ist bzw. keinen Einkommenseffekt hat?

6.28 Wie wirkt sich eine expansive Fiskalpolitik eines kleinen Landes, das Mitglied in einem Festkurssystem ist, auf das Gleichgewichtseinkommen und auf den Zinssatz dieses Landes aus, wenn der internationale Kapitalverkehr eine relativ geringe Zinselastizität besitzt oder alternativ vollkommen zinselastisch ist? Welche Wirkungen ergeben sich jeweils auf die Geldmenge des betrachteten Landes?

6.29 Kann die Zentralbank des kleinen Landes den außenwirtschaftlich bedingten Geldmengeneffekt auf jeden Fall verhindern, wenn eine expansive Fiskalpolitik betrieben wird?

6.30 Ist es richtig, dass der Einkommenseffekt der expansiven Fiskalpolitik eines kleinen Landes im Festkurssystem um so höher ausfällt, je größer die Zinselastizität des internationalen Kapitalverkehrs ist?

6.31 Wie wirkt sich die expansive Geldpolitik eines kleinen Landes bei flexiblem Wechselkurs auf das Einkommen, den Zinssatz und den Wechselkurs dieses Landes aus? Welche Rolle spielt dabei jeweils die Zinselastizität des internationalen Kapitalverkehrs?

6.32 Warum ergeben sich für die expansive Geldpolitik eines kleinen Landes unterschiedliche Einkommenseffekte bei festem und bei flexiblem Wechselkurs, wenn der internationale Kapitalverkehr zinselastisch ist?

6.33 Wie wirkt sich die expansive Fiskalpolitik eines kleinen Landes bei flexiblem Wechselkurs auf das Einkommen und auf den Zinssatz dieses Landes aus? Welche Rolle spielt dabei die Zinselastizität des internationalen Kapitalverkehrs?

6.34 Warum ist der (positive) Einkommenseffekt der expansiven Fiskalpolitik eines kleinen Landes bei flexiblem Wechselkurs um so geringer, je größer die Zinselastizität des internationalen Kapitalverkehrs ist?

6.35 Wie unterscheiden sich die Wirkungen der expansiven Fiskalpolitik eines kleinen Landes in einem Festkurssystem und alternativ bei flexiblem Wechselkurs, wenn ein vollkommen zinselastischer Kapitalverkehr vorliegt? Erklären Sie die unterschiedlichen Ergebnisse.

6.36 Welche Wirkungen hat die expansive Geldpolitik eines relativ großen Landes (des Inlands) auf das in- und das ausländische Einkommen sowie auf den Zinssatz, wenn der internationale Kapitalverkehr vollkommen zinselastisch und der Wechselkurs fixiert ist? Welche außenwirtschaftlich bedingten Geldmengeneffekte treten im In- und im Ausland auf?

6.37 Welcher Unterschied besteht zwischen den Einkommenseffekten der expansiven Geldpolitik eines kleinen und eines großen Landes im Rahmen eines Festkurssystems?

6.38 Welche Wirkungen hat die expansive Geldpolitik eines relativ großen Landes auf das in- und das ausländische Einkommen sowie auf den Zinssatz, wenn der Wechselkurs flexibel ist und ein vollkommen zinselastischer Kapitalverkehr vorliegt? Vergleichen Sie das Ergebnis mit dem Fall einer expansiven Geldpolitik eines kleinen Landes.

6.39 Ist es richtig, dass die expansive Geldpolitik eines relativ großen Landes bei flexiblem Wechselkurs eine negative internationale Konjunkturübertragung bewirkt?

6.40 Wie wirkt sich die expansive Fiskalpolitik eines relativ großen Landes innerhalb eines Festkurssystems auf das in- und das ausländische Einkommen sowie auf den Zinssatz aus, wenn der internationale Kapitalverkehr vollkommen zinselastisch ist? Kommt es zu einer positiven oder zu einer negativen internationalen Konjunkturübertragung?

6.41 Welche Wirkungen auf das in- und das ausländische Einkommen sowie auf den Zinssatz hat die expansive Fiskalpolitik eines relativ großen Landes, wenn der Wechselkurs flexibel und der internationale Kapitalverkehr vollkommen zinselastisch ist? Welcher Unterschied besteht im Vergleich zur expansiven Fiskalpolitik eines kleinen Landes?

6.42 Warum haben die expansive Fiskalpolitik und die expansive Geldpolitik eines relativ großen Landes in einem Festkurssystem eine positive Wirkung auf das ausländische Einkommen und bei flexiblem Wechselkurs keine Wirkung auf das ausländische Einkommen, wenn der internationale Kapitalverkehr völlig zinsunelastisch ist?

6.43 Wie lautet die Bedingung für die Gewinnmaximierung der Unternehmungen einer Volkswirtschaft, wenn neben den Kosten für den Produktionsfaktor Arbeit die Kosten für importierte Vorleistungen berücksichtigt werden?

6.44 Welcher Zusammenhang besteht zwischen dem aggregierten Güterangebot auf der einen Seite und dem in Auslandswährung nominierten Preisniveau der importierten Vorleistungen sowie dem nominellen Wechselkurs auf der anderen Seite, wenn die Unternehmungen das Ziel der Gewinnmaximierung verfolgen?

6.45 Welchen Einfluss haben die Stückkosten der importierten Vorleistungen auf das Preisniveau der Volkswirtschaft, wenn die Preisbildung gemäß der Mark-up-Hypothese erfolgt?

6.46 Wie lautet die Gleichung der IS-Kurve für den Fall, dass bei den Importen zwischen Endprodukten und Vorleistungen unterschieden wird?

6.47 Wie lässt sich die aggregierte Güternachfrage eines kleinen Landes zum einen bei einem festen Wechselkurs und zum anderen bei einem flexiblen Wechselkurs erklären, wenn der internationale Kapitalverkehr vollkommen zinselastisch ist? Warum spielt das Wechselkursregime eine maßgebliche Rolle für die aggregierte Güternachfrage?

6.48 Wie wirkt sich die autonome Veränderung der heimischen Absorption eines kleinen Landes in einem Festkurssystem und alternativ bei flexiblem Wechselkurs auf die aggregierte Güternachfrage aus?

6.49 Welchen Einfluss hat die Veränderung der nominellen Geldmenge auf die aggregierte Güternachfrage eines kleinen Landes für den Fall eines festen Wechselkurses und alternativ für den Fall eines flexiblen Wechselkurses?

6.50 Wie wirkt sich die expansive Fiskalpolitik eines kleinen Landes in einem Festkurssystem auf das Einkommen und auf das Preisniveau dieses Landes aus, wenn der internationale Kapitalverkehr vollkommen zinselastisch ist?

6.51 Welche Wirkungen hat die expansive Geldpolitik eines kleinen Landes auf das Einkommen und auf das Preisniveau dieses Landes, wenn der Wechselkurs flexibel und der internationale Kapitalverkehr vollkommen zinselastisch ist?

6.52 Welche Einkommens- und Preiseffekte hat eine Erhöhung des Preisniveaus der importierten Vorleistungen zum einen bei festem und zum anderen bei flexiblem Wechselkurs?

6.53 Wie und bei welchen Bedingungen ist es möglich, dass in einem kleinen Land mit einer expansiven Fiskalpolitik und alternativ mit einer expansiven Geldpolitik zwar Preissteigerungen bewirkt, aber keine Einkommenseffekte erzielt werden?

B. Übungsaufgaben

Aufgabe 6.1

Gegeben sind die folgenden Ex- und Importfunktionen:

(1) $EX = 1550 - \dfrac{800}{q}$

(2) $IM = 1400 - 600q$

Der reale Wechselkurs beträgt in der Ausgangssituation $q_0 = 1$.

a) Bestimmen Sie den realen Außenbeitrag in der Ausgangssituation.

b) Wie verändert sich der Außenbeitrag, wenn der reale Wechselkurs auf $q_1 = 1,25$ steigt? Zeigen Sie auf, wie groß der Mengeneffekt und wie groß der Preiseffekt dieser Wechselkursänderung ist.

Aufgabe 6.2

Legen Sie die folgenden Ex- und Importfunktionen zugrunde:

(1) $EX_t = 1200 - \dfrac{600}{q_z}$

(2) $IM_t = 1000 - 400q_z$

Die Ex- und die Importe reagieren mit einer zeitlichen Verzögerung auf Wechselkursänderungen. Diese zeitliche Verzögerung wird mit der Wechselkursgröße q_z erfasst:

(3) $q_z = 0{,}3q_t + 0{,}25\,q_{t-1} + 0{,}2\,q_{t-2} + 0{,}15\,q_{t-3} + 0{,}1\,q_{t-4}$

q_t ist der reale Wechselkurs in der laufenden Periode, q_{t-1} der reale Wechselkurs in der Vorperiode usw.

Der Außenbeitrag lautet:

(4) $AB_t = EX_t - q_t IM_t$

In der Ausgangssituation gilt: $q_t = q_{t-1} = q_{t-2} = q_{t-3} = q_{t-4} = 1$.

a) Bestimmen Sie den Außenbeitrag in der Ausgangssituation.

b) Wie verändern sich die realen Exporte, die mengenmäßigen und die realen Importe sowie der Außenbeitrag, wenn der reale Wechselkurs in der Periode t auf $q_t = 1{,}25$ steigt? Unterscheiden Sie zwischen den kurz-, mittel- und langfristigen Wirkungen der Wechselkursänderung. Stellen Sie die Wirkungen der Wechselkursänderung in einer Sequenztabelle und in einer Graphik dar.

Aufgabe 6.3

Für die heimische Absorption und den Außenbeitrag eines Landes liegen folgende Gleichungen vor:

(1) $H = 900 + 0{,}8Y$

(2) $AB = 300 - 0{,}3Y + 800q$

In der Ausgangssituation ist ein realer Wechselkurs von $q_0 = 1$ gegeben.

a) Berechnen Sie das Einkommen sowie den Außenbeitrag in der Ausgangssituation.

b) Wie verändern sich das Einkommen und der Außenbeitrag, wenn der reale Wechselkurs auf $q_1 = 1{,}1$ steigt?

c) Um wie viel Prozent müsste sich der reale Wechselkurs verändern, wenn ein Außenbeitrag von null erreicht werden soll? Welchen Einkommenseffekt hätte diese Änderung?

Aufgabe 6.4

Die heimische Absorption des Inlands H und die heimische Absorption des Auslands H^* werden durch die folgenden Gleichungen beschrieben:

(1) $H = H^a + 0{,}75Y$

(2) $H^* = 800 + 0{,}8Y^*$

Die Gleichung für den Außenbeitrag lautet:

(3) $AB = -200 - 0{,}375Y + 0{,}3Y^* + 500q$

In der Ausgangssituation sind der reale Wechselkurs mit $q_0 = 1$ und die autonome heimische Absorption mit $H^a = 1000$ vorgegeben.

a) Berechnen Sie das in- und ausländische Einkommen sowie den Außenbeitrag in der Ausgangssituation.

b) Wie verändern sich das in- und ausländische Einkommen sowie der Außenbeitrag, wenn

b1) die autonome heimische Absorption des Inlands um $\Delta H^a = 100$ erhöht wird,

b2) der reale Wechselkurs auf $q_1 = 1{,}32$ steigt?

Stellen Sie diese Wirkungen auch graphisch dar.

c) Welche Wirkungen hätte die Erhöhung der autonomen heimischen Absorption des Inlands um 100, wenn das Inland relativ klein wäre und deshalb keinen Einfluss (oder zumindest keinen nennenswerten Einfluss) auf das ausländische Einkommen hätte?

Aufgabe 6.5

Für den Gütermarkt, den Geldmarkt und den internationalen Kapitalverkehr eines kleinen Landes sind die folgenden Gleichungen bekannt:

(1) $H = H^a + h_Y Y - h_i i$ Heimische Absorption

(2) $AB = AB^a - m_Y Y + a_q q$ Außenbeitrag

(3) $M = L^a + k_Y Y - k_i i$ Geldmarktgleichgewicht

(4) $K = K^a + v(i - i^*)$ Internationaler Kapitalverkehr

Das kleine Land ist Mitglied in einem Festkurssystem. Der nominelle Wechselkurs ist mit $w = 1$ fixiert. Die Preisniveaus des In- und Auslands sind konstant mit $P = 1$ und $P^* = 1$.

Legen Sie die folgenden Daten und Koeffizientenwerte zugrunde:

$H^a = 990$; $AB^a = 450$; $M = 1100$; $L^a = 70$; $K^a = 50$; $i^* = 0{,}1$

$h_Y = 0{,}8$; $h_i = 1400$; $m_Y = 0{,}25$; $a_q = 500$; $k_Y = 0{,}3$; $k_i = 1700$; $v = 2000$.

a) Bestimmen Sie in allgemeiner Form die Gleichungen für die Z-Kurve (die Kurve des Zahlungsbilanzgleichgewichts) und die IS-Kurve.

b) Bestimmen Sie in allgemeiner Form das Gleichgewichtseinkommen. Berechnen Sie auf der Grundlage der angegebenen Daten und Koeffizientenwerte das Gleichgewichtseinkommen, den Zinssatz, den Außenbeitrag und den Kapitalverkehr.

c) Es sei angenommen, dass die Zentralbank keine Neutralisierungspolitik betreibt. Welche Wirkungen auf das Einkommen, den Zinssatz, den Außenbeitrag, den Kapitalverkehr und die Geldmenge ergeben sich, wenn

- die autonome heimische Absorption um 100 erhöht wird
- der autonome Kapitalimport um 50 zunimmt
- der reale Wechselkurs um 0,1 auf $q = 1{,}1$ steigt?

Aufgabe 6.6

Legen Sie erneut die Gleichungen (1) bis (4) der Aufgabe 6.5 sowie die dort angegebenen Daten und Koeffizientenwerte zugrunde. Der Wechselkurs des betrachteten kleinen Landes ist jetzt allerdings flexibel.

a) Bestimmen Sie in allgemeiner Form das Gleichgewichtseinkommen und berechnen Sie das Einkommen, den Zinssatz, den Außenbeitrag, den Kapitalverkehr und den realen Wechselkurs in der Ausgangssituation.

b) Welche Wirkungen auf das Einkommen, den Zinssatz, den realen Wechselkurs, den Außenbeitrag und den Kapitalverkehr ergeben sich, wenn

- die autonome heimische Absorption um 102 erhöht wird
- die Geldmenge um 102 steigt
- der autonome Kapitalverkehr um 51 zunimmt?

c) Zeigen Sie in allgemeiner Form auf, welche Einkommenseffekte sich ergeben würden, wenn der internationale Kapitalverkehr vollkommen zinselastisch wäre und die autonome heimische Absorption oder alternativ die Geldmenge erhöht würde.

Aufgabe 6.7

Legen Sie die folgenden Gleichungen für das relativ große Inland und das ebenfalls große Ausland zugrunde:

(1)	$H = H^a + 0{,}8Y - 2500i$	Heimische Absorption des Inlandes
(2)	$H^* = H^{*a} + 0{,}9Y^* - 2500i^*$	Heimische Absorption des Auslandes
(3)	$AB = 100 - 0{,}3Y + 0{,}15Y^* + 200q$	Außenbeitrag
(4)	$M = 0{,}2Y - 2500i$	Geldmarktgleichgewicht im Inland
(5)	$M^* = 0{,}2Y^* - 2500i^*$	Geldmarktgleichgewicht im Ausland
(6)	$i = i^*$	Zinsparität

Der Wechselkurs zwischen den beiden Ländern ist fixiert. Preisänderungen finden nicht statt. Vor diesem Hintergrund wird der reale Wechselkurs vereinfachend mit dem Wert eins angesetzt: $q = 1$. In der Ausgangssituation gilt: $H^a = 1150$; $H^{*a} = 950$; $M = 850$; $M^* = 1450$. Es werden folgende Annahmen getroffen: Der internationale Kapitalverkehr ist vollkommen zinselastisch; der nominelle Wechselkurs ist fixiert; die Preisniveaus der beiden Länder sind konstant.

a) Bestimmen Sie die IS-Kurven des Inlands und des Auslands. Berechnen Sie die Gleichgewichtseinkommen des In- und des Auslands, den Zinssatz und den Außenbeitrag der Ausgangssituation. Stellen Sie die Ausgangssituation für beide Länder auf der Grundlage der IS-Kurve, der LM-Kurve und der Z-Kurve graphisch dar.

b) Welche Wirkungen auf das in- und das ausländische Einkommen, auf den Zinssatz und auf den Außenbeitrag ergeben sich, wenn
- die autonome heimische Absorption des Inlands um 100
- die autonome heimische Absorption des Auslands um 100
- die Geldmenge des Inlands um 100

erhöht wird?

Aufgabe 6.8

Legen Sie erneut das Modell der Aufgabe 6.7 zugrunde. Der Wechselkurs ist jetzt allerdings flexibel. Die Preisniveaus seien weiterhin konstant, so dass Veränderungen des realen Wechselkurses $q = wP^*/P$ nur aus Veränderungen des nominellen Wechselkurses w resultieren. In der Ausgangssituation sind gegeben: $q = 1$; $H^a = 1150$; $H^{*a} = 950$; $M = 850$; $M^* = 1450$. Demnach liegt die gleiche Ausgangssituation wie in der Aufgabe 6.7 zugrunde.

Welche Wirkungen auf das in- und das ausländische Einkommen, auf den Zinssatz und auf den Außenbeitrag ergeben sich, wenn
- die autonome heimische Absorption des Inlands im Rahmen einer expansiven Fiskalpolitik um 56 oder alternativ
- die Geldmenge des Inlands um 28

erhöht wird?

Aufgabe 6.9

Verwenden Sie die folgenden Gleichungen:

(1) $X = \beta A^{0,5}$ Produktionsfunktion

(2) $Q^n = P \cdot X - w^n A - wP_v^* IM_v$ Unternehmensgewinne (nominal)

(3) $IM_v = \upsilon X$ Vorleistungsimporte (mengenmäßig)

A: Arbeitsinput; P_v^*: In Auslandswährung nominiertes Preisniveau der Vorleistungsimporte; w: nomineller Wechselkurs als Preisnotierung (Preis einer Einheit der ausländischen Währung in Inlandswährung); υ: Inputkoeffizient der Vorleistungsimporte.

a) Bestimmen Sie in allgemeiner Form die Gleichung für das aggregierte Güterangebot, wenn die Unternehmungen auf einem vollkommenen Gütermarkt das Ziel der Gewinnmaximierung verfolgen.

b) Berechnen Sie das Güterangebot und den Arbeitsinput für folgende Daten: $\beta = 500$; $P = 1,2$; $P_v^* = 1,2$; $w = 1$; $\upsilon = 0,25$; $w^n = 22,5$.

c) Wie verändert sich das Güterangebot, wenn bei sonst gleichen Daten wie unter b) das ausländische Preisniveau der Vorleistungsimporte P_v^* um 20% steigt und die inländische Währung gleichzeitig um 10% abgewertet wird?

Aufgabe 6.10

Legen Sie das folgende Modell zugrunde:

(1) $D = H^a + 0{,}75Y - 1000i + AB_E$ Reale Nachfrage nach Inlandsgütern

(2) $AB_E = 700 - 0{,}125Y + 700q$ Realer Außenbeitrag der Endprodukte

(3) $Y = X - q_v IM_v$ Reales Inlandseinkommen

(4) $IM_v = 0{,}2X$ Vorleistungsimporte (mengenmäßig)

(5) $AB = AB_E - q_v IM_v$ Gesamter realer Außenbeitrag

(6) $P = 0{,}25 + 0{,}05w^n + 0{,}25wP_v^*$ Inlandspreisniveau[4]

(7) $q = \dfrac{wP^*}{P}$ Realer Wechselkurs der Endprodukte

(8) $q_v = \dfrac{wP_v^*}{P}$ Realer Wechselkurs der Vorleistungsimporte

Der internationale Kapitalverkehr ist vollkommen zinselastisch. Das betrachtete Land ist relativ klein, so dass der inländische Zinssatz dem exogen gegebenen ausländischen Zinssatz entspricht: $i = i^*$. Das Land ist Mitglied in einem Festkurssystem, so dass der nominelle Wechselkurs w fixiert ist. In der Ausgangssituation sind gegeben: $H^a = 1150$; $i^* = 0{,}05$; $w = 2$; $P^* = 1$; $P_v^* = 1$; $w^n = 25$.

a) Wie lautet für das obige Modell (1) bis (8) die Gleichung der aggregierten Güternachfrage?

b) Bestimmen Sie die inländische Produktion X, das Inlandseinkommen Y, das inländische Preisniveau P und den gesamten inländischen Außenbeitrag AB in der Ausgangssituation.

c) Welche Wirkungen auf X, Y, P und AB hat eine Erhöhung der autonomen heimischen Absorption um $\Delta H^a = 100$?

d) Das Preisniveau der importierten Vorleistungsgüter P_v^* steigt um 10%. Demgegenüber bleibt das ausländische Preisniveau P^* konstant, das zugleich für die importierten Endprodukte als auch für die mit den Exporten konkurrierenden ausländischen Güter maßgeblich ist. Welche Wirkungen ergeben sich auf X, Y, P und AB?

---

[4] Um eine möglichst leichte Berechnung zu ermöglichen, wird ein einfache Preisgleichung in Anlehnung an die Mark-up-Hypothese zugrunde gelegt und dabei angenommen, dass das Preisniveau nicht von der Produktion X abhängig ist. Das aggregierte Güterangebot ist demnach vollkommen preiselastisch.

Aufgabe 6.11

Betrachtet wird ein kleines Land mit einem flexiblen Wechselkurs. Die folgenden Gleichungen sind bekannt:

(1) $\dfrac{M^n}{P} = 100 + 0{,}2X - 4000i$ Geldmarktgleichgewicht

(2) $P = 0{,}25 + 0{,}05w^n + 0{,}25wP_v^*$ Inlandspreisniveau

(3) $w = \dfrac{P}{P^*}$ Nomineller Wechselkurs

(4) $Y = X - \dfrac{wP_v^*}{P}\, IM_v$ Reales Inlandseinkommen

(5) $IM_v = 0{,}2X$ Vorleistungsimporte (mengenmäßig)

Der internationale Kapitalverkehr ist vollkommen zinselastisch, so dass der inländische Zinssatz dem ausländischen Zinssatz entspricht: $i = i^* = 0{,}05$. Zur Vereinfachung wird angenommen, dass sich der nominelle Wechselkurs nach der Kaufkraftparität gemäß Gleichung (3) bildet, die sich hier nur an den in- und ausländischen Preisniveaus der Endprodukte ausrichtet. In der Ausgangssituation sind vorgegeben: $M^n = 1800$; $P^* = 1$; $P_v^* = 1$; $w^n = 25$.

a) Wie lautet die Gleichung für die aggregierte Güternachfrage?

b) Berechnen Sie die inländische Produktion X, das Inlandseinkommen Y , das inländische Preisniveau P und den nominellen Wechselkurs w in der Ausgangssituation.

c) Wie wirkt sich eine Erhöhung der nominellen Geldmenge um $\Delta M^n = 100$ auf die Größen X, Y, P und w aus?

d) Das Preisniveau der importierten Vorleistungsgüter P_v^* steigt um 10%, wogegen das ausländische Preisniveau P^* konstant bleibt. Welche Wirkungen ergeben sich auf X, Y, P und w?

e) Gleichzeitig steigen das Preisniveau der importierten Vorleistungsgüter P_v^* und das ausländische Preisniveau P^* jeweils um 10%. Welche Wirkungen ergeben sich auf X, Y, P und w?

Aufgabe 6.12

In einem kleinen Land wird geprüft, ob mit einem benachbarten großen Land ein Währungssystem mit einem festen Wechselkurs errichtet werden oder ob man am praktizierten System eines flexiblen Wechselkurses festhalten soll. Die Regierung des Landes tritt für ein Festkurssystem ein, da sie sich davon eine größere Wirksamkeit der eigenen Fiskalpolitik verspricht. Die Zentralbankpolitiker setzen sich demgegenüber für die Beibehaltung eines flexiblen Wechselkurses ein, weil nur dieser die Autonomie der Geldpolitik und die Möglichkeit zur geldpolitischen Beeinflussung des inländischen Preisniveaus gewährleiste. Setzen Sie sich mit den Positionen der Regierung und der Zentralbankpolitiker auseinander und zeigen Sie auf, ob diese Positionen richtig oder falsch sind. Gehen Sie davon aus, dass die Kapitalverkehrsbeziehungen zwischen den beiden Ländern vollständig liberalisiert sind und dass der Kapitalverkehr deshalb vollkommen zinselastisch ist.

Aufgabe 6.13

Ein großes Land (Inland) innerhalb eines Festkurssystems betreibt eine restriktive Geldpolitik. Die anderen Länder (Ausland) dieses Systems wenden sich entschieden gegen diese Politik, weil sie negative Wirkungen auf Einkommen und Beschäftigung im jeweils eigenen Land befürchten. Zwischen den Ländern besteht eine vollkommene Kapitalmobilität.

a) Zeigen Sie auf, welche Wirkungen die Politik des Inlands auf Zinsniveau und Einkommen im In- und im Ausland hat. Preiseffekte mögen nicht auftreten.

b) Das Ausland erwägt, aus dem Festkurssystem auszusteigen und den Wechselkurs floaten zu lassen. Kann das Ausland dadurch unerwünschte Einkommenseffekte der restriktiven Geldpolitik des Inlands abwehren? Preiseffekte und Wechselkurserwartungseffekte sind ausgeschlossen.

c) Das Ausland will zwar am Festkurssystem festhalten, plant aber, strikte Kapitalverkehrsbeschränkungen einzuführen. Könnte sich das Ausland dadurch gegen den Einfluss der inländischen Geldpolitik schützen?

Aufgabe 6.14

"Besteht zwischen zwei großen Ländern sowohl freier Handel als auch ein vollkommen freizügiger Kapitalverkehr, so spielt es für die Einkommenseffekte der Fiskalpolitik keine Rolle, ob die beiden Länder einen flexiblen Wechselkurs haben oder ein Festkurssystem unterhalten."

Überprüfen Sie diese Aussage und begründen Sie ausführlich, ob sie richtig oder falsch ist. Nehmen Sie zur Vereinfachung an, dass die Preisniveaus in den beiden Ländern konstant sind und dass bei flexiblem Wechselkurs keine Wirkungen aus Wechselkurserwartungen auftreten.

C. Lösungen

Aufgabe 6.1

a) In der Ausgangssituation gilt: AB = − 50

b) Es treten die folgenden Änderungen auf:

ΔEX = + 160; ΔIM = − 150; Δ(qIM) = + 12,5; ΔAB = + 147,5.

Somit ergibt sich ein Mengeneffekt von ΔEX − ΔIM = 310. Obwohl die mengenmäßigen Importe um 150 sinken, erhöhen sich die realen Importe um 12,5. Folglich nimmt der reale Außenbeitrag nur um 147,5 zu. Der Preiseffekt entspricht der Differenz zwischen der Veränderung der realen Importe und der Veränderung der mengenmäßigen Importe und macht somit einen Betrag von 162,5 aus.

Aufgabe 6.2

a) In der Ausgangssituation gilt: AB = 0.

b) Die Wirkungen lassen sich der folgenden Sequenztabelle entnehmen:

	EX	IM	qIM	AB
0	600,00	600	600,00	0,00
1	641,86	570	712,50	− 70,64
2	672,53	545	681,25	− 8,72
3	694,74	525	656,25	38,49
4	710,20	510	637,50	72,70
5	720,00	500	625,00	95,00

In der ersten Periode nach der Wechselkursänderung verschlechtert sich der Außenbeitrag auf AB = − 70,64. In der zweiten Periode tritt zwar bereits eine Verbesserung ein, aber der Außenbeitrag ist mit AB = − 8,72 immer noch negativ. In der dritten Periode wird jedoch bereits ein positiver Außenbeitrag erreicht, und in der fünften Periode ergibt sich schließlich die endgültige Verbesserung auf AB = 95. Hier wird deutlich, dass ein J-Kurven-Effekt aufgetreten ist.

Aufgabe 6.3

a) Y = 4000; AB = − 100.

b) ΔY = 160; ΔAB = + 32.

c) Der reale Wechselkurs müsste gegenüber der Ausgangssituation um 31,25% auf q = 1,3125 steigen. Das Einkommen würde dann um ΔY = 500 zunehmen.

Aufgabe 6.4

Güternachfrage bzw. Einkommen des Inlands setzen sich wie folgt zusammen:

(4) $Y = H + AB = H^a + h_Y Y + AB^a - m_Y Y + m^* Y^* + a_q q$

Daraus folgt als Gleichung der IS-Kurve:

(4a) $Y = \dfrac{1}{1 - h_Y + m_Y}(H^a + AB^a + m^* Y + a_q q)$

Für das Ausland gilt analog dazu:

(5) $Y^* = H^* - \dfrac{1}{q} AB$

(5a) $Y^* = \dfrac{1}{1 - h^* + \dfrac{1}{q} m^*}[H^{*a} - \dfrac{1}{q}(AB^a - m_Y Y + a_q q)]$

Setzt man die vorgegebenen Koeffizienten und Parameter ein, so erhält man:

(4b) $Y = 1{,}6 H^a - 320 + 0{,}48 Y^* + 800 q$

(5b) $Y^* = \dfrac{1}{0{,}2q + 0{,}3}(200 + 0{,}375 Y + 300 q \ )$

Aus diesen beiden Gleichungen lassen sich die Einkommen in der Ausgangssituation sowie die Einkommenseffekte bestimmen. Der Außenbeitrag wird dann aus Gleichung (3) ermittelt.

a) In der Ausgangssituation gilt: $Y = 4000$; $Y^* = 4000$; $AB = 0$.

b1) $\Delta Y = 250$; $\Delta Y^* = 187{,}5$; $\Delta AB = -37{,}5$.

b2) $\Delta Y = 176$; $\Delta Y^* = -166 \, {}^2/_3$; $\Delta AB = 44$

c) Das ausländische Einkommen ändert sich in diesem Fall nicht. Es treten die folgenden Wirkungen auf: $\Delta Y = 160$; $\Delta AB = -60$. Ein Vergleich mit den Ergebnissen zu b1) zeigt, dass aufgrund der fehlenden internationalen Rückwirkungen die positive Wirkung auf das inländische Einkommen geringer und die negative Wirkung auf den inländischen Außenbeitrag größer ist.

Aufgabe 6.5

a) Im Zahlungsbilanzgleichgewicht gilt:

(5) $ZB = AB + K = 0$

Setzt man hierin die Gleichungen (2) und (4) ein und löst nach dem Zinssatz i auf, so erhält man die Gleichung für die Z-Kurve:

(5a) $i = \dfrac{1}{v}(m_Y Y - a_q q - AB^a - K^a) + i^*$

Da im Gleichgewicht $Y = H + AB$ gilt, ergibt sich aus den Gleichungen (1) und (2) die Gleichung für die IS-Kurve:

(6) $Y = \dfrac{1}{1 - h_Y + m_Y} (H^a + AB^a + a_q q - h_i i)$

b) Wenn ein Zahlungsbilanzgleichgewicht vorliegt, ergibt sich das Gleichgewichtseinkommen aus den Gleichungen (5a) und (6):

(7) $Y = \mu_1 [H^a + (1 + \dfrac{h_i}{v})(AB^a + a_q q) + \dfrac{h_i}{v} K^a - h_i i^*]$

mit $\mu_1 = \dfrac{1}{1 - h_Y + m_Y (1 + \dfrac{h_i}{v})} = 1{,}6$

Aus dieser Gleichung wird berechnet: $Y = 4000$. Aus (5a) folgt dann: $i = 0{,}1$. Schließlich erhält man aus den Gleichungen (2) und (4): $AB = -50$; $K = 50$. Wie sich anhand der Gleichung (3) nachweisen lässt, liegt bei diesen Größen auch ein Geldmarktgleichgewicht vor.

c) Die Wirkungen auf das Einkommen werden zunächst aus der Gleichung (7) bestimmt. Danach kann der Zinseffekt aus der Gleichung (5a) berechnet werden. Schließlich lassen sich aus den Gleichungen (2), (4) und (3) die Wirkungen auf den Außenbeitrag, den Kapitalverkehr und die Geldmenge bestimmen. Die Ergebnisse sind in der folgenden Tabelle enthalten:

	ΔY	Δi	ΔAB	ΔK	ΔM
$\Delta H^a = 100$	160	0,020	-40	40	14,0
$\Delta K^a = 50$	56	$-0{,}018$	-14	14	47,4
$\Delta q = 0{,}1$	136	$-0{,}008$	16	-16	54,4

Aufgabe 6.6

a) Für die Z-Kurve und die IS-Kurve gelten auch hier die zur Aufgabe 6.5 hergeleiteten Gleichungen (5a) und (6). Hieraus und aus der Gleichung (3) des Geldmarktgleichgewichts lässt sich das Gleichgewichtseinkommen berechnen:

(8) $Y = \mu_2 \left[H^a + \dfrac{1}{k_i} (h_i + v_i)(M - L^a) - K^a + v \cdot i^* \right]$

mit $\mu_2 = \dfrac{1}{1 - h_Y + \dfrac{k_Y}{k_i} (h_i + v)}$

Setzt man hierin die vorgegebenen Daten und Koeffizientenwerte ein, so erhält man das Gleichgewichtseinkommen Y = 4000. Aus den übrigen Gleichungen lassen sich bestimmen: i = 0,1; AB = – 50; K = 50; q = 1.

b) Aus der Gleichung (8) muss zunächst der Einkommenseffekt berechnet werden. Der Zinssatz lässt sich aus der Gleichung (3) bestimmen. Löst man die Gleichung (5a) nach q auf, so lässt sich hieraus der reale Wechselkurs berechnen. Der Außenbeitrag und der Kapitalverkehr ergeben sich schließlich aus den Gleichungen (2) und (4). Die Ergebnisse sind in der folgenden Tabelle wiedergegeben worden.

	ΔY	Δi	Δq	ΔAB	ΔK
$\Delta H^a = 102$	127,50	0,02250	– 0,026250	– 45,0	45,0
$\Delta M = 102$	255,00	– 0,01500	0,187500	30,0	– 30,0
$\Delta K^a = 51$	–63,75	– 0,01125	– 0,088875	– 28,5	28,5

c) Bei vollkommen zinselastischem internationalen Kapitalverkehr gilt: $v = \infty$. Setzt man diesen Wert in die Gleichung (8) ein, so zeigt sich, dass eine Veränderung der autonomen heimischen Absorption keinen Einkommenseffekt hat. Demgegenüber hat eine Veränderung der Geldmenge eine Einkommensänderung zur Folge:

(8a) $\Delta Y = \dfrac{1}{k_Y} \Delta M$

Aufgabe 6.7

a) Es gilt: $Y = H + AB$ und $Y^* = H^* - \dfrac{1}{q}AB$. Bei q = 1 ergeben sich aus den Gleichungen (1) bis (3) die folgenden Gleichungen der IS-Kurven:

(7) $Y = 600 + 2H^a + 0,3Y^* - 5000i$

(8) $Y^* = - 1200 + 4H^{*a} + 1,2Y - 10000i^*$

Bei der Bestimmung der Gleichgewichtseinkommen ist zu beachten, dass bei festem Wechselkurs quasi ein einheitlicher internationaler Geldmarkt besteht. Die Geldmarktgleichgewichte des In- und des Auslands gemäß den Gleichungen (4) und (5) sind deshalb zusammenzufassen. Dabei ist zu berücksichtigen, dass die reale Geldmenge M^* des Auslands unter Verwendung des realen Wechselkurses in Inlandswährung umgerechnet werden muss.

Aufgrund der Annahme q = 1 gilt jedoch: $\dfrac{1}{q} M^* = M^*$. Folglich erhält man:

(9) $M + M^* = 0,2Y + 0,2Y^* - 5000i$

Für $i = i^*$ ergeben sich aus den Gleichungen (7) und (9) sowie (8) und (9) die Gleichgewichtseinkommen des In- und des Auslands:

(10) $Y = \dfrac{1}{0,6}(300 + H^a + 0,05Y^* + 0,5M + 0,5M^*)$

(11) $Y^* = \dfrac{1}{0,35}(-300 + H^{*a} + 0,2Y + 0,5M + 0,5M^*)$

Durch Auflösung dieser beiden Gleichungen erhält man :

(12) $Y = 450 + 1,75H^a + 0,25\,H^{*a} + M + M^*$

(13) $Y^* = -600 + 3H^{*a} + H^a + 2M + 2M^*$

Setzt man diesen Gleichungen die vorgegebenen Daten ein, so erhält man: $Y = 5000$ und $Y^* = 8000$. Aus der Gleichung (9) lässt sich dann der Zinssatz berechnen: $i = i^* = 0,06$. Schließlich folgt aus der Gleichung (3): $AB = 0$.

b) Einkommenseffekte können unmittelbar aus den Gleichungen (12) und (13) bestimmt werden. Der Zinseffekt ergibt sich aus der Gleichung (9). Die Veränderung des Außenbeitrags kann schließlich aus der Gleichung (3) berechnet werden. Die Ergebnisse sind in der folgenden Tabelle wiedergegeben worden.

	ΔY	ΔY^*	$\Delta i = \Delta i^*$	ΔAB
$\Delta H^a = 100$	175	100	0,011	$-37,50$
$\Delta H^{*a} = 100$	25	300	0,013	37,50
$\Delta M = 100$	100	200	$-0,008$	0,00

Aufgabe 6.8

Die Veränderung des inländischen Einkommens ergibt sich aus den Gleichungen (1), (3) und (4):

(7) $\Delta Y = \dfrac{1}{0,7}(\Delta H^a + \Delta M + 0,15\Delta Y^* + 200\Delta q)$

Zur Bestimmung der Änderung des ausländischen Einkommens muss zunächst der Außenbeitrag des Auslands definiert werden:

(8) $AB^* = -\dfrac{1}{q}AB$ \qquad mit: $q = \dfrac{wP^*}{P}$

Die Veränderung dieses Außenbeitrags lautet:

(8a) $\Delta AB^* = -\dfrac{1}{q_1}(\Delta AB + AB_0^* \Delta q)$ mit: $q_1 = q_0 + \Delta q$

Um die Berechnung zu vereinfachen, wird der Quotient $1/q_1$ mit $1/q_0$ gleich gesetzt. Die Ergebnisse sind deshalb im Folgenden zwar nicht exakt, aber vertretbar, wenn die Wechselkursänderung nur relativ gering ist. Für die Änderung des ausländischen Einkommens gilt somit:

$$(9) \quad \Delta Y^* = \Delta H^{*a} + \Delta AB^* = \Delta H^{*a} - \frac{1}{q_0}(\Delta AB + AB_0^* \Delta q)$$

Aus den Gleichungen (2), (3) und (5) erhält man dann:

$$(9a) \quad \Delta Y^* = \frac{1}{0{,}3 + \dfrac{0{,}15}{q_0}}\left[\Delta H^{*a} + \Delta M^* + \frac{1}{q_0}(0{,}3\Delta Y - 200\Delta q - AB_0^* \Delta q)\right]$$

In der Ausgangssituation gilt: $q_0 = 1$; $AB_0^* = 0$. Überdies werden die autonome heimische Absorption und die Geldmenge des Auslands nicht verändert. Die Gleichung (9a) vereinfacht sich deshalb zu:

$$(9b) \quad \Delta Y^* = \frac{1}{0{,}45}(0{,}3\Delta Y - 200\Delta q)$$

Wegen des vollkommenen Kapitalmarktes müssen die Geldmarktgleichgewichte im In- und im Ausland kompatibel sein. Unter Beachtung von $i = i^*$ ergibt sich dementsprechend aus den Gleichungen (4) und (5):

$$(10) \quad \Delta M = 0{,}2\Delta Y - 0{,}2\Delta Y^* \qquad \text{bei: } \Delta M^* = 0.$$

Aus den Gleichungen (7), (9b) und (10) erhält man:

$$(10) \quad \Delta Y = \frac{1}{28}(40\Delta H^a + 100\Delta M)$$

$$(11) \quad \Delta Y^* = \frac{1}{28}(40\Delta H^a - 40\Delta M)$$

$$(12) \quad \Delta q = \frac{1}{28}(-0{,}03\Delta H^a + 0{,}24\Delta M)$$

Hieraus ergeben sich die folgenden Wirkungen:

	ΔY	ΔY^*	$\Delta i = \Delta i^*$	ΔAB	Δq
$\Delta H^a = 56$	80	80	0,0064	-24	$-0,06$
$\Delta M = 28$	100	-40	$-0,0032$	12	0,24

Aufgabe 6.9

a) Bei Gewinnmaximierung folgt aus (2):

$$(4) \quad \frac{\partial Q^n}{\partial A} = P\frac{\partial X}{\partial A} - w^n - wP_v^*\frac{\partial IM_v}{\partial X}\frac{\partial X}{\partial A} = 0$$

Daraus ergibt sich:

(5) $\dfrac{\partial X}{\partial A} = \dfrac{w}{1 - q_v \upsilon} = \dfrac{w^n}{P - wP_v^* \upsilon} = 0{,}5\beta A^{-0{,}5}$ mit: $w = \dfrac{w^n}{P}$; $q_v = \dfrac{wP_v^*}{P}$; $\upsilon = \dfrac{\partial IM_v}{\partial X}$

Wenn man diese Gleichung nach A auflöst und dann in die Produktionsfunktion (1) einsetzt, erhält man das aggregierte Güterangebot:

(6) $X = \dfrac{0{,}5\beta^2\,(P - wP_v^*\upsilon)}{w^n}$

b) X= 5000; A = 100.

c) X ≈ 4466,67; ΔX ≈ – 533,33.

Aufgabe 6.10

a) Die aggregierte Güternachfrage resultiert unter Beachtung von D = X = X_D aus den Gleichungen (1) bis (4):

(9) $X_D = \dfrac{1}{1 - 0{,}625(1 - 0{,}2q_v)}\,(700 + H^a - 1000i^* + 700q)$

b) Aus der Gleichung (6) ergibt sich ein inländisches Preisniveau von P = 2. Die realen Wechselkurse gemäß (7) und (8) lauten: q = 1; q_v = 1. Demnach erhält man aus (9) die aggregierte Güternachfrage X_D = 5000. Diese entspricht der inländischen Produktion X.
Das Inlandseinkommen resultiert aus (3) und (4): Y = 4000.
Für den gesamten realen Außenbeitrag gilt: AB = – 100.

c) Die aggregierte Güternachfrage steigt gemäß (9) um ΔX_D = 200. Das ist zugleich die Zunahme der Produktion von inländischen Gütern. Allerdings nehmen die Vorleistungsimporte zu: ΔIM_v = 40. Demnach erhöht sich das Inlandseinkommen um ΔY = 160.
Das inländische Preisniveau bleibt unverändert: ΔP = 0. Da auch die realen Wechselkurse nicht verändert werden, ergibt sich für den gesamten Außenbeitrag: ΔAB = – 60. Dabei ist zu beachten, dass die mengenmäßigen und zugleich die realen Importe von Endprodukten zunehmen, und zwar um $\Delta IM_E = 0{,}125\Delta Y = 20$.

d) Es treten folgende Änderungen auf:

ΔP	Δq	Δq_v	ΔX	ΔY	ΔAB
0,05	≈ – 0,024	≈ + 0,073	≈ – 123,35	≈ – 170,05	≈ – 42,51

Aufgrund dieser Änderungen ergeben sich die folgenden neuen Werte:

P	q	q_v	X	Y	AB
2,05	$\approx 0,976$	$\approx 1,073$	$\approx 4876,65$	$\approx 3829,95$	$\approx -142,51$

Aufgabe 6.11

a) Die aggregierte Güternachfrage ergibt sich im vorliegenden Fall eines flexiblen Wechselkurses unter Beachtung von $i = i^*$ aus dem Geldmarktgleichgewicht:

$$(6) \quad X_M = -500 + 5\frac{M^n}{P} + 20000i^*$$

b) Das inländische Preisniveau resultiert aus den Gleichungen (2) und (3):

$$(7) \quad P = \frac{(0,25 + 0,05w^n)P^*}{P^* - 0,25P_v^*}$$

Hieraus ergibt sich: $P = 2$. Aus (3) folgt der nominelle Wechselkurs $w = 2$. Gemäß Gleichung (6) erhält man für $P = 2$, $i^* = 0,05$ und $M^n = 1800$: $X = X_M = 5000$. Schließlich kann aus (4) und (5) das Inlandseinkommen bestimmt werden: $Y = 4000$.

c) Gemäß Gleichung (7) bleibt das inländische Preisniveau konstant. Der nominelle Wechselkurs ändert sich mit Blick auf Gleichung (3) ebenfalls nicht. Somit folgt aus (6): $\Delta X = \Delta X_M = 500$ sowie $\Delta Y = 400$.

d) Das Preisniveau erhöht sich gemäß (7) um $\Delta P \approx 0,069$ auf $P \approx 2,069$. Der nominelle Wechselkurs verändert sich gemäß Gleichung (3) um den gleichen Betrag $\Delta w \approx 0,069$. Er beträgt jetzt somit $w \approx 2,069$. Die Produktion verändert sich um $\Delta X = \Delta X_M = -150$ auf $X = 4850$. Das Inlandseinkommen wird um $\Delta Y = -217$ auf $Y = 3783$ verringert.

e) Gemäß Gleichung (9) bleibt das Preisniveau P konstant. Denn die inländische Währung wird mit Blick auf die Kaufkraftparitätengleichung (3) so weit aufgewertet, dass eine Übertragung der ausländischen Preiserhöhungen vollständig verhindert wird. Der nominelle Wechselkurs verändert sich demnach auf $w \approx 1,818$. Es ergeben sich folglich im Inland keine Wirkungen auf Produktion und Einkommen.

Aufgabe 6.12

1. Die Aufgabenstellung macht es erforderlich, die Wirkungsmöglichkeiten einerseits der Fiskalpolitik und andererseits der Geldpolitik sowohl in einem Festkurssystem als auch bei flexiblem Wechselkurs für den Fall zu untersuchen, dass der internationale Kapitalverkehr vollkommen zinselastisch ist. Es bietet sich an, zunächst die modelltheoretischen Grundlagen der Analyse zu erläutern. Hierzu muss kurz auf die IS-Kurve, die LM-Kurve und auf die

Z-Kurve eingegangen werden.[5] Bekanntlich verläuft die Z-Kurve im vorliegenden Fall parallel zur Einkommensachse. Es ist angebracht, im Hinblick
auf die IS- und die LM-Kurve von normalen Verläufen bzw. normalen
Zinselastizitäten der Güternachfrage und der Geldnachfrage auszugehen.

2. Die Analyse der Fiskalpolitik führt zu folgenden Ergebnissen:[6]

a) Bei festem Wechselkurs hat eine expansive Fiskalpolitik eine positive
Wirkung und eine restriktive Fiskalpolitik eine negative Wirkung auf das
inländische Einkommen. Durch den internationalen Geldmengeneffekt wird
die Fiskalpolitik in ihrer Wirksamkeit unterstützt.

b) Bei flexiblem Wechselkurs haben fiskalpolitische Aktivitäten keinen
Einkommenseffekt. Bei expansiver Fiskalpolitik wird die inländische Währung aufgewertet, so dass dem an sich positiven Einkommenseffekt der Fiskalpolitik ein wechselkursinduzierter negativer Einkommenseffekt gegenübersteht. Bei restriktiver Fiskalpolitik findet eine Abwertung der inländischen Währung statt, welche die negative Einkommenswirkung der
Fiskalpolitik letztlich aufhebt.

c) **Fazit:** Die Auffassung der Regierung, dass es für die Fiskalpolitik güns-
tiger ist, ein Festkurssystem zu unterhalten, ist richtig.

3. Für die Geldpolitik gelangt man zu folgenden Ergebnissen:

a) Bei festem Wechselkurs haben geldpolitische Aktivitäten keinen Einfluss auf die Güternachfrage und auf das Einkommen. Bei expansiver Geld-
politik kommt es zu einem starken Kapitalabfluss, durch den die inländische
Währung unter Abwertungsdruck gerät. Folglich ist die Zentralbank im
Rahmen von Devisenmarktinterventionen zu einem Aufkauf ihrer eigenen
Währung gezwungen. Hierdurch wird ihr Ziel, eine expansive Politik zu
betreiben, konterkariert.
Bei restriktiver Geldpolitik finden die Wirkungen in umgekehrter Richtung
statt. Hier kommt es zu einem relativ starken Kapitalzufluss, der die
Zentralbank zwingt, im Rahmen von Devisenmarktinterventionen eigene
Währung auf den Markt zu bringen. Ihre restriktive Zielsetzung wird da-
durch ebenfalls konterkariert.

b) Bei flexiblem Wechselkurs ist die Zentralbank nicht zu Devisenmarktinterventionen verpflichtet. Somit können von hierher auch keine konterkarie-
renden Wirkungen auf die Geldpolitik auftreten. Bei expansiver Geldpolitik
ergibt sich eine Abwertung, durch die sich der inländische Außenbeitrag

---

[5]   Zu den modelltheoretischen Grundlagen siehe Dieckheuer (2003), Abschnitte 6.4.2 und
6.5.1.

[6]   Zur ausführlichen Analyse: Dieckheuer (2003), Abschnitte 6.5.2 bis 6.5.5.

verbessert und ein zusätzlicher positiver Einkommenseffekt erzielt wird. Bei restriktiver Geldpolitik verhalten sich die Wirkungen dazu umgekehrt.

c) **Fazit:** Auch die Auffassung der Zentralbank ist richtig. Sie besitzt angesichts ihrer Position in einem kleinen Land und angesichts des vollkommen zinselastischen internationalen Kapitalverkehrs keine Möglichkeit zu einer autonomen Geldmengensteuerung. Sie hat deshalb bei festem Wechselkurs keine Möglichkeit, die Güternachfrage und darüber das Preisniveau der Volkswirtschaft zu beeinflussen. Demgegenüber ist bei flexiblem Wechselkurs eine autonome Geldmengensteuerung möglich, so dass die Zentralbank in diesem Fall die Güternachfrage und darüber das Preisniveau beeinflussen kann.

Aufgabe 6.13

1. Es ist zu beachten, dass es hier um die Analyse der Wirkungen einer restriktiven Geldpolitik eines großen Landes geht und dass deshalb internationale Rückwirkungen zu beachten sind. Zunächst sollte der modelltheoretische Rahmen, in dem die Untersuchungen durchgeführt werden, erläutert werden.[7] Es bietet sich an, normale Verläufe der IS- und der LM-Kurve bzw. normale Zinselastizitäten der Güternachfrage und der Geldnachfrage zugrunde zu legen. Die Z-Kurve verläuft hier wegen des vollkommenen internationalen Kapitalverkehrs parallel zur Einkommensachse.

2. Wirkungsanalyse

a) Die restriktive Geldpolitik des großen Inlands führt zu einem Zinsanstieg sowohl im Inland als auch im Ausland. Die Geldmenge sinkt nicht nur im Inland, sondern auch im Ausland. Da mit der restriktiven Geldpolitik eine Verringerung des inländischen Einkommens bewirkt wird, kommt es auch von hierher zu einer negativen Konjunkturübertragung auf das Ausland.

b) Zur Lösung dieses Aufgabenteils müssen die Wirkungen der restriktiven Geldpolitik des Inlands bei flexiblem Wechselkurs untersucht werden. Diese Politik hat einen Zinsanstieg und eine Aufwertung der inländischen Währung zur Folge. Dementsprechend wird die ausländische Währung abgewertet. Der Zinsanstieg sowie die Aufwertung der eigenen Währung hat im Inland eine Einkommensminderung zur Folge. Demgegenüber ergibt sich im Ausland trotz der Zinssteigerung ein positiver Einkommenseffekt, der durch die wechselkursinduzierte Verbesserung des ausländischen Außenbeitrags bewirkt wird.

---

[7] Zu den modelltheoretischen Grundlagen sowie zur Wirkungsanalyse siehe Dieckheuer (2003), Abschnitte 6.6.1, 6.6.2 und 6.6.4.

Fazit: Vor dem Hintergrund einer restriktiven Geldpolitik des großen Inlands ist es für das Ausland in der Tat besser, einen flexiblen Wechselkurs zu haben. Dadurch werden nicht nur unerwünschte Einkommenseffekte der restriktiven Geldpolitik abgewehrt, sondern es kommt infolge der Abwertung der ausländischen Währung sogar zu einem positiven Einkommenseffekt im Ausland.

c) Die Kapitalverkehrsbeschränkungen führen dazu, dass der internationale Kapitalverkehr zinsunelastisch wird. Allerdings kommt es auch in diesem Fall zu einer negativen Konjunkturübertragung auf das Ausland. Die restriktive Geldpolitik des Inlands hat in diesem Land einen negativen Einkommenseffekt zur Folge, durch den die Importe des Inlands sinken. Die dadurch bedingte negative Wirkung auf das ausländische Einkommen hat sogar noch einen negativen Rückwirkungseffekt auf das Inland, so dass sich der Konjunkturabschwung insgesamt verstärkt.

Fazit: Kapitalverkehrsbeschränkungen schützen in einem Festkurssystem nicht gegen negative Konjunkturübertragungen der restriktiven Geldpolitik eines großen Landes.

Aufgabe 6.14

1. Zur Lösung dieser Aufgabe muss untersucht werden, wie sich fiskalpolitische Maßnahmen eines der beiden großen Länder auf die Einkommen in den beiden Ländern auswirken, wenn der Kapitalverkehr zwischen den beiden Ländern vollkommen zinselastisch ist. Zunächst ist es erforderlich, die modelltheoretischen Grundlagen zu erläutern.[8] Es bietet sich an, im In- und im Ausland normale Verläufe der IS- und der LM-Kurven bzw. normale Zinselastizitäten der Güternachfrage und der Geldnachfrage zugrunde zu legen. Die Z-Kurven verlaufen in beiden Ländern bei dem gleichen Zinsniveau parallel zu den Einkommensachsen.

2. Wirkungsanalyse

a) Analyse für einen festen Wechselkurs:
Die expansive Fiskalpolitik eines großen Landes hat einen positiven Einkommenseffekt in diesem Land selbst, wogegen der Einkommenseffekt im anderen Land (im Ausland) nicht eindeutig bestimmt ist. In diesem Zusammenhang ist es wichtig, dass es infolge der expansiven Fiskalpolitik des großen Inlands im Ausland einerseits zu einem positiven güterwirtschaftlichen Effekt und andererseits zu einem negativen Geldmengeneffekt kommt. Je nach Stärke dieser beiden Effekte kann das Einkommen im Ausland steigen, konstant bleiben oder sogar sinken.

---

[8]   Zu den modelltheoretischen Grundlagen und zur Wirkungsanalyse siehe Dieckheuer (2003), Abschnitte 6.6.1 und 6.6.3.

b) Analyse für einen flexiblen Wechselkurs:
Betrachtet man beispielsweise eine expansive Fiskalpolitik eines großen Landes (des Inlands), so zeigt sich, dass das Einkommen sowohl im Inland als auch im Ausland zunimmt. Zwar steigt das in- und ausländische Zinsniveau, aber infolge einer Abwertung der ausländischen Währung wird im Ausland ein positiver Einkommenseffekt bewirkt, der seinerseits zu einer positiven Rückwirkung auf das Inland führt.

3. *Fazit*: Die Analyse macht deutlich, dass es für die Einkommenseffekte der (hier exemplarisch untersuchten expansiven) Fiskalpolitik eines großen Landes keineswegs unerheblich ist, welches Wechselkurssystem praktiziert wird. Zwar hat die expansive Fiskalpolitik im eigenen Land sowohl bei festem als auch bei flexiblem Wechselkurs einen positiven Einkommenseffekt zur Folge, aber der Einkommenseffekt im Ausland ist nur bei flexiblem Wechselkurs eindeutig bestimmt. Bei festem Wechselkurs treten mit dem güterwirtschaftlichen Effekt und dem Geldmengeneffekt entgegengerichtete Einflüsse auf, aus denen unterschiedliche Einkommenswirkungen resultieren können. Die Aussage ist somit falsch.
Dieses Fazit lässt sich analog auf die Wirkungen einer restriktiven Fiskalpolitik eines großen Landes übertragen.

Kapitel 7

Arbeitslosigkeit und Beschäftigungspolitik

A. Kontrollfragen

7.1 Was versteht man unter saisonaler, friktioneller, konjunktureller, lohnkosteninduzierter, struktureller und institutionell bedingter Arbeitslosigkeit? Was ist Kapitalmangelarbeitslosigkeit? Welche Rolle können externe Angebotsschocks für die Arbeitslosigkeit spielen?

7.2 Worin unterscheiden sich die offene und die verdeckte Arbeitslosigkeit?

7.3 Welche Rolle spielen die Preiselastizität des Güterangebots und der Güternachfrage sowie die Lohnflexibilität für die Entstehung von konjunktureller Arbeitslosigkeit?

7.4 Wie lässt sich erklären, dass ein autonomer Nachfrageausfall trotz einer ausreichenden Preis- und Lohnflexibilität nicht durch den Marktmechanismus quasi automatisch wieder beseitigt wird und deshalb die einmal entstandene konjunkturelle Arbeitslosigkeit erhalten bleibt?

7.5 Warum ist das Güterangebot preisunelastisch, wenn der Reallohnsatz fixiert ist?

7.6 Warum lässt sich Arbeitslosigkeit, die durch einen zu hohen Reallohnsatz bewirkt wird, nicht mit Hilfe einer autonomen Erhöhung der Güternachfrage beheben?

7.7 Wieso wird lohnkosteninduzierte Arbeitslosigkeit durch den Marktmechanismus nicht quasi automatisch beseitigt?

7.8 Welche Bedeutung haben die Gewerkschaftsmacht, das Insider-Outsider-Phänomen sowie Effizienzlöhne für die lohnkosteninduzierte Arbeitslosigkeit?

7.9 Wie wird der Zusammenhang zwischen Arbeitslosenquote und Quote der offenen Stellen mit der Beveridge-Kurve beschrieben? Welche Rolle spielen dabei friktionelle und strukturelle Gegebenheiten auf dem Arbeitsmarkt?

7.10 Wie lässt sich Mismatch-Arbeitslosigkeit erklären zum einen mit Blick auf qualifikatorische und regionale Disparitäten auf dem Arbeitsmarkt sowie zum anderen mit sektoralen Disparitäten auf dem Arbeitsmarkt?

7.11 Was versteht man unter freiwilliger Arbeitslosigkeit?

7.12 Ist es richtig, dass der Arbeitsinput zunimmt und dadurch eventuell die Arbeitslosigkeit sinkt, wenn unter den Bedingungen einer substitutionalen Produktionstechnologie und der Gewinnmaximierung auf dem vollkommenen Gütermarkt der Sachkapitalbestand erhöht wird?

7.13 Wie kann Kapitalmangelarbeitslosigkeit im Zuge eines sektoralen Strukturwandel entstehen?

7.14 Welcher Zusammenhang besteht zwischen dem Einsatz von Arbeit und von Sachkapital im Fall einer limitationalen Produktionsfunktion? Wie lässt sich vor diesem Hintergrund Kapitalmangelarbeitslosigkeit erklären?

7.15 Wie lautet die Bedingung für die Gewinnmaximierung von Unternehmungen, wenn neben den Lohnkosten die Kosten für importierte Vorleistungen berücksichtigt werden? Welchen Einfluss haben vor diesem Hintergrund Importpreissteigerungen auf das aggregierte Güterangebot und auf den Arbeitsinput?

7.16 Welche Möglichkeiten gibt es, die Produktions- und Beschäftigungseffekte externer Angebotsschocks, die auf Importpreissteigerungen zurückzuführen sind, zu kompensieren und so das Entstehen von Arbeitslosigkeit zu verhindern?

7.17 Worauf ist institutionelle Arbeitslosigkeit zurückzuführen? Wie lässt sich mit Hilfe des Ansatzes der individuellen Nutzenmaximierung erklären, dass aufgrund des sozialen Sicherungssystems freiwillige Arbeitslosigkeit entsteht bzw. erhalten bleibt?

7.18 Was ist eine nachfrageorientierte Beschäftigungspolitik und welche Ziele werden mit dieser Politik verfolgt?

7.19 Bei welchen Gegebenheiten auf dem Güter- und/oder dem Arbeitsmarkt ist eine nachfrageorientierte Beschäftigungspolitik zwecklos?

7.20 Wieso können Lohnanpassungen die nachhaltige Wirkung der nachfrageorientierten Beschäftigungspolitik gefährden? Wie lässt sich der Einsatz der nachfrageorientierten Wirtschaftspolitik begründen, wenn die für diese Politik erforderlichen Arbeitsmarkt- und Gütermarktbedingungen zwar in der kurzen Frist, aufgrund von verzögert einsetzenden Anpassungsprozessen nicht aber in der langen Frist erfüllt sind?

7.21 Sind die folgenden Instrumente für die nachfrageorientierte Beschäftigungspolitik geeignet: Erhöhung staatlicher Investitionsausgaben, Erhöhung des Staatsverbrauchs, Erhöhung von staatlichen Subventionen und/oder Transferzahlungen, Reduktion von Unternehmens- und/oder von Haushaltssteuern?

7.22 Aus welchen Quellen wird ein öffentliches Budgetdefizit finanziert? Was ist eine Geldschöpfungsfinanzierung, eine Inlandsfinanzierung oder eine Auslandsfinanzierung?

7.23 Was versteht man mit Blick auf eine staatliche Politik des Deficit spending unter einem Crowding-out-Effekt?

7.24 Was ist ein (direkter) zinsinduzierter Crowding-out-Effekt einer staatlichen Politik des Deficit spending? Welche Bedeutung hat einerseits die Zinselastizität der Geldnachfrage und andererseits die Zinselastizität der Güternachfrage für die Stärke dieses Effektes? Bei welchen Bedingungen ergibt sich ein totaler zinsinduzierter Crowding-out-Effekt?

7.25 Wie verändert sich das Geldvermögen der inländischen privaten Wirtschaftssubjekte, wenn ein öffentliches Budgetdefizit im Inland finanziert wird? Welche Wirkung kann diese Geldvermögensänderung auf die private Konsumgüternachfrage und auf die Geldnachfrage haben und wie kann daraus ein vermögensinduzierter Crowding-out-Effekt entstehen?

7.26 Welche Risiken können aus Sicht privater Wirtschaftssubjekte mit höheren staatlichen Budgetdefiziten verbunden sein? Wie kann daraus ein „risikoinduzierter" Crowding-out-Effekt entstehen?

7.27 Welche Bedeutung haben Preiserwartungen und zeitlich verzögerte Lohnanpassungen im Rahmen einer staatlichen Politik des Deficit spending? Wie entsteht daraus ein preisinduzierte Crowding-out-Effekt und durch welche Zusammenhänge kommt dieser Effekt zum Tragen?

7.28 Wieso kann es im Zuge einer staatlichen Politik des Deficit spending zu Produktivitätssteigerungen kommen? Was versteht man in diesem Zusammenhang unter einem produktivitätsorientierten Crowding-out-Effekt?

7.29 Welche Rolle spielen zeitliche Wirkungsverzögerungen für die nachfrageorientierte Beschäftigungspolitik? Woraus sind solche Verzögerungen zurückzuführen?

7.30 Ist es sinnvoll, die Politik eines staatlichen Deficit spending durch eine expansive Geldpolitik zu unterstützen, mit der wenigstens ein Teil der zusätzlichen öffentlichen Budgetdefizite mit Geldschöpfung finanziert wird?

7.31 Was ist ein konjunkturelles, was ist ein strukturelles Budgetdefizit? Wodurch wird ein konjunkturelles, wodurch ein strukturelles Budgetdefizit verursacht? Welcher Zusammenhang besteht zwischen diesen Defiziten und der Entwicklung der Staatsverschuldung?

7.32 Warum ist es wichtig, zwischen den kurz- und mittelfristigen sowie den langfristigen Wirkungen öffentlicher Budgetdefizite zu unterscheiden? Nennen und erläutern Sie einige längerfristige Wirkungen, die von öffentlichen Budgetdefiziten ausgehen können.

7.33 Wie sind die Verschuldungsquote, die Neuverschuldungsquote und die Zinsausgabenquote des Staates definiert? Welche Konsequenzen ergeben sich aus einer hohen und darüber hinaus laufend zunehmenden Verschuldungsquote des Staates?

7.34 Welche Regeln sollte der Staat vor dem Hintergrund der kurz-, mittel- und längerfristigen Wirkungen in seiner Budgetpolitik und dabei insbesondere im Hinblick auf konjunkturelle und strukturelle Budgetdefizite beachten?

7.35 Was ist eine diskretionäre Geldpolitik und wie unterscheidet sich diese Politik von einer regelgebundenen Geldpolitik?

7.36 Wie beurteilen Sie die Wirkungsmöglichkeiten einer nachfrageorientierten, diskretionären Geldpolitik, mit der konjunkturelle Arbeitslosigkeit bekämpft werden soll? Erläutern Sie ausführlich einige Bedingungen, durch deren Existenz die nachfrageorientierte Geldpolitik unwirksam wird oder bestenfalls nur eine geringe Wirksamkeit erreicht.

7.37 Was versteht man unter dem Kaufkraftargument?

7.38 Welche Bedingungen müssen erfüllt sein, um mit einer Erhöhung des durchschnittlichen volkswirtschaftlichen Nominallohnsatzes zum einen eine Erhöhung der realen Kaufkraft der Arbeitnehmer und zum anderen eine Zunahme der realen Güternachfrage zu erreichen?

7.39 Wie wirkt sich eine auf Kaufkraftsteigerung gerichtete Erhöhung des nominellen Lohnsatzes auf die Beschäftigung (des Faktors Arbeit) aus, wenn die Unternehmungen auf einem vollkommenen Gütermarkt kurzfristig das Ziel der Gewinnmaximierung verfolgen und mittelfristig auf Lohnerhöhungen mit die Produktivität steigernden Maßnahmen reagieren?

7.40 Ergeben sich die in Frage 7.39 aufgezeigten Wirkungen auch dann, wenn die Unternehmungen eine Preispolitik gemäß der Mark-up-Hypothese verfolgen?

7.41 Was ist eine angebotsorientierte Wirtschaftspolitik und welche Ziele werden mit einer solchen Politik verfolgt?

7.42 Welche Politikbereiche und welche Einzelmaßnahmen sind der angebotsorientierten Wirtschaftspolitik zuzuordnen?

7.43 Warum ist die angebotsorientierte Wirtschaftspolitik häufig nicht Erfolg versprechend, wenn man sich auf eine einzelne Maßnahme oder einige wenige Einzelmaßnahmen beschränkt und somit auf einen umfassenden Maßnahmeneinsatz verzichtet?

7.44 Welche Bedeutung haben die Preiselastizität der Güternachfrage und die Preiselastizität des Güterangebots für den Produktionseffekt einer angebotspolitischen Maßnahme?

7.45 Welche Maßnahmen sollten ergriffen werden, um einerseits lohnkosteninduzierte Arbeitslosigkeit zu bekämpfen, andererseits jedoch Konflikte zu vermeiden, die aus allgemeinen Lohnsenkungen resultieren könnten?

7.46 Auf welche Maßnahmen sollte die angebotsorientierte Beschäftigungspolitik zurückgreifen, wenn strukturelle Arbeitslosigkeit aufgrund von qualifikatorischem oder regionalem Mismatch vorliegt oder wenn alternativ das Sozialsystem aufgrund fehlender Arbeitsanreize Arbeitslosigkeit verursacht?

7.47 Welche Maßnahmen der angebotsorientierten Beschäftigungspolitik sind sinnvoll, wenn die Ursachen der Arbeitslosigkeit auf der Nachfrageseite des Arbeitsmarktes liegen?

7.48 Ist es möglich, einerseits Reallohnzuwächse zu erreichen und andererseits die Beschäftigungslage zu verbessern?

B. Übungsaufgaben

Aufgabe 7.1

Die aggregierte Güternachfrage wird allgemein mit der folgenden Gleichung erklärt:

(1) $Y = Y^a - y_P P$

Alternativ werden diese Werte zugrunde gelegt:

Fall 1: $Y^a = 18000$; $y_P = 14400$

Fall 2: $Y^a = 4500$; $y_P = 900$

Die Produktionsfunktion lautet:

(2) $X = 600A^{0,5}$

Das Arbeitsangebot ist mit $A_v = 36$ fest vorgegeben. Der Nominallohnsatz ist tarifvertraglich fixiert und beträgt in der Ausgangssituation: $w^n = 50$.

a) Bestimmen Sie die Gleichung des Güterangebots für den Fall, dass die Unternehmungen auf einem vollkommenen Gütermarkt das Ziel der Gewinnmaximierung verfolgen. Berechnen Sie für jede der alternativen Güternachfragefunktionen die Produktion, das Preisniveau, den Arbeitsinput, die Arbeitslosenquote und den Reallohnsatz in der Ausgangssituation.

b) Die autonome Güternachfrage verändert sich um $\Delta Y^a = -360$.

   b1) Welche Wirkungen ergeben sich auf Produktion, Preisniveau, Arbeitsinput, Arbeitslosenquote und Reallohnsatz, wenn der Nominallohnsatz unverändert bleibt und die Unternehmungen am Ziel der Gewinnmaximierung festhalten?

   b2) Welche Bedeutung hat die Preisabhängigkeit der aggregierten Güternachfrage für diese Wirkungen?

   b3) Um welchen Betrag müssten der Nominallohnsatz und das Preisniveau gesenkt werden, um die konjunkturelle Arbeitslosigkeit zu beseitigen? Sind solche Lohn- und Preissenkungen realistisch?

c) Es sei angenommen, dass die Unternehmungen keine Preissenkungen vornehmen und dass das gesamtwirtschaftliche Preisniveau deshalb nach unten starr ist.

   c1) Wie wirkt sich in diesem Fall die konjunkturell bedingte Verringerung der autonomen Güternachfrage um 360 auf Produktion, Preisniveau, Arbeitsinput und Arbeitslosenquote aus? Vergleichen Sie diese Ergebnisse mit den zu b1) gewonnenen Ergebnissen und erläutern Sie die Unterschiede.

   c2) Lässt sich die konjunkturelle Arbeitslosigkeit durch eine Lohnsenkung beheben, wenn das Preisniveau weiterhin nach unten starr ist?

Aufgabe 7.2

Die aggregierte Güternachfrage wird beschrieben durch:

(1) $Y = 8000 - 3200 \cdot P$

Die Produktionsfunktion lautet:

(2) $X = 600 A^{0,5}$

Das Arbeitspotenzial hat eine Höhe von $A_v = 64$. Der Reallohnsatz beträgt in der Ausgangssituation $w = 37,5$. Die Unternehmungen verfolgen auf einem vollkommenen Gütermarkt das Ziel der Gewinnmaximierung.

a) Leiten Sie die Funktion des aggregierten Güterangebots her und bestimmen Sie die Produktion, das Preisniveau, den Arbeitsinput, die Arbeitslosenquote und den Nominallohnsatz in der Ausgangssituation.

b) Der Reallohnsatz wird auf $w = 40$ erhöht und auf diesem Niveau tarifvertraglich fixiert. Der Nominallohnsatz muss dementsprechend automatisch an Preisänderungen angepasst werden. Welche Wirkungen ergeben sich auf Produktion, Preisniveau, Arbeitslosenquote und Nominallohnsatz?

c) Ausgehend von der in der Teilaufgabe b) beschriebenen Situation wird die autonome Güternachfrage von 8000 auf 8800 erhöht. Lässt sich damit ein Einkommens- und Beschäftigungseffekt erzielen? Welche Art der Arbeitslosigkeit liegt in dem hier betrachteten Fall vor?

Aufgabe 7.3

Auf dem Gesamtarbeitsmarkt lassen sich zwei Qualifikationsgruppen von Arbeitskräften unterscheiden, zum einen die höher qualifizierten (Gruppe I) und zum anderen die geringer qualifizierten (Gruppe II). Das Angebot (Index s) sowie die Nachfrage (Index d) auf jedem der beiden Teilarbeitsmärkte wird mit den folgenden Gleichungen beschrieben:

(1) $A_I^s = 1{,}25w$ (3) $A_I^d = 50 - 0{,}75w$

(2) $A_{II}^s = 20 + 0{,}25w$ (4) $A_{II}^d = 30 - 0{,}75w$

Das Angebot und die Nachfrage hängen somit jeweils vom Reallohnsatz w ab. Vereinfachend sei angenommen, dass auf beiden Teilmärkten der gleiche Reallohnsatz gültig ist. Dieser volkswirtschaftliche Reallohnsatz sei mit $w = 20$ fixiert.

a) Bestimmen Sie die Gleichungen des aggregierten Arbeitsangebots sowie der aggregierten Arbeitsnachfrage der gesamten Volkswirtschaft. Stellen Sie die Situationen auf den beiden Teilarbeitsmärkten sowie auf dem aggregierten volkswirtschaftlichen Arbeitsmarkt jeweils graphisch dar. Beschreiben Sie die Situation auf diesen Arbeitsmärkten und zeigen Sie, ob und gegebenenfalls warum Arbeitslosigkeit besteht. Falls Arbeitslosigkeit besteht, wie hoch ist sie?

b) Lässt sich die Arbeitslosigkeit durch eine Reallohnsenkung beseitigen? Nehmen Sie an, der Reallohnsatz werde auf $w = 10$ gesenkt. Welche Situation ergibt sich jetzt auf den Teilarbeitsmärkten und auf dem aggregierten volkswirtschaftlichen Arbeitsmarkt? Welche Konsequenzen hat die Reallohnsenkung für die gesamtwirtschaftliche Beschäftigung?

c) Welche Möglichkeiten gibt es, auf beiden Teilarbeitsmärkten ein Gleich-gewicht herzustellen und dadurch gleichzeitig die Arbeitslosigkeit zu besei-tigen?

d) Es sei jetzt angenommen, dass das Arbeitsangebot und die Arbeitsnachfrage auf dem Teilarbeitsmarkt II jeweils feste Größen sind. Alternativ zu den Gleichungen (2) und (4) gelte dementsprechend:

(2a) $A_{II}^s = 25$ (4a) $A_{II}^d = 15$ für $w < 20$; $A_{II}^d = 30 - 0,75w$ für $w \geq 20$.

Lösen Sie für diesen Fall die Teilaufgaben a) und b).

Aufgabe 7.4

Es werden zwei Produktionssektoren betrachtet, ein Industriesektor I und ein Dienstleistungssektor D. In der Ausgangssituation liegen für diese die folgen-den Produktionsfunktionen vor:

(1) $X_{I0} = 600A^{0,8}$

(2) $X_{D0} = 240A^{0,5}$

Wegen einer strukturellen Verlagerung der Güternachfrage werden die Pro-duktionskapazitäten im Industriesektor nachhaltig verringert, wogegen die Pro-duktionskapazitäten im Dienstleistungssektor erhöht werden könnten. Vor die-sem Hintergrund ergeben sich die folgenden neuen Produktionsfunktionen:

(1a) $X_{I1} = 525A^{0,8}$

(2a) $X_{D1} = 260A^{0,5}$

Die Unternehmungen beider Sektoren verfolgen das Ziel der Gewinnmaximie-rung. Das Arbeitspotenzial der Volkswirtschaft beträgt insgesamt $A_v = 68$.

a) Bestimmen Sie für beide Sektoren das Güterangebot und die gewinn-maximierende Arbeitsnachfrage jeweils in der Ausgangssituation, wenn fol-gende Reallohnsätze gegeben sind: $w_I = 30$; $w_D = 20$. Wie hoch ist die volkswirtschaftliche Arbeitslosigkeit, wenn dem Güterangebot eine gleich hohe Güternachfrage gegenübersteht?

b) Bestimmen Sie für beide Sektoren das Güterangebot und die gewinn-maximierende Arbeitsnachfrage jeweils in der neuen Situation, wenn sich die Reallohnsätze nicht verändern. Wie hoch ist jetzt die volkwirtschaftliche Arbeitslosigkeit, wenn die im Industriesektor freigesetzten Arbeitskräfte nicht bereit sind, zu einem niedrigeren Reallohnsatz als $w = 30$ in den Dienstleistungssektor zu wechseln?

c) Bei welchem Reallohnsatz entspricht die Arbeitsnachfrage des Dienstleis-tungssektors in der neuen Situation dem hier verfügbaren Arbeitsangebot, wenn es nicht zu einem Wechsel von Arbeitskräften vom Industrie- zum Dienstleistungssektor kommt?

Aufgabe 7.5

Wiederum werden der Industriesektor I und der Dienstleistungssektor D gesondert betrachtet. Hierfür liegen die folgenden Produktionsfunktionen zugrunde:

(1) $X_{I0} = 10R^{0,5}A^{0,5}$

(2) $X_{D0} = 8R^{0,5}A^{0,5}$

Das volkswirtschaftliche Arbeitspotenzial beträgt $A_v = 170$. In der Ausgangssituation wird im Industriesektor Sachkapital in Höhe von $R_I = 3600$ und im Dienstleistungssektor Sachkapital in Höhe von $R_D = 1600$ eingesetzt. Die Unternehmungen beider Sektoren verfolgen das Ziel der Gewinnmaximierung.

a) Bestimmen Sie für beide Sektoren das Güterangebot und die gewinnmaximierende Arbeitsnachfrage jeweils in der Ausgangssituation, wenn folgende Reallohnsätze gegeben sind: $w_I = 30$; $w_D = 20$. Wie hoch ist die volkswirtschaftliche Arbeitslosigkeit, wenn dem Güterangebot eine gleich hohe Güternachfrage gegenübersteht?

b) Im Industriesektor wird der Sachkapitalbestand vor dem Hintergrund nachhaltig sinkender Nachfrage auf $R_I = 3306,25$ verringert. Im Dienstleistungssektor möge es jedoch an der nötigen Innovationsbereitschaft fehlen, um beispielsweise mit neuen Produkten zusätzliche Nachfrage anzuregen. Zusätzliche Sachkapazitäten werden deshalb in diesem Sektor nicht geschaffen. Welche Wirkungen ergeben sich auf das Güterangebot bzw. die Produktion sowie auf die volkswirtschaftliche Arbeitslosigkeit, wenn die Reallohnsätze unverändert bleiben?

c) Um welchen Betrag müsste der Dienstleistungssektor seine Sachkapazitäten und seine Produktion erhöhen, um die im Industriesektor frei werdenden Arbeitskräfte absorbieren zu können? Es sei angenommen, dass im Zuge eines Strukturwandels, der auf einem unverändert hohen volkswirtschaftlichen Beschäftigungsniveau erfolgt, ausreichend Nachfrage in den Dienstleistungssektor umgelenkt wird. Die Reallohnsätze seien unverändert.

Aufgabe 7.6

Aufgrund technischer Rigiditäten bestehen in einer Volkswirtschaft limitationale Produktionsverhältnisse, die eine feste Kapitalintensität implizieren:

(1) $X = \min(aA, \frac{1}{\kappa}R)$

Sowohl die Arbeitsproduktivität a als auch der Kapitalkoeffizient κ sind fest vorgegeben: $a = 50$; $\kappa = 1,5$. Der Sachkapitalstock hat in der Ausgangssituation einen Wert von $R = 2700$. Das Arbeitspotenzial beläuft sich auf $A_v = 40$.

Die aggregierte Güternachfrage wird durch folgende Gleichung beschrieben:

(2) $Y = 3000 - 1200P$

a) Wie groß ist die Arbeitsproduktivität? Berechnen Sie die Produktion, den Arbeitseinsatz und die Arbeitslosenquote für den Fall, dass die Sachkapazitäten voll ausgelastet werden.

b) Bestimmen Sie das aggregierte Güterangebot und berechnen Sie das Preisniveau und die Produktion im Gütermarktgleichgewicht.

c) Lässt sich die Arbeitslosigkeit mit einer Erhöhung der autonomen Güternachfrage oder mit einer Lohnsenkung beseitigen?

d) Um welchen Betrag müsste der Sachkapitalstock geändert werden, wenn Vollbeschäftigung erreicht werden soll? Welche Wirkung hat eine solche Veränderung auf die Produktion und auf das Preisniveau?

Aufgabe 7.7

Die aggregierte Güternachfrage wird durch folgende Gleichung beschrieben:

(1) $Y = 6500 - 1500P$

Die Produktionsfunktion lautet:

(2) $X = 500A^{0,5}$

Für die Arbeitsnachfrage der Unternehmungen gilt:

(3) $A^d = \dfrac{62500}{w^2}$ für $w \geq 25$ (3a) $A^d = 100$ für $w < 25$

Das Arbeitspotenzial ist mit $A_v = 110$ vorgegeben. Der Nominallohnsatz beträgt in der Ausgangssituation $w^n = 25$.

a) Prüfen Sie, ob die Arbeitsnachfrage der Unternehmungen mit dem Ziel der Gewinnmaximierung vereinbar ist. Bestimmen Sie die Funktion des aggregierten Güterangebots für den fixierten Nominallohnsatz von $w^n = 25$. Stellen Sie die aggregierte Angebotskurve graphisch dar.

b) Berechnen Sie das Einkommen, das Preisniveau und die Arbeitslosenquote in der Ausgangssituation.

c) Lässt sich die Arbeitslosigkeit in dem hier zugrunde gelegten Fall durch
   - eine Verringerung des Nominallohnsatzes oder alternativ
   - eine Erhöhung der autonomen Güternachfrage
   beseitigen?

Welche Wirkungen auf das aggregierte Güterangebot, das Einkommen, das Preisniveau, den Reallohnsatz und die Arbeitslosenquote ergeben sich

- wenn der Nominallohnsatz auf $w^n = 20$ gesenkt wird oder alternativ
- die autonome Güternachfrage von 6500 auf 7000 erhöht wird?

d) Worauf ist die in diesem Beispiel beobachtete Arbeitslosigkeit zurückzuführen? Nennen Sie einige mögliche Gründe.

Aufgabe 7.8

Legen Sie das folgende Modell zugrunde:

(1) $D = C + I + G + AB$

(2) $C = C^a + c_Y YV + c_V V = 40 + 0,8YV + 0,035V$

(3) $I = I^a + b_Y Y - b_i i = 190 + 0,12Y - 4000i$

(4) $AB = AB^a - m_Y Y + m_P \dfrac{1}{P} = 625 - 0,225Y + \dfrac{500}{P}$

(5) $YV = Y + Ü - T$

(6) $T = T^a + \tau Y = 200 + 0,4Y$

(7) $Y = X = D$

(8) $\dfrac{M^n}{P} = L^a + k_Y Y - k_i i + k_V V + k_r BD = 245 + 0,175Y - 4000i + 0,02V + 0,5BD$

(9) $BD = G + Ü - T$

(10) $\Delta V = V - V_{t-1} = BD$ bzw. (10a) $V = V_{t-1} + BD$

Gegenüber früher verwendeten Modellen werden hier drei zusätzliche Einflüsse berücksichtigt:

- Das reale Geldvermögen V der privaten Wirtschaftssubjekte ist eine Determinante der privaten Konsumgüternachfrage und der Geldnachfrage. Die entsprechenden Koeffizienten lauten c_V und k_V.

- Die Geldnachfrage hängt u.a. von der erwarteten Zinsentwicklung ab. Es wird angenommen, dass der erwartete Zinssatz um so höher ist, je größer das beobachtete Budgetdefizit des Staates BD ausfällt. In diesem Einfluss kommt das Risiko von Kursverlusten am Wertpapiermarkt zum Ausdruck. Dementsprechend liegt hier eine risikoinduzierte Geldnachfrage vor, und die Bedeutung dieses Risikos spiegelt sich in dem Koeffizienten k_r wieder.

- Die Veränderung des realen Geldvermögens der privaten Wirtschaftssubjekte ΔV entspricht dem staatlichen Budgetdefizit BD. Aus Gründen der Vereinfachung wird davon abgesehen, Geldvermögensänderungen, die auf

Kursänderungen des bereits vorhandenen Wertpapierbestandes zurückzuführen sind, zu erfassen.

Ferner wird angenommen, dass das Güterangebot vollkommen preiselastisch
und das Preisniveau P deshalb konstant ist. Die Produktion wird somit immer
vollkommen an die Güternachfrage angepasst, ohne dass es zu Preisänderungen
kommt. Für das Preisniveau gelte $P = 1$.

Die nominelle Geldmenge ist mit $M^n = 1000$ fest vorgegeben. In der Ausgangssituation sind noch folgende Daten gegeben: $G = 1000$; $\ddot{U} = 1200$;
$V = 6000$; $BD = 0$.

a) Leiten Sie jeweils in allgemeiner Form die Funktion der IS-Kurve sowie die
   Funktion der aggregierten Güternachfrage her.

b) Bestimmen Sie das Gleichgewichtseinkommen Y und den Zinssatz i in der
   Ausgangssituation.

c) Wie verändern sich das Gleichgewichtseinkommen, der Zinssatz und das
   staatliche Budgetdefizit, wenn die staatlichen Investitionsausgaben um
   $\Delta G = 120$ erhöht werden? Zeigen Sie im Einzelnen auf, welche *zinsinduzierten*, welche *vermögensinduzierten* und welche *risikoinduzierten* Wirkungen von einer Erhöhung der staatlichen Ausgaben um $\Delta G = 120$ ausgehen
   und welcher Crowding-out-Effekt dabei jeweils auftritt.

d) Beantworten Sie die Fragen zu a) bis c), wenn das Geldmarktgleichgewicht
   alternativ zu (8) durch die folgende Gleichung bestimmt ist:

(8a) $\dfrac{M^n}{P} = k_Y Y = 0,2Y$

Aufgabe 7.9

In vereinfachter Form möge die IS-Kurve wie folgt lauten:

(1) $Y = Y^a + G - y_i i - y_P P = 4740 + G - 4000i - 500P$

Der Zinssatz ergibt sich aus folgendem vereinfachten Zusammenhang:

(2) $i = i^a + i_Y Y - i_M M^n + i_P P + i_r BD$

$\qquad = 0,02 + 0,00001Y - 0,00006M^n + 0,05P + 0,00015BD$

Das aggregierte Güterangebot hängt wie folgt vom Preisniveau und vom Nominallohnsatz ab:

(3) $X = 1500 + \dfrac{70000}{w^n} P$

Das staatliche Budgetdefizit folgt aus:

(4) $BD = G + \ddot{U} - Ta - \tau Y = 1000 + G - 0,4Y$

In der Ausgangssituation sind gegeben: $w^n = 20$; $G = 1000$; $BD = 0$; $M^n = 1000$.

a) Bestimmen Sie die Gleichung für die aggregierte Güternachfrage und berechnen Sie das Einkommen und das Preisniveau in der Ausgangssituation.

b) Welche Wirkungen auf das Einkommen und das Preisniveau ergeben sich, wenn die Staatsausgaben um $\Delta G = 100$ erhöht werden? Wie groß ist der direkte preisinduzierte Crowding-out-Effekt?

c) Es sei angenommen, dass der Nominallohnsatz (mit einer gewissen zeitlichen Verzögerung) immer so weit an die Preisentwicklung angepasst wird, dass letztlich eine Reallohnsicherung erreicht wird.

   Welche Wirkungen auf das Einkommen und auf das Preisniveau hat jetzt eine Erhöhung der Staatsausgaben um $\Delta G = 100$? Um welchen Betrag ändert sich der Nominallohnsatz? Wie groß ist der lohnkosteninduzierte Crowding-out-Effekt?

d) Welche Wirkung hat die Staatsausgabenerhöhung um $\Delta G = 100$ auf das Einkommen und auf das Preisniveau, wenn das Güterangebot - alternativ zum Güterangebot gemäß Gleichung (3) - preisunelastisch ist?

Aufgabe 7.10

Die heimische Absorption wird mit der folgenden Gleichung erklärt:

(1) $H = H^a + h_A Y_L + h_Q Q - h_i i - h_p P = 1700 + 0{,}8Y_L + 0{,}6Q - 2000i - 400P$

Für den Außenbeitrag gilt:

(2) $AB = AB^a - m_Y Y - m_p P = 1920 - 0{,}2Y - 1100P$

Die realen Einkommen aus Unternehmertätigkeit und Vermögen - die realen Gewinne – sind wie folgt definiert:

(3) $Q = Y - Y_L$

Der Zinssatz ergibt sich aus folgendem Zusammenhang:

(4) $i = i^a + i_Y Y - i_M M^n + i_p P = 0{,}01 + 0{,}0001Y - 0{,}0004M^n + 0{,}05P$

Die Produktionsfunktion lautet:

(5) $X = 400A^{0{,}5}$

Die nominelle Geldmenge ist $M^n = 1000$. Das Arbeitspotenzial der Volkswirtschaft beträgt $A_v = 110$. Der nominelle Lohnsatz hat in der Ausgangssituation einen Wert von $w^n = 20$. Die Unternehmungen verfolgen auf einem vollkommenen Gütermarkt das Ziel der Gewinnmaximierung.

a) Bestimmen Sie die Gleichung der aggregierten Güternachfrage und des aggregierten Güterangebots. Berechnen Sie das volkswirtschaftliche Realeinkommen Y, das Preisniveau, den Arbeitsinput, die Arbeitslosenquote und die Lohnquote in der Ausgangssituation.

b) Mit dem Ziel, die Kaufkraft der Arbeitnehmer zu steigern und dadurch einen Beitrag zur Verringerung der Arbeitslosigkeit zu leisten, setzen die Gewerkschaften eine Erhöhung des Nominallohnsatzes um 5% durch. Welche Wirkungen hat diese Maßnahme auf das reale Arbeitnehmereinkommen, auf das volkswirtschaftliche Realeinkommen, auf das Preisniveau, auf den Arbeitsinput und die Arbeitslosenquote sowie auf die Lohnquote?

c) Erläutern Sie die Zusammenhänge, die für die zu b) ermittelte Veränderung der Arbeitslosenquote maßgeblich sind.

Aufgabe 7.11

Die aggregierte Güternachfrage wird mit der folgenden Gleichung erklärt:

$$(1) \quad Y = 5500 + 1{,}25(h_A - h_Q)Y_L - 2000P$$

Das Preisniveau wird auf einem unvollkommenen Gütermarkt gemäß der Mark-up-Hypothese gebildet:

$$(2) \quad P = (1 + \gamma)\frac{w^n A}{X} = (1 + \gamma)\frac{w^n}{a}$$

Die Arbeitsproduktivität a sei ein fest vorgegebene Größe, so dass zwischen Produktion X und Arbeitsinput A ein einfacher Zusammenhang besteht:

$$(3) \quad X = aA$$

Das Arbeitspotenzial beträgt $A_v = 110$. In der Ausgangssituation sind die folgenden Werte gegeben: $h_A = 0{,}86$; $h_Q = 0{,}7$; $a = 40$; $\gamma = 0{,}6$; $w^n = 25$.

a) Berechnen Sie das volkswirtschaftliche Realeinkommen Y, das Preisniveau, den Arbeitsinput, die Arbeitslosenquote, die Lohnquote und die Gewinnquote in der Ausgangssituation.

b) Der Nominallohnsatz wird um 5% erhöht. Welche Wirkungen ergeben sich auf die zu a) genannten Größen?

c) Nehmen Sie an, dass die Unternehmungen die Güterpreise trotz Lohnerhöhung nicht anheben. Welche Wirkungen treten jetzt auf die genannten Größen auf?

d) Welche Wirkungen hat die Lohnerhöhung auf die genannten Größen, wenn $h_A = h_Q = 0{,}8$ gilt und das Preisniveau trotz Lohnanstieg konstant bleibt?

Aufgabe 7.12

Die aggregierte Güternachfrage wird durch die folgende Gleichung erklärt:

(1) $Y = Y^a - y_p P$

Die Produktionsfunktion lautet:

(2) $X = \beta R^{0,5} A^{0,5}$

Das Arbeitspotenzial ist mit $A_v = 115$ vorgegeben. In der Ausgangssituation sind ein Produktionskoeffizient von $\beta = 10$, ein Kapitalstock von $R = 3600$ und ein Reallohnsatz von $w = 30$ gegeben. Im Hinblick auf die autonome aggregierte Güternachfrage und den Preiskoeffizienten dieser Güternachfrage werden alternativ zwei Fälle zugrunde gelegt:

Fall 1: $Y^a = 16000$; $y_p = 10000$

Fall 2: $Y^a = 7000$; $y_p = 1000$

a) Bestimmen Sie in allgemeiner Form die Funktionen des aggregierten Güterangebots und der Arbeitsnachfrage für den Fall, dass die Unternehmungen auf einem vollkommenen Gütermarkt das Ziel der Gewinnmaximierung verfolgen. Ermitteln Sie das Preisniveau aus dem allgemeinen Gütermarktgleichgewicht. Berechnen Sie die Produktion, den Arbeitsinput, die Arbeitslosenquote und das Preisniveau für die vorgegebenen Daten in der Ausgangssituation.

b) Welche angebotsseitigen Maßnahmen können eingesetzt werden, um die bestehende Arbeitslosigkeit zu vermindern oder sogar zu beseitigen? Machen Sie im Einzelnen deutlich, wie das aggregierte Güterangebot auf solche Maßnahmen reagiert und welche Größen in der Gleichung des aggregierten Güterangebots beeinflusst werden.

c) Lässt sich die Arbeitslosigkeit mit Hilfe einer Reallohnsenkung beseitigen? Welcher Reallohnsatz wäre dazu gegebenenfalls erforderlich? Nehmen Sie wiederum an, dass die Unternehmungen das Ziel der Gewinnmaximierung verfolgen.

d) Welche Wirkungen hat

d1) eine Erhöhung des Produktionskoeffizienten auf $\beta = 10,5$ oder alternativ

d2) eine Erhöhung des Kapitalstocks auf $R = 3969$

auf die Produktion, den Arbeitsinput, die Arbeitslosenquote und das Preisniveau?

Auch hier sei angenommen, dass die Unternehmungen Gewinnmaximierung betreiben. Gehen Sie davon aus, dass der Reallohnsatz tarifvertraglich mit $w = 30$ fixiert ist.

e) Aufgrund regionaler Immobilitäten und/oder aufgrund von Qualifikationsmängeln stehe den Unternehmungen effektiv nur ein Arbeitsangebot von $A = 100$ zur Verfügung, wenngleich das statistische Arbeitspotenzial

$A_v = 115$ beträgt. Wie wirkt sich vor diesem Hintergrund die im Aufgabenteil c) genannte Verringerung des Reallohnsatzes oder die im Aufgabenteil d) untersuchte Erhöhung des Produktionskoeffizienten oder des Kapitalstocks auf die Produktion, den Arbeitsinput, die Arbeitslosenquote und das Preisniveau aus?

Stellen Sie den hier betrachteten Fall für den volkswirtschaftlichen Arbeitsmarkt graphisch dar und machen Sie in dieser Darstellung die Wirkungen der zuvor genannten Datenänderungen deutlich.

Welche Möglichkeiten gibt es, die in diesem Fall bestehende Arbeitslosigkeit zu vermindern oder gar zu beseitigen?

Aufgabe 7.13

Die Produktion in einer Periode t wird gemäß der folgenden Produktionsfunktion bestimmt:

(1) $\quad X_t = \beta_t A_t^{0,5}$

Für die aggregierte Güternachfrage gilt der folgende Zusammenhang:

(2) $\quad Y_t = \dfrac{D_t^a}{P_t}$

Der Produktionskoeffizient β, die autonome Güternachfrage D^a und der reale Lohnsatz w verändern sich in einer Periode t mit bestimmten Zuwachsraten gemäß den folgenden Gleichungen:

(3) $\quad \beta_t = (1 + g_\beta)\beta_{t-1}$

(4) $\quad D_t^a = (1 + g_D)D_{t-1}^a$

(5) $\quad w_t = (1+ g_w)w_{t-1}$

In der Ausgangssituation t = 0 liegen die folgenden Werte vor: $\beta_0 = 500$; $D_0^a = 5000$; $w_0 = 25$. Der Produktionskoeffizient wächst mit einer konstanten Rate von $g_\beta = 0,05$ (5%).

Die Unternehmungen verfolgen auf einem vollkommenen Gütermarkt das Ziel der Gewinnmaximierung.

a) Bestimmen Sie die Produktion, das Preisniveau, den Arbeitsinput und die Arbeitslosenquote in der Ausgangssituation t = 0, wenn das Arbeitspotenzial $A_v = 115$ beträgt.

b) Wie entwickeln sich die zuvor genannten Größen in den Perioden t =1, t =2 und t = 3, wenn sich die autonome Güternachfrage und der Reallohnsatz mit den folgenden Raten verändern?

Fall 1: $g_D = 0,05$; $g_w = 0,05$

Fall 2: $g_D = 0,05$; $g_w = 0,03$

Fall 3: $g_D = 0,05$; $g_w = 0,08$

Fall 4: $g_D = 0,08$; $g_w = 0,05$

Stellen Sie die Ergebnisse in einer Tabelle dar. Wird in einem der Fälle die anfangs bestehende Arbeitslosigkeit vollständig beseitigt?

c) Nehmen Sie an, dass in der Ausgangssituation t = 0 Vollbeschäftigung besteht und der Reallohnsatz in der Periode t = 1 mit der Rate $g_w = 0,03$ (3%) zunimmt. Welche Situation ergibt sich jetzt und welche Reaktionen sind in den Folgeperioden zu erwarten?

Aufgabe 7.14

In einer Volkswirtschaft besteht eine hohe Arbeitslosigkeit.

a) Die Gewerkschaften fordern ein nachfrageorientiertes staatliches Beschäftigungsprogramm. Nur dadurch könne die fehlende Güternachfrage geschaffen, der Auslastungsgrad der Produktionskapazitäten verbessert und die Arbeitslosigkeit vermindert werden.

b) Die Unternehmensverbände lehnen ein solches Programm strikt ab. Sie fordern statt dessen Reallohnsenkungen und Maßnahmen zur Aus- und Weiterbildung der Arbeitnehmer sowie zur Verbesserung der Investitionsbedingungen.

Setzen Sie sich mit den beiden Forderungen auseinander und untersuchen Sie insbesondere, welche Bedingungen erfüllt sein müssen, damit zum einen der Einsatz der geforderten Maßnahmen überhaupt sinnvoll ist und zum anderen mit diesen Maßnahmen die gewünschten Wirkungen erzielt werden können.

Aufgabe 7.15

Die Gewerkschaften setzen relativ starke Lohnerhöhungen durch, um so, wie sie sagen, einen Ausgleich für die Preissteigerungen zu erhalten. Da neben dem Nominallohnniveau und dem Preisniveau gleichzeitig die Arbeitslosigkeit zunimmt, wird die Zentralbank von verschiedenen gesellschaftlichen Gruppen aufgefordert, ihre Geldpolitik zu lockern. Die Zentralbank lehnt das mit dem Hinweis ab, dass sie vielmehr die Aufgabe habe, nun einen restriktiven Kurs zu verfolgen, um so einen weiteren Preisauftrieb zu verhindern, der schließlich noch mehr Arbeitslosigkeit verursachen könne. Angesichts der positiven Preiserwartungen, die mit den Lohn- und Preiserwartungen verbunden seien, ließe sich, so die Zentralbank, mit einer expansiven Geldpolitik ohnehin keine Verringerung des langfristigen Zinssatzes erzielen.

Prüfen Sie, ob in der hier skizzierten Situation eine expansive Geldpolitik sinnvoll ist oder ob die von der Zentralbank angestrebte Politik eher geeignet ist, ein möglichst hohes Beschäftigungsniveau und gleichzeitig ein möglichst stabiles Preisniveau zu realisieren.

C. Lösungen

Aufgabe 7.1

a) Bei Gewinnmaximierung gilt gemäß Gleichung (2):

(3) $\dfrac{\delta X}{\delta A} = 300A^{-0,5} = \dfrac{w^n}{P} = w$

Durch Auflösen nach A erhält man daraus die Arbeitsnachfrage:

(4) $A = \dfrac{90000}{w^{n2}}P^2 = 36P^2$

Setzt man diese Gleichung in die Produktionsfunktion (2) ein, so erhält man das Güterangebot:

(5) $X = \dfrac{180000}{w^n}P = 3600P$

Aus den Gleichungen (1) und (5) folgt im Gleichgewicht mit X = Y:

(6) $P = \dfrac{1}{3600 + y_P}Y^a$

Hieraus ergibt sich für die Fälle 1 und 2 jeweils ein Preisniveau von P = 1. Gemäß Gleichung (5) ergibt sich dann: X = Y = 3600. Aus Gleichung (4) erhält man den Arbeitsinput von A = 36. Die Arbeitslosenquote ist demnach null: u = 0. Der Reallohnsatz entspricht wegen P = 1 dem Nominallohnsatz: w = 50.

b1) Aus der Gleichung (6) ergibt sich die Wirkung auf das Preisniveau, aus der Gleichung (5) die Wirkung auf Produktion und Einkommen sowie aus der Gleichung (4) die Wirkung auf den Arbeitsinput. Die folgende Tabelle zeigt die Ergebnisse.

	ΔP	$\Delta Y = \Delta X$	ΔA	Δu	Δw
Fall 1	−0,02	−72	−1,4256	0,0396	≈ 1,02
Fall 2	−0,08	−288	−5,5296	0,1536	≈ 4,35

b2) Wie der Tabelle zu entnehmen ist, wirkt sich der Nachfrageausfall um so stärker auf alle Größen aus, desto geringer die Preiselastizität - ausgedrückt durch den Preiskoeffizienten y_P - der Güternachfrage ist und umgekehrt. Bei geringer Preiselastizität lässt sich nämlich nur ein relativ kleiner Teil des autonomen Nachfrageausfalls durch eine preisinduzierte Erhöhung der Güternachfrage kompensieren.

b3) Die erforderliche Reduktion des Preisniveaus lässt sich aus der Gleichung (1) bestimmen, wenn dort $Y = 3600$ gesetzt wird. Eine gewinnmaximale Produktion von $X = Y = 3600$ setzt einen Reallohnsatz von $w = 50$ voraus. Da der nominelle Lohnsatz als $w^n = wP$ definiert ist, gilt für die Änderung des Nominallohnsatzes: $\Delta w^n = 50\Delta P$. Die erforderlichen Veränderungen von Preisniveau und Nominallohnsatz sind in der nachfolgenden Tabelle wiedergegeben worden.

	ΔP	Δw^n
Fall 1	−0,025	−1,25
Fall 2	−0,400	−20,00

Beim Fall 1 ist nur eine relativ geringe Preis- und Nominallohnsenkung erforderlich, weil hier die Güternachfrage eine relativ hohe Preiselastizität aufweist. Die hier aufgezeigte Preis- und Lohnsenkung ist in der Realität durchaus möglich. Beim Fall 2 macht die geringe Preiselastizität der Güternachfrage eine relativ starke Preis- und Lohnsenkung nötig. Die aufgezeigte Senkung um jeweils 40% dürfte jedoch in der Realität kaum durchsetzbar sein.

c1) Einkommen und Produktion sinken hier um den Betrag des autonomen Nachfrageausfalls: $\Delta Y = \Delta X = -360$. Aus der Produktionsfunktion (2) ergibt sich für die geringere Produktion von nunmehr $X = 3240$ ein effektiver Arbeitseinsatz von $A = 29,16$. Der Arbeitsinput sinkt somit um 6,84, und es wird nun eine Arbeitslosenquote von $u = 0,19$ (19%) erreicht. Im Vergleich zu b1) ist die negative Wirkung auf das Einkommen und den Arbeitseinsatz noch größer. Das resultiert aus der jetzt fehlenden Preisflexibilität nach unten. Eine preisinduzierte Nachfragebelebung ist in diesem Fall nicht möglich.

c2) Eine Lohnsenkung hat im vorliegenden Fall keine Wirkung auf die Arbeitsnachfrage. Durch die Preisstarrheit nach unten kommt es im Zuge der autonomen Verringerung der Güternachfrage zu einer Abweichung von der gewinnmaximalen Arbeitsnachfrage sowie der gewinnmaximalen Güterproduktion.

Aufgabe 7.2

a) Bei Gewinnmaximierung ergibt sich aus der Produktionsfunktion (2):

$$(3) \quad \frac{\delta X}{\delta A} = 300A^{-0,5} = w$$

Löst man diese Gleichung nach A auf und setzt danach diesen Wert in die Produktionsfunktion (2) ein, so erhält man:

(4) $X = \dfrac{180000}{w}$

Bei einem festen Reallohnsatz von $w = 37,5$ beträgt das Güterangebot somit: $X = 4800$. Im Gütermarktgleichgewicht ergibt sich hierfür gemäß Gleichung (1) ein Preisniveau von $P = 1$. Gemäß Produktionsfunktion (2) wird Arbeit in Höhe von $A = 64$ eingesetzt, so dass Vollbeschäftigung besteht. Die Arbeitslosenquote ist somit null. Bei einem Preisniveau von $P = 1$ entspricht der Nominallohnsatz dem Reallohnsatz: $w^n = w = 37,5$.

b) Gemäß Gleichung (4) sinkt die Produktion auf $X = 4500$. Aus der Gleichung (1) folgt, dass das Preisniveau im Gütermarktgleichgewicht auf $P = 1,09375$ steigt. Für eine Produktion von $X = 4500$ ergibt sich aus der Produktionsfunktion (2) ein Arbeitsinput von $A = 56,25$. Folglich kommt es zu einer Arbeitslosenquote von $u \approx 0,12$ (12%). Der Nominallohnsatz steigt auf $w^n = 43,75$.

c) Da das Güterangebot bei fest vorgegebenem Reallohnsatzes mit $X = 4500$ fixiert ist, hat die autonome Nachfragesteigerung keine Erhöhung der Produktion und der Beschäftigung zur Folge. Die Wirkung erschöpft sich in einer Preissteigerung auf $P = 1,34375$. Damit auch weiterhin ein Reallohnsatz von $w = 40$ erreicht wird, muss der Nominallohnsatz auf $w^n = 53,75$ steigen. Im hier betrachteten Fall ist die Arbeitslosigkeit auf den zu hohen Reallohnsatz zurückzuführen. Mit einer nachfrageorientierten Wirtschaftspolitik lässt sich kein Einkommens- und kein Beschäftigungseffekt erzielen.

Aufgabe 7.3

a) Für das aggregierte Arbeitsangebot und die aggregierte Arbeitsnachfrage ergeben sich:

(5) $A^s = A^s_I + A^s_{II} = 20 + 1,5w$

(6) $A^d = A^d_I + A^d_{II} = 80 - 1,5w$

Die Abbildung 1 zeigt die beiden Teilarbeitsmärkte sowie den aggregierten volkswirtschaftlichen Arbeitsmarkt.

Beim Reallohnsatz $w = 20$ stimmen zwar das aggregierte Angebot und die aggregierte Nachfrage überein ($A^s = A^d = 50$), aber auf dem Teilarbeitsmarkt II wird die Angebotsseite und auf dem Teilarbeitsmarkt I die Nachfrageseite rationiert. Das Angebot an weniger qualifizierten Arbeitskräften ist also größer als die Nachfrage (Strecke CD), wogegen der Nachfrage nach qualifizierten Arbeitskräften kein ausreichend hohes Angebot gegenübersteht (Strecke AB). Auf dem Teilarbeitsmarkt II besteht somit Arbeitslosigkeit. Diese ist bei dem vorgegebenen Reallohnsatz auf strukturelle Disparitäten zwischen den geforderten (nachgefragten) und den verfügbaren (angebotenen) Qualifikationen von Arbeitskräften zurückzuführen.

Abbildung 1

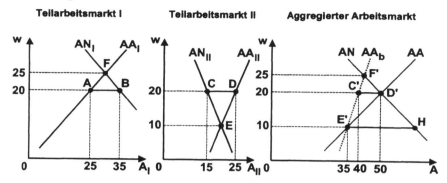

Wird das aggregierte Arbeitsangebot auf dem volkswirtschaftlichen Arbeitsmarkt um den Teil des Arbeitsangebots bereinigt, der aufgrund mangelnder Qualifikation im volkswirtschaftlichen Produktionsprozess nicht benötigt wird, so erhält man mit AA_b die bereinigte aggregierte Arbeitsangebotskurve. Aus gesamtwirtschaftlicher Sicht gibt es somit (jeweils in Höhe der Strecke C'D') zum einen Arbeitslosigkeit und zum anderen offene Stellen.

b) Aufgrund der angenommenen Lohnabhängigkeit des Angebots und der Nachfrage auf dem Teilarbeitsmarkt II lässt sich die Arbeitslosigkeit durch eine Reallohnsenkung für die geringer Qualifizierten auf w = 10 beseitigen. Wenn allerdings eine solche Reallohnsenkung pauschal auf beiden Arbeitsmärkten vorgenommen würde, käme es zu einer Vergrößerung der Angebotslücke auf dem Markt für qualifizierte Arbeitskräfte. Es gäbe dann zwar keine Arbeitslosigkeit mehr, aber eine relativ große Zahl offener Stellen (gemäß der Strecke E'H). Im vorliegenden Beispiel würde der gesamte Arbeitseinsatz im volkswirtschaftlichen Produktionsprozess sinken. Vermutlich hätte das eine Reduktion des gesamtwirtschaftlichen Einkommens zur Folge.

c) Zur Lösung des hier aufgezeigten Arbeitsmarktproblems bieten sich zwei Möglichkeiten an:

1. Durch eine **Lohndifferenzierung**, bei der der Reallohnsatz auf dem Teilarbeitsmarkt II auf w = 10 gesenkt und der Reallohnsatz auf dem Teilarbeitsmarkt I auf w = 25 erhöht werden müsste, könnte zum einen die Arbeitslosigkeit und zum anderen das Angebotsdefizit bei den qualifizierten Arbeitskräften beseitigt werden. Der gesamte Arbeitseinsatz im volkswirtschaftlichen Produktionsprozess würde dadurch von A = 40 auf A = 53,75

zunehmen. Dementsprechend wäre mit einer Erhöhung des gesamtwirtschaftlichen Einkommens zu rechnen.

2. Mit **Aus- und Weiterbildungsmaßnahmen** müssten die Qualifikationsdefizite beseitigt werden. Dadurch könnte auf mittlere und längere Sicht beispielsweise eine Verschiebung der aggregierten Angebotskurve auf dem Teilarbeitsmarkt II um die Strecke CD nach links und eine Verschiebung der Angebotskurve auf dem Teilarbeitsmarkt I um die Strecke AB nach rechts erreicht werden. Dadurch käme es zu einem Gleichgewicht auf dem volkswirtschaftlichen Arbeitsmarkt im Punkt D'.

Ob die zuvor genannte Lohndifferenzierung in der Praxis durchsetzbar ist, hängt nicht zuletzt davon ab, ob die möglicherweise relativ großen Unterschiede in der Einkommensverteilung von der Gesellschaft (hier insbesondere von den Gewerkschaften) akzeptiert werden und ob die auf dem Teilarbeitsmarkt II erforderliche Reallohnsenkung im Hinblick auf soziale Aspekte (Sicherung des Existenzminimums) sowie im Hinblick auf die staatlich garantierten Mindesteinkommen (durch Arbeitslosenunterstützung oder durch Sozialhilfe) überhaupt möglich ist. Erfahrungsgemäß sind einer Lohndifferenzierung Grenzen gesetzt, so dass eine vollständige Beseitigung der hier aufgezeigten Ungleichgewichtssituationen auf dem volkswirtschaftlichen Arbeitsmarkt häufig nicht möglich ist.

d) Für das Arbeitsangebot und die Arbeitsnachfrage gilt jetzt:

(7) $A^s = 25 + 1{,}25w$

(8) $A^d = 65 - 0{,}75w$ für $w \leq 20$.

Wie in der Abbildung 2 dargestellt, ergeben sich jetzt Änderungen auf dem Teilarbeitsmarkt II sowie auf dem aggregierten volkswirtschaftlichen Arbeitsmarkt. Beim Reallohnsatz $w = 20$ entspricht auch hier die Arbeitslosigkeit in Höhe der Strecke CD der Zahl der offenen Stellen gemäß der Strecke AB. Der effektive Arbeitseinsatz beträgt ebenfalls $A = 40$.

Abbildung 2

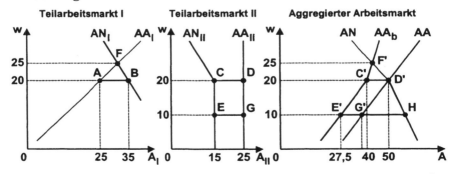

Eine Reduktion des Reallohnsatzes für die geringer Qualifizierten bewirkt in dem jetzt zugrunde liegenden Fall allerdings keine Verringerung der Arbeitslosigkeit. Da die Arbeitsnachfrage für w ≤ 20 sowie das Arbeitsangebot auf dem Teilarbeitsmarkt II vom Reallohnsatz unabhängig sind, lässt sich die hier bestehende Arbeitslosigkeit durch eine Lohnsenkung nicht verringern. Sie bleibt unverändert in Höhe der Strecke CD bestehen.

Wird der Reallohnsatz auf w = 10 gesenkt, so steigt in diesem Beispiel die Zahl der offenen Stellen auf die Strecke G'H, wogegen gleichzeitig Arbeitslosigkeit in Höhe der Strecke E'G' besteht. Die bereinigte Arbeitsangebotskurve AA_b verläuft somit auf dem aggregierten Arbeitsmarkt für w ≤ 20 parallel zur aggregierten Angebotskurve gemäß Gleichung (7).

Die Reallohnssenkung auf w = 10 hat in diesem Fall allerdings eine relativ starke Reduktion des effektiven Arbeitseinsatzes zur Folge, hier auf A = 27,5. Dementsprechend dürfte es zu einer relativ starken Verringerung des volkswirtschaftlichen Einkommens kommen. Vor diesem Hintergrund ist von einer Reallohnsenkung abzuraten.

Wird im Rahmen einer Lohndifferenzierung der Reallohnsatz auf dem Teilarbeitsmarkt I auf w = 25 erhöht, so ergibt sich hier ein Gleichgewicht. Aus gesamtwirtschaftlicher Sicht gibt es jetzt keine offenen Stellen mehr, wogegen andererseits nach wie vor Arbeitslosigkeit in Höhe der Strecke CD besteht.

Aufgabe 7.4

a) Die Bedingung der Gewinnmaximierung lautet für die Ausgangssituation:

$$(3) \quad \frac{\delta X_I}{\delta A} = 480 A_I^{-0,8} = w_I = 30$$

$$(4) \quad \frac{\delta X_D}{\delta A} = 120 A_D^{-0,5} = w_D = 20$$

Daraus resultiert die Arbeitsnachfrage bzw. der Arbeitsinput in der Ausgangssituation t = 0: A_{I0} = 32; A_{D0} = 36. Durch Einsetzen in die Produktionsfunktion erhält man: X_{I0} = 9600; X_{D0} = 1440. In der Volkswirtschaft herrscht demnach Vollbeschäftigung: $A_{I0} + A_{D0} = A_v$ = 68.

b) In der neuen Situation lauten die Gewinnmaximierungsbedingungen:

$$(3) \quad \frac{\delta X_I}{\delta A} = 420 A_I^{-0,8} = w_I = 30$$

$$(4) \quad \frac{\delta X_D}{\delta A} = 130 A_D^{-0,5} = w_D = 20$$

Demnach beträgt die Arbeitsnachfrage: A_{I1} ≈ 27,08; A_{D1} = 42,25. Aus der Produktionsfunktion lässt sich hierfür das Güterangebot eines jeden Sektors bestimmen: X_{I1} = 7350; X_{D1} = 1690. Zu beachten ist allerdings, dass der

Dienstleistungssektor seine Arbeitsnachfrage nicht befriedigen und deshalb sein Güterangebot nicht realisieren kann. Dieser Sektor setzt nach wie vor nur $A_{D0} = 36$ an Arbeit ein und produziert damit $X_{D0} = 1440$. Die gesamtwirtschaftliche Beschäftigung sinkt deshalb auf: $A_{I1} + A_{D0} \approx 63{,}08$. Somit ergibt sich eine Arbeitslosenquote von etwa 7,2%.

c) Gemäß Gleichung (4) würde der Dienstleistungssektor bei einem Reallohnsatz von $w_D = 21\frac{2}{3}$ Arbeit in Höhe von $A_D = 36$ nachfragen.

Aufgabe 7.5

a) Die Gewinnmaximierungsbedingungen lauten:

$$(3) \quad \frac{\delta X_I}{\delta A} = 5R_I^{0,5} A_I^{-0,5} = w_I = 30$$

$$(4) \quad \frac{\delta X_D}{\delta A} = 4R_D^{0,5} A_D^{-0,5} = w_D = 20$$

Daraus erhält man bei $R_I = 3600$ und $R_D = 1600$ die Arbeitsnachfrage der beiden Sektoren $A_I = 100$ und $A_D = 64$. Das Güterangebot ergibt sich hierfür aus den Produktionsfunktionen: $X_I = 6000$ und $X_D = 2560$. Die volkswirtschaftliche Arbeitslosigkeit beträgt $A_v - A_I - A_D = 6$. Das entspricht einer Arbeitslosenquote von etwa 3,5%.

b) Gemäß Gleichung (3) verringert sich die Arbeitsnachfrage des Industriesektors auf $A_I \approx 91{,}84$. Güterangebot und Produktion sinken in diesem Sektor auf $X_I \approx 5510{,}42$. Im Dienstleistungssektor treten bei Arbeitsinput, Güterangebot und Produktion keine Änderungen auf. Die volkswirtschaftliche Arbeitslosenquote erhöht sich auf etwa 8,33%.

c) Der Dienstleistungssektor müsste zusätzlich Arbeit in Höhe von ca. 8,16 und demnach $A_D \approx 72{,}16$ einsetzen. Aus Gleichung (4) lassen sich die dazu erforderlichen Sachkapazitäten berechnen: $R_D = 25 A_D \approx 1804$. Die Produktion würde auf $X_D \approx 2886{,}39$ steigen.

Aufgabe 7.6

a) Definitionsgemäß gilt: $R/A = a\kappa$. Daraus folgt bei $R/A = 75$ und $\kappa = 1{,}5$ eine Arbeitsproduktivität von $a = 50$. Bei den hier angenommenen limitationalen Produktionsverhältnissen besteht zwischen der Produktion X und dem Kapitalstock R eine feste Beziehung:

$$(2) \quad X = \frac{1}{\kappa} R$$

Bei Vollauslastung des Sachkapitals von $R = 2700$ und bei Berücksichtigung des Kapitalkoeffizienten in Höhe von 1,5 ergibt sich somit eine Produktion bzw. ein Güterangebot in Höhe von $X = 1800$. Der Arbeitseinsatz ist bei den limitationalen Produktionsverhältnissen gegeben durch:

(3) $A = \frac{1}{a} X$

Der effektive Arbeitseinsatz beträgt somit bei a = 50 und X = 1800: A = 36. Folglich liegt eine Arbeitslosenquote von u = 0,1 (10%) vor.

b) Das aggregierte Güterangebot ist bei Vollauslastung des Sachkapitals mit X = 1800 fixiert. Im Gütermarktgleichgewicht mit X = Y ergibt sich gemäß Gleichung (1) ein Preisniveau von P = 1. Es wird somit ein Einkommen von Y = 1800 realisiert.

c) Wenn der Kapitalstock nicht erhöht wird, hat weder eine autonome Erhöhung der Güternachfrage noch eine Lohnsenkung eine Wirkung auf das aggregierte Güterangebot, das bei den hier zugrunde gelegten limitationalen Produktionsverhältnissen der Produktion bei Vollauslastung des Realkapitals entspricht. Die Erhöhung der autonomen Güternachfrage hätte lediglich einen Preisanstieg zur Folge, wogegen eine Lohnsenkung lediglich zu einer Einkommensumverteilung zugunsten der Gewinneinkommen führen würde.

d) Um die Vollbeschäftigung des Faktors Arbeit zu erreichen, müßte die Produktion angesichts der festen Arbeitsproduktivität von a = 50 auf X = 2000 steigen. Da der Kapitalkoeffizient mit β = 1,5 fixiert ist, wäre hierzu eine Erhöhung des Kapitalstocks auf K = 3000 erforderlich. Bei dieser Erhöhung des Kapitalstocks steigt das Güterangebot auf 2000. Verändert sich die autonome Güternachfrage nicht, so muss das Preisniveau auf P = 0,833 sinken.

Aufgabe 7.7

a) Bei Gewinnmaximierung gilt gemäß der Produktionsfunktion (2):

(4) $\frac{\delta X}{\delta A} = 250 A^{-0,5} = w = \frac{w^n}{P}$

Löst man diese Gleichung nach A auf, so wird sichtbar, dass die Arbeitsnachfragefunktion (3) dem Gewinnmaximierungskalkül entspricht. Demgegenüber ergibt sich bei Reallohnsätzen unterhalb von w = 25 gemäß Gleichung (3a) eine Abweichung von der Gewinnmaximierung.

Setzt man die Arbeitsnachfrage gemäß Gleichung (3) bzw. (3a) in die Produktionsfunktion (2) ein, so erhält man das aggregierte Güterangebot:

(5) $X = \frac{125000}{w^n} P$ für $w = \frac{w^n}{P} \geq 25$

(5a) $X = 5000$ für $w = \frac{w^n}{P} < 25$

Für einen Nominallohnsatz von $w^n = 25$ stellt sich die aggregierte Angebotskurve wie folgt dar:

Abbildung 1

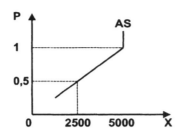

Die aggregierte Angebotskurve weist beim Preisniveau $P = 1$ eine Knickstelle auf. Für $P \leq 1$ gilt die Angebotsfunktion (5) und für $P > 1$ gilt die
Angebotsfunktion (5a). Bei Preisniveaus über $P = 1$ ist der Reallohnsatz
kleiner als 25, und somit ist hier das Güterangebot mit $X = 5000$ fixiert.

b) Aus den Gleichungen (1) und (5) bzw. (5a) folgt: $Y = 5000$ und $P = 1$. Der
Reallohnsatz beträgt $w = 25$. Gemäß Gleichung (3) ergibt sich somit eine
Arbeitsnachfrage und dementsprechend ein effektiver Arbeitseinsatz von
$A = 100$. Die Arbeitslosenquote liegt deshalb bei $u \approx 0{,}091$ (9,1%).

c) Da die Arbeitsnachfrage gemäß Gleichung (3a) bei realen Lohnsätzen unterhalb von $w = 25$ sowie das Güterangebot bei Preisniveaus oberhalb von
$P = 1$ auf dem Niveau von $X = 5000$ fixiert ist, lässt sich weder mit einer
Lohnsenkung noch mit einer Erhöhung der autonomen Güternachfrage ein
Beschäftigungseffekt erzielen.
Eine Nominallohnsenkung auf $w^n = 20$ hat eine Verringerung des Reallohnsatzes auf $w = 20$ zur Folge. Wie in der Abbildung 2 dargestellt, wird die
Knickstelle der aggregierten Angebotsfunktion infolge der Nominallohnsenkung nach unten verlagert. Die Knickstelle befindet sich jetzt beim Preisni-
veau $P = 0{,}8$. Die Abbildung macht auch deutlich, dass hierdurch keine
Wirkungen auf das Preisniveau und das Einkommen auftreten.

Abbildung 2

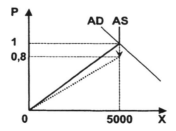

Eine Erhöhung der Güternachfrage käme in einer Verschiebung der AD-
Kurve nach rechts zum Ausdruck. Somit würde zwar das Preisniveau steigen, aber das Einkommen nicht verändert werden.

d) Es ist zu vermuten, dass die Arbeitslosigkeit hier durch eine Inflexibilität auf Seiten der Arbeitsnachfrage verursacht wird. Eine Erklärung dafür bieten beispielsweise Kündigungsschutzregelungen, die es verhindern, dass Unternehmungen zusätzliche Arbeitskräfte einstellen, obwohl sie dadurch z.B. im Zuge von Nachfragesteigerungen oder Lohnsenkungen kurzfristig zusätzliche Gewinne erzielen können. Aufgrund solcher Regelungen kann es den Unternehmungen nämlich unmöglich werden, bei Nachfrageausfällen oder Lohnsteigerungen kurz- oder sogar mittelfristig mit einer Freisetzung von Arbeitskräften zu reagieren. Hierdurch könnte es dann zu erheblichen Gewinneinbußen kommen. Die Unternehmungen ziehen also den Verzicht auf eine kurzfristige Gewinnmaximierung dem Risiko zukünftig möglicher Gewinneinbußen vor.

Aufgabe 7.8

a) Aus den Gleichung (1) bis (7) ergibt sich in allgemeiner Form die folgende Gleichung für die IS-Kurve:

$$(11) \quad Y = \mu_1 \ [C^a + I^a + G + AB^a + c_Y(\ddot{U} - T^a) - b_i i + c_V V + m_P \frac{1}{P}]$$

$$\text{mit: } \mu_1 = \frac{1}{1 - c_Y (1 - \tau) - b_Y + m_Y}$$

Setzt man hierin den Zinssatz gemäß Gleichung (8) ein, so erhält man in allgemeiner Form die Gleichung für die aggregierte Güternachfrage:

$$(12) \quad Y = \mu_2 \ [D^a + (m_P + \frac{b_i}{k_i} M^n)\frac{1}{P} - \frac{b_i}{k_i} L^a + (c_V - k_V \frac{b_i}{k_i})V - k_r \frac{b_i}{k_i} BD]$$

$$\text{mit: } \mu_2 = \frac{1}{1 - c_Y (1 - \tau) - b_Y + m_Y + k_Y \frac{b_i}{k_i}} ; \ D^a = C^a + I^a + G + AB^a + c_Y(\ddot{U} - T^a)$$

b) In der Ausgangssituation liegt gemäß Gleichung (11) die folgende konkrete IS-Kurve vor:

(11a) $Y = 5384 - 6400i$

Für den Zinssatz ergibt sich aus (8):

(8a) $i = i = 0{,}00025(0{,}175Y - 635)$

Daraus folgt: $Y = 5000$; $i = 0{,}06$ (6%).

c) Gemäß Gleichung (12) ergibt sich der folgende Einkommenseffekt:

$$(12a) \quad \Delta Y = \mu_2 \ [\Delta G + (c_V - k_V \frac{b_i}{k_i})\Delta V - k_r \frac{b_i}{k_i} \Delta BD]$$

Bei den vorgegebenen Koeffizientenwerten werden die beiden entgegen gerichteten Vermögenseffekte neutralisiert, so dass von hierher keine Einkommensänderung auftritt. Konkret verbleibt dann:

(12b) $\Delta Y = 1{,}25(\Delta G - 0{,}5\ \Delta BD)$

Hierin wird gemäß (9) eingesetzt: $\Delta BD = \Delta G - 0{,}4\Delta Y$. Vor diesem Hintergrund erhält man aus (12b):

(12c) $\Delta Y = \mu_3\Delta G = \dfrac{0{,}5}{0{,}6}\ \Delta G = 100$.

Folglich gilt: $\Delta BD = 80$. Schließlich erhöht sich gemäß Gleichung (8) der Zinssatz auf $i = 0{,}074375$ (ca. 7,4%).

Im Einzelnen lassen sich folgende Effekte feststellen:

- Zinsinduzierter Effekt: $\Delta Y_Z = -(\mu_1 - \mu_2)\Delta G = -(1{,}6 - 1{,}25)\Delta G = -42$.

- Risikoinduzierter Effekt: $\Delta Y_R = -(\mu_2 - \mu_3)\Delta G = -(1{,}25 - \dfrac{0{,}5}{0{,}6})\Delta G = -50$.

Der vermögensinduzierte Effekt ist bei den vorgegebenen Daten nicht wirksam.

d) Die IS-Kurve wird in diesem Fall durch (11) erklärt. Für die aggregierte Güternachfrage ist jetzt allerdings nur die Gleichung (8a) maßgebend:

(13) $Y = 5\dfrac{M^n}{P}$

In der Ausgangssituation gilt auch hier: $Y = 5000$; $i = 0{,}06$.
Die Staatsausgabenerhöhung um $\Delta G = 120$ hat im vorliegenden Fall keinen Einkommenseffekt: $\Delta Y = 0$. Demnach ergibt sich ein Budgetdefizit in Höhe von $\Delta BD = \Delta G = 120$.
Es entsteht jetzt ein totaler zinsindinduzierter Crowding-out-Effekt in Höhe von: $\Delta Y_Z = -\mu_1\Delta G = -192$. Ohne Vermögenseffekt würde der Zinssatz gemäß Gleichung (11) um $i = 0{,}03$ auf $i = 0{,}09$ (9%) ansteigen.
Zusätzlich ist jedoch der Vermögenseffekt zu beachten, denn das private Vermögen steigt um $\Delta V = \Delta BD = \Delta G = 120$. Hierdurch wird der Zinssatz noch weiter auf $i = 0{,}09105$ angehoben.

Aufgabe 7.9

a) Aus (1) und (2) folgt:

(5) $Y = \mu_1\ [Y^a + G - (y_P + y_i i_P)P + y_i\ (i_M M^n - i_r BD - i^a)]$ mit: $\mu_1 = \dfrac{1}{1 + y_i i_Y}$

Wird hierin BD gemäß Gleichung (4) eingesetzt, so erhält man die Gleichung der aggregierten Güternachfrage:

(5a) $Y = \mu_2\ [Y^a + (1 - y_i i_r)G - y_i i_r\ (\ddot{U} - T^a) - (y_P + y_i i_P)P + y_i\ (i_M M^n - i^a)]$

mit : $\mu_2 = \dfrac{1}{1 + y_i i_Y - \tau y_i i_r}$

Bei Berücksichtigung der angegebenen Daten der Ausgangssituation folgt daraus:

(5b) $Y = 1{,}25(4700 - 700P) = 5875 - 875P$

Bei $X = Y$ erhält man aus (3) und (5b): $X = Y = 5000$; $P = 1$. Der Zinssatz beträgt gemäß Gleichung (2): $i = 0{,}06$.

b) Die Einkommensänderung ergibt sich aus (5b):

(5c) $\Delta Y = 1{,}25\Delta G - 875\Delta P$

Hierin wird ΔP gemäß (3) eingesetzt, so dass sich bei $\Delta X = \Delta Y$ ergibt:

(5d) $\Delta Y = \Delta G = 100$.

Das Preisniveau steigt gemäß Gleichung (3) auf $P \approx 1{,}029$.
Wie die Gleichung (5c) zeigt, macht der direkte preisinduzierte Crowding-out-Effekt einen Betrag von $\Delta Y = -875\Delta P = -25$ aus. Ohne diesen Effekt wäre das Einkommen um $\Delta Y = 125$ gestiegen.

c) Das Einkommen steigt letztlich nicht, so dass im Vergleich mit dem Ergebnis in b) zusätzlich ein lohnkosteninduzierter Crowding-out-Effekt wirksam gewesen ist, und zwar in Höhe von $\Delta Y = -100$. Das Preisniveau hat sich hierdurch letztlich auf $P \approx 1{,}143$ erhöht. Der Nominallohnsatz ist demnach auf $w^n \approx 22{,}86$ gestiegen.

d) Ein Einkommenseffekt tritt hier nicht auf. Das Preisniveau steigt jedoch gemäß Gleichung (5c) um $\Delta P \approx 0{,}143$ auf $P \approx 1{,}143$ an.

Aufgabe 7.10

a) Die aggregierte Güternachfrage wird aus den Gleichungen (1) bis (4) bestimmt:

(6) $\quad Y = \mu\left[(h_A - h_Q)Y_L - y_P P + H^a + AB^a + h_i i_M M^n - h_i i^a\right]$

mit: $\mu = \dfrac{1}{1 - h_Q + m_Y + h_i i_Y}$; $y_P = (h_P + m_P + h_i i_P)$

Mit den konkreten Daten erhält man:

(6a) $Y = 5500 + 0{,}25 Y_L - 2000P$

Das aggregierte Güterangebot resultiert aus der Gewinnmaximierung:

(7) $\quad \dfrac{\delta X}{\delta A} = 200A^{-0{,}5} = \dfrac{w^n}{P}$

Setzt man diese Gleichung in die Produktionsfunktion (5) ein, so erhält man:

$$(8) \quad X = \frac{80000}{w^n} P$$

Das Arbeitnehmereinkommen entspricht dem Produkt aus Lohnquote LQ und Realeinkommen Y bzw. Produktion X:

$$(9) \quad Y_L = LQ \cdot X = 0,5X$$

Die Lohnquote ist wie folgt definiert:

$$(10) \quad LQ = \frac{wA}{X} = \frac{\delta X}{\delta A} \frac{A}{X} = 0,5.$$

LQ stimmt mit der hier fest vorgegebenen Produktionselastizität des Faktors Arbeit überein. Setzt man Y_L gemäß (9) sowie P gemäß (8) in (6a) ein, so ergibt sich im Gleichgewicht mit X = Y bei $w^n = 20$:

$$(11) \quad X = Y = \frac{5500}{0,875 + 0,025w^n} = 4000.$$

Gemäß Gleichung (8) lautet das Preisniveau: P = 1. Der Arbeitsinput beträgt nach Gleichung (5): A = 100. Damit ergibt sich eine Arbeitslosenquote in Höhe von $u \approx 0,091$ (ca. 9,1%).

b) Gemäß Gleichung (11) erhält man nun: $X = Y \approx 3928,57$. Demnach ergibt sich ein Arbeitsinput von $A \approx 96,46$. Die Arbeitslosenquote erhöht sich folglich auf $u \approx 12,3\%$. Das Preisniveau steigt auf P = 1,03125 und somit um 3,125%. Die Lohnquote bleibt unverändert bei LQ = 0,5, so dass das reale Arbeitnehmereinkommen auf $Y_L = LQ \cdot X \approx 1964,29$ gesunken ist.

c) Das Ziel der Kaufkraftsteigerung wurde nicht erreicht. Im Gegenteil: Das gesamte reale Arbeitnehmereinkommen ist gesunken. Dieses wird verursacht durch die lohninduzierte Verringerung des aggregierten Güterangebots, die eine Preiserhöhung nach sich zieht und von daher die aggregierte Güternachfrage beeinträchtigt.

Verstärkt wird der Produktions- und Einkommensrückgang überdies durch eine zusätzliche Reduktion der aggregierten Güternachfrage, die auf die Verringerung der realen Arbeitnehmereinkommen zurückzuführen ist.

Aufgabe 7.11

a) Die Lohnquote lässt sich aus der Gleichung (2) bestimmen:

$$(4) \quad LQ = \frac{1}{1 + \gamma} = 0,625.$$

Somit beträgt das Arbeitnehmereinkommen: $Y_L = 0{,}625X$. Dieses wird zusammen mit dem Preisniveau gemäß Gleichung (2) in die Gleichung (1) eingesetzt. Für $X = Y$ erhält man dann:

(5) $\quad X = Y = \dfrac{5500 - 80w^n}{0{,}875} = 4000.$

Das Preisniveau beträgt $P = 1$. Vor diesem Hintergrund lauten der Arbeitsinput und die Arbeitslosenquote: $A = 4000/a = 100$; $u \approx 9{,}1\%$.

b) Es lassen sich die folgenden neuen Werte bestimmen:

Y	P	A	u	LQ
$\approx 3885{,}71$	1,05	$\approx 97{,}14$	$\approx 11{,}69\%$	0,625

c) Die neuen Werte lauten:

Y	P	A	u	LQ	Q/X
$\approx 4028{,}78$	1,00	$\approx 100{,}72$	$\approx 8{,}44\%$	0,65625	0,34375

Der Aufschlagssatz in der Preisfunktion wird auf $\gamma \approx 0{,}524$ verringert. Die Lohnquote steigt somit auf $LQ = 0{,}65625$ (65,625%). Folglich sinkt die Gewinnquote Q/X von 0,375 auf 0,34375 (34,375%).

Setzt man $Y_L = 0{,}65625X$ in die Gleichung (1) ein, so erhält man im Gleichgewicht mit $X = Y$:

(5a) $\quad X = Y = \dfrac{5500 - 2000P}{0{,}86875}.$

Weil weiterhin $P = 1$ gilt, ergibt sich: $Y = X \approx 4028{,}78$. Der Arbeitsinput nimmt somit zu, und die Arbeitslosenquote verringert sich. Allerdings ist dieses Ergebnis nur möglich, weil die Unternehmungen eine Reduktion ihrer Gewinnquote hingenommen haben.

d) Bei der Lohn- und bei der Gewinnquote treten die gleichen Veränderungen wie im Ausgabenteil c) auf. Weil aber die Zunahme der Güternachfrage, die durch den Anstieg der Arbeitnehmereinkommen bewirkt wird, exakt kompensiert wird durch die Verringerung der Güternachfrage aufgrund der Reduktion der Gewinne, bleibt das gesamtwirtschaftliche reale Einkommen Y unverändert. Auch der Arbeitsinput und die Arbeitslosenquote verändern sich deshalb nicht.

Aufgabe 7.12

a) Die Bedingung für das Gewinnmaximum lautet:

(3) $\quad \dfrac{\delta X}{\delta A} = 0{,}5\beta R^{0{,}5}A^{-0{,}5} = w$

Daraus folgt eine Arbeitsnachfrage von:

(4) $AN = \dfrac{0{,}25\beta^2 R}{w^2}$

Setzt man die Gleichung (4) für $A = AN$ in die Produktionsfunktion (2) ein, so erhält man das aggregierte Güterangebot:

(5) $X = \dfrac{0{,}5\beta^2 R}{w}$

Im Gütermarktgleichgewicht gilt $Y = X$:

(6) $Y^a - y_P P = \dfrac{0{,}5\beta^2 R}{w}$

Daraus folgt:

(6a) $P = \dfrac{1}{y_P}\left[Y^a - \dfrac{0{,}5\beta^2 R}{w}\right]$

Aus den Gleichungen (4) und (5) ergibt sich für $\beta = 10$, $R = 3600$ und $w = 30$: $X = 6000$ und $A = 100$. Die Arbeitslosenquote lautet: $u \approx 13{,}04\%$. Das Preisniveau lässt sich aus der Gleichung (6a) berechnen: In beiden Fällen beträgt das Preisniveau $P = 1$.

b) Wie sich der Gleichung (4) und (5) entnehmen lässt, können die Produktion und die Arbeitsnachfrage erhöht werden, wenn der Niveauparameter β in der Produktionsfunktion gesteigert wird oder der Sachkapitalstock R vermehrt wird oder der Reallohnsatz w gesenkt wird. In einem Anstieg des Niveauparameters β kommt im allgemeinen technischer Fortschritt zum Ausdruck. Eine Forcierung des technischen Fortschritts lässt sich beispielsweise durch eine Wettbewerbsintensivierung oder durch eine spezifische staatliche Technologieförderung oder durch steuerliche Anreize für neue Produktionsverfahren erreichen. Für die Bildung von Sachkapital könnten ebenfalls steuerliche Anreize von Bedeutung sein. Darüber hinaus spielen zweifellos auch Maßnahmen zum Abbau von Investitionshemmnissen eine große Rolle.

c) Der Reallohnsatz müsste, wie sich der Gleichung (4) entnehmen lässt, auf $w \approx 27{,}975$ gesenkt werden. Das bedeutet eine Verringerung um ca. 6,75%.

d) Beide Maßnahmen bewirken eine Zunahme des Güterangebots auf $X = 6615$ und eine Erhöhung der Arbeitsnachfrage auf $A^d = 110{,}25$. Um eine ausreichend hohe zusätzliche Güternachfrage zu induzieren, muss das Preisniveau im Fall 1 auf $P = 0{,}9385$ und im Fall 2 auf $P = 0{,}385$ gesenkt werden. Die Güternachfrage und das Einkommen steigen dann auf $Y = 6615$. Die Arbeitslosenquote wird in diesem Zusammenhang auf $u \approx 4{,}13\%$ verringert.

Unterschiedliche Veränderungen ergeben sich im Hinblick auf das Güterpreisniveau P. Im Fall 1 ist die Preiselastizität der aggregierten Güternachfrage relativ hoch, so dass nur eine relativ geringe Preissenkung erforderlich ist, um eine zusätzliche Güternachfrage in Höhe von $\Delta Y = 615$ zu induzieren. Demgegenüber ist die Preiselastizität der aggregierten Güternachfrage im Fall 2 sehr gering, so dass zur Anregung der Güternachfrage um $\Delta Y = 615$ eine extrem hohe Preissenkung erforderlich ist. Es ist zu erwarten, dass die Unternehmungen dazu kaum bereit sind. Der Grund dafür ist vor allem in Fixkostenbelastungen sowie in der Gefahr eines ruinösen Preiswettbewerbs zu sehen. Moderate Preissenkungen, zu denen die Unternehmungen gegebenenfalls bereit wären, haben bei der geringen Preiselastizität jedoch nur eine relativ geringe Ausweitung der aggregierten Güternachfrage zur Folge. Das durch technischen Fortschritt und/oder Sachkapitalausweitung ermöglichte zusätzliche Güterangebot lässt sich somit nicht in voller Höhe absetzen.

e) Die drei genannten Maßnahmen haben in dem hier betrachteten Fall keine Wirkung auf das aggregierte Güterangebot und damit auch keine Wirkung auf das Preisniveau und auf das Einkommen. Wie in der nachfolgenden Abbildung dargestellt, wird beim herrschenden Reallohnsatz $w_0 = 30$ das gesamte für die Produktion effektiv brauchbare Arbeitsangebot A_{eff} eingesetzt. Eine Reallohnsenkung würde an dieser Situation nichts ändern. Auch die Verschiebung der Arbeitsnachfragekurve (hier von AN_0 nach AN_1), die durch technischen Fortschritt und/oder durch eine Ausweitung der Sachkapazitäten herbeigeführt wird, lässt den Arbeitsinput bei $A = 100$ unverändert bestehen. Es wäre jetzt sogar eine Reallohnerhöhung möglich, ohne dass es dadurch zu zusätzlicher Arbeitslosigkeit käme.

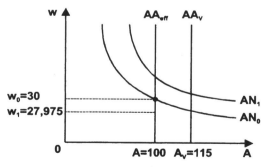

Aufgabe 7.13

a) Bei Gewinnmaximierung gilt:

$$(6) \quad \frac{\delta X}{\delta A} = 0{,}5\beta_t A_t^{-0,5} = w_t$$

Setzt man hieraus A in die Produktionsfunktion (1) ein, so erhält man das aggregierte Güterangebot:

$$(7) \quad X_t = \frac{0,5\beta_t^2}{w_t}$$

In der Ausgangssituation mit $\beta_0 = 500$ und $w_0 = 25$ erhält man somit eine Produktion von: $X_0 = 5000$. Im Gleichgewicht mit $Y_0 = X_0$ ergibt sich aus (2) das Preisniveau $P_0 = 1$. Aus der Produktionsfunktion (1) resultiert der Arbeitsinput $A_0 = 100$. Somit besteht eine Arbeitslosenquote von $u \approx 13\ \%$.

b) Die Ergebnisse sind in der folgenden Tabelle zusammengefasst worden:[9]

	t	β	D^a	w	X	P	A	u (%)
	0	500,00	5000,00	25,00	5000,00	1,000	100,00	13,04
Fall 1	1	525,00	5250,00	26,25	5250,00	1,000	100,00	13,04
	2	551,25	5512,50	27,56	5512,50	1,000	100,00	13,04
	3	578,81	5788,13	28,94	5788,13	1,000	100,00	13,04
Fall 2	1	525,00	5250,00	25,75	5351,94	0,981	103,92	9,63
	2	551,25	5512,50	26,52	5728,66	0,962	108,00	6,09
	3	578,81	5788,13	27,32	6131,89	0,944	112,23	2,41
Fall 3	1	525,00	5250,00	27,00	5104,17	1,029	94,52	17,80
	2	551,25	5512,50	29,16	5210,50	1,058	89,34	22,31
	3	578,81	5788,13	31,49	5319,06	1,088	84,45	26,57
Fall 4	1	525,00	5400,00	26,25	5250,00	1,029	100,00	13,04
	2	551,25	5832,00	27,56	5512,50	1,058	100,00	13,04
	3	578,81	6298,56	28,94	5788,13	1,088	100,00	13,04

Das Beispiel macht Folgendes deutlich:

- Die Arbeitslosigkeit wird nur dann abgebaut (Fall 2), wenn die Zuwachsrate des Reallohnsatzes geringer ist als die Zuwachsrate des Effizienzparameters β. Das impliziert zugleich, dass die Zuwachsrate der Grenzproduktivität des Faktors Arbeit über der Zuwachsrate des Reallohnsatzes liegt. Der Fall 3 liefert mit zunehmender Arbeitslosigkeit das dazu umgekehrte Ergebnis.

- Eine relativ starke Zunahme der autonomen Güternachfrage (Fall 4) bewirkt zwar eine anhaltende Erhöhung des Preisniveaus, aber keine Verringerung der Arbeitslosenquote. Denn die Ursache der Arbeitslosigkeit liegt auf der Angebostseite in dem relativ hohen Reallohnsatz.

---

9   Die Daten wurden teilweise auf- oder abgerundet.

c) Wie der Fall 2 im Aufgabenteil b) zeigt, nimmt die Nachfrage nach Arbeit zu, wenn die Zuwachsrate des Reallohnsatzes geringer ist als diejenige des Effizienzparameters. Es käme somit zu einer Situation der „Überbeschäftigung". Zwei Reaktionen sind zu erwarten: Erstens werden die Unternehmungen ihre Güterpreise nicht senken, weil sie die Produktion wegen Arbeitskräftemangel nicht so weit ausdehnen können wie sie es eigentlich wünschen; zweitens werden die Gewerkschaften angesichts der äußerst günstigen Arbeitsmarktlage schon sehr bald höhere Lohnzuwächse fordern. Wegen des Arbeitskräftemangels sind die Unternehmungen erfahrungsgemäß schnell bereit, diese Zuwächse zu akzeptieren. Vor diesem Hintergrund ist beispielsweise eine Entwicklung gemäß dem Fall 1 denkbar.

Aufgabe 7.14

a) Zunächst muss darauf eingegangen werden, welche Art der Arbeitslosigkeit in der betrachteten Volkswirtschaft besteht. Die Aufgabenstellung lässt das offen, so dass alle Möglichkeiten in Betracht zu ziehen sind.

Das von den Gewerkschaften geforderte nachfrageorientierte Beschäftigungsprogramm ist grundsätzlich nur dann sinnvoll, wenn die Arbeitslosigkeit zumindest zu einem gewissen Teil konjunkturell bedingt ist, wenn also konjunkturelle Arbeitslosigkeit vorliegt. Nur dann ist damit zu rechnen, dass das Güterangebot preiselastisch und möglicherweise sogar vollkommen preiselastisch ist. Wird die Arbeitslosigkeit jedoch durch einen zu hohen Reallohnsatz und/oder durch strukturelle Einflüsse (z.B. durch mangelnde Qualifikationen oder durch regionale Immobilitäten der Arbeitskräfte oder durch sonstige Inflexibilitäten auf der Angebotsseite des Gütermarktes) verursacht, so ist mit einem preisunelastischen Güterangebot zu rechnen. Selbst wenn die aggregierte Güternachfrage aufgrund des staatlichen Beschäftigungsprogramms erhöht werden sollte, lassen sich Einkommen und Beschäftigung in diesem Fall nicht erhöhen; die durch das Beschäftigungsprogramm geschaffene zusätzliche Nachfrage wird hier vollständig durch eine preisinduzierte Verdrängung von Güternachfrage kompensiert.

Es ist allerdings auch zu prüfen, ob das staatliche Beschäftigungsprogramm überhaupt eine Ausweitung der aggregierten Güternachfrage bewirkt. In diesem Zusammenhang sind die verschiedenen Teilaspekte des Crowding-out-Effektes der Staatsaktivität zu beachten. Von besonderer Bedeutung sind dabei der zinsinduzierte und der risikoinduzierte Teileffekt. Ist die Geldnachfrage beispielsweise zinsunelastisch, so tritt ein totaler zinsinduzierter Crowding-out-Effekt auf, und folglich kommt es nicht zu einer Ausweitung der aggregierten Güternachfrage. Aber auch bei zinselastischer, jedoch nicht vollkommen zinselastischer Geldnachfrage findet ein direkter zinsinduzierter Crowding-out-Effekt statt, der durch den risikoinduzierten

Teileffekt so weit verstärkt werden kann, dass letztlich ebenfalls ein totaler Crowding-out-Effekt eintreten kann.

Es zeigt sich also, dass mehrere Bedingungen erfüllt sein müssen, damit die von den Gewerkschaften geforderte Maßnahme die erwarteten Wirkungen erzielt.

b) Reallohnsenkungen können nur dann einen Beitrag zum Abbau von Arbeitslosigkeit leisten, wenn durch sie das Güterangebot erhöht wird, das Güterpreisniveau sinkt und durch diese Preissenkung eine ausreichend starke Zunahme der Güternachfrage erreicht wird. Diese Bedingungen dürften erfüllt sein, wenn die Arbeitslosigkeit durch zu hohe Reallohnsteigerungen verursacht worden ist.

Ist die Arbeitslosigkeit aber beispielsweise durch einen Rückgang der autonomen Güternachfrage bewirkt worden, der nicht durch eine Preissenkung bzw. durch eine preisinduzierte Ausweitung der Güternachfrage kompensiert wird, so hat eine Reallohnsenkung keinen beschäftigungs- und einkommenssteigernden Effekt. Eine nennenswerte Verringerung der Arbeitslosigkeit ist auch nicht zu erwarten, wenn sie auf Qualifikationsmängel und/oder Mobilitätshemmnisse der Arbeitskräfte und/oder auf andere Inflexibilitäten im Güterangebotsbereich zurückzuführen ist. In diesen Fällen kommt es zwar zu einer Verbesserung der Gewinnsituation der Unternehmungen, vermutlich aber zu keiner oder keiner nennenswerten Ausweitung des Güterangebots.

Doch selbst wenn Reallohnsenkungen eine Angebotsausweitung bewirken würden und auf der Angebotsseite des Gütermarktes eine ausreichend hohe Preisflexibilität bestehen würde, ließe sich eine Zunahme von Produktion, Einkommen und Beschäftigung nur dann erreichen, wenn die aggregierte Güternachfrage ausreichend preiselastisch wäre.

Es wird also deutlich, dass auch Reallohnsenkungen nicht in jedem Fall ein geeignetes Mittel zum Abbau von Arbeitslosigkeit sind.

Aufgabe 7.15

1. Offenbar befindet sich die betrachtete Volkswirtschaft in einer Situation, in der das Güterpreisniveau ansteigt. Dieser Anstieg dient den Gewerkschaften als Begründung für ihre Lohnerhöhungen.

2. Bedeutsam ist die Feststellung, dass neben dem Preisanstieg auch eine Zunahme der Arbeitslosigkeit zu beobachten ist (Stagflation). Angesichts dieser Situation ist zu vermuten, dass das Güterangebot sinkt bzw. das Preisniveau gemäß der Mark-up-Hypothese zunimmt und dass es dadurch zu einer preisinduzierten Verringerung der Güternachfrage kommt. Es ist zwar nicht ausgeschlossen, dass sich gleichzeitig auch die autonome Güternachfrage

verringert, aber der Preisanstieg deutet auf jeden Fall darauf hin, dass es eine relativ starke Reduktion des Güterangebots geben muss.

3. Die Gruppen, die eine Lockerung der Geldpolitik fordern, gehen offenbar davon aus, dass sich mit dieser Politik eine Erhöhung der aggregierten Güternachfrage und dadurch eine Zunahme von Produktion und Beschäftigung erreichen lässt. Eine solche expansive Wirkung ist allerdings nur möglich, wenn

- der Zinssatz sinkt, der insbesondere für die private Investitionsgüternachfrage von Bedeutung ist,
- eine solche Zinssenkung die Güternachfrage, insbesondere die private Investitionsgüternachfrage anregt und
- die so erreichte Erhöhung der Güternachfrage nicht von Preissteigerungen begleitet wird, die über kurz oder lang preisinduzierte Kompensationswirkungen auf die Güternachfrage haben.

Die Zentralbank geht offenbar davon aus, dass sie mit ihrer expansiven Politik keine Verringerung des langfristigen Zinssatzes, der für die Güternachfrage und dabei insbesondere für die private Investitionsgüternachfrage maßgeblich ist, erreichen kann.

4. Den Äußerungen der Zentralbank ist zu entnehmen, dass die tatsächlichen Lohn- und Preissteigerungen Erwartungen ausgelöst haben, die auf weitere Preissteigerungen gerichtet sind. Wenn die Wirtschaftssubjekte erwarten, dass eine expansive Geldpolitik den Preisauftrieb über kurz oder lang sogar noch verstärkt, so ist zu befürchten, dass die Preiserwartungen von hierher noch weiteren Auftrieb erhalten. Vor diesem Hintergrund kann eine expansive Geldpolitik bedeuten, dass

- ein zusätzlicher Preisauftrieb ausgelöst wird, der seinerseits weitere Lohnerhöhungen bewirkt und nicht zuletzt dadurch den Preissteigerungsprozess verstärkt
- die Wirtschaftssubjekte angesichts der tatsächlichen Preissteigerungen und der Preiserwartungen davon ausgehen, dass es zu einem Anstieg des langfristigen Zinssatzes kommen muss.

Die zusätzlichen Preissteigerungen haben eine weitere preisinduzierte Verringerung der Güternachfrage zur Folge. Selbst wenn die expansive Geldpolitik eine zinsinduzierte Erhöhung der Güternachfrage erreichen könnte, wird diese Erhöhung durch die preisinduzierte Verringerung vermindert und möglicherweise völlig kompensiert oder sogar überkompensiert.

Die in der Aufgabe beschriebene Situation ist offenbar dadurch gekennzeichnet, dass die Gewerkschaften eine Politik der Reallohnsicherung betreiben und auch in der Lage sind, entsprechende Lohnerhöhungen durchzusetzen. Vor diesem Hintergrund stellt sich ohnehin über kurz oder lang eine

Situation ein, in der das Güterangebot vollkommen preisunelastisch wird. In dieser Situation lässt sich mit einer Erhöhung der aggregierten Güternachfrage bekanntlich keine Zunahme von Produktion, Einkommen und Beschäftigung erreichen. Die expansive Geldpolitik hätte dann lediglich eine (weitere) Preissteigerung zur Folge. Nicht zuletzt vor diesem Hintergrund ist die Skepsis der Zentralbank gegenüber einer expansiven Geldpolitik nicht von der Hand zu weisen.

5. Gemäß der Aufgabe lehnt die Zentralbank nicht nur eine expansive Geldpolitik ab, sondern sie ist offenbar gewillt, entweder eine bereits betriebene restriktive Geldpolitik beizubehalten oder aber ihre Politik noch restriktiver zu gestalten. Wenn ihre Politik noch restriktiver als bisher wird, ist es nicht ausgeschlossen, dass es zu Zinssteigerungen kommt, durch die die Güternachfrage, das Einkommen und die Beschäftigung noch weiter verringert werden. Es ist allerdings zu erwarten, dass von hierher eine preisdämpfende Wirkung ausgeht. Dämpfend wirken zum einen die zinsinduzierte Verringerung der Güternachfrage und zum anderen eine nach unten gerichtete Korrektur der Preiserwartungen, die erfahrungsgemäß mit einer restriktiven Geldpolitik verbunden ist. Vor diesem Hintergrund ist es nicht ausgeschlossen, dass über kurz oder lang auch die Lohnerhöhungen gebremst werden und der Preisauftrieb zum Stillstand kommt.

Wenn die Zentralbank an ihrem restriktiven Kurs festhält oder diesen sogar noch verstärkt, geht sie offenbar davon aus, dass der negative Beschäftigungseffekt, der aus einem ungebrochenen Preisauftrieb resultiert, über kurz oder lang stärker ist als der negative Beschäftigungseffekt, der kurzfristig mit einer restriktiven Geldpolitik verbunden sein kann.

6. **Fazit**: Angesichts der bereits sichtbaren Lohn- und Preisspirale und der auf strikte Reallohnsicherung gerichteten Lohnpolitik der Gewerkschaften ist eine expansive Geldpolitik kaum zu vertreten. Denn diese hätte sehr wahrscheinlich zwar weitere Preissteigerungen, nicht aber eine Verbesserung der Beschäftigungssituation zur Folge.

Ob eine Strategie der Zentralbank, angesichts der tatsächlichen Lohn- und Preissteigerungen sowie der Preiserwartungen die Geldpolitik noch restriktiver einzusetzen, letztlich nicht dem Ziel der Preisstabilität, sondern auch dem Ziel einer höheren Beschäftigung dienen kann, lässt sich nicht eindeutig beantworten. Kurzfristig besteht sehr wohl die Gefahr, dass das Beschäftigungsproblem noch verschärft wird. Mittel- und längerfristig ist die Strategie nur erfolgreich, wenn die Lohn- und Preisspirale sowie der dadurch bedingte Prozess der preisinduzierten Dämpfung der Güternachfrage außer Kraft gesetzt werden.

Kapitel 8

Inflation und Beschäftigung

A. Kontrollfragen

8.1 Was versteht man unter einer hausgemachten, was unter einer importierten Inflation? Wie entsteht eine inflatorische Lücke?

8.2 Was ist eine
- Nachfrageinflation bzw. Demand-Pull-Inflation
- Kostendruckinflation bzw. Cost-Push-Inflation
- Nachfrageverschiebungsinflation bzw. Demand-Shift-Inflation?

8.3 Welcher Zusammenhang kann zwischen unterschiedlichen sektoralen Produktivitätsentwicklungen und der Inflation bestehen?

8.4 Wie lassen sich inflationäre Preisentwicklungen aus dem Zusammenwirken nachfrageseitiger und angebotsseitiger Einflüsse erklären?

8.5 Wie lautet die *Quantitätsgleichung* des Geldes? Welchen Zusammenhang erklärt die *Quantitätstheorie* des Geldes? Welche Annahmen liegen dieser Theorie zugrunde? Welchen Verlauf hat die LM-Kurve gemäß der Quantitätstheorie des Geldes?

8.6 Ist es richtig, dass eine anhaltende Inflation ohne einen permanenten Anstieg der Geldmenge unmöglich ist? Falls ja, wie lässt sich der Zusammenhang zwischen der Inflation und dem Zuwachs der nominellen Geldmenge erklären?

8.7 Welche Art der Geldpolitik muss im Hinblick auf die Quantitätstheorie des Geldes betrieben werden? Welche Wachstumsrate der nominellen Geldmenge müsste die Zentralbank realisieren, wenn die Umlaufsgeschwindigkeit des Geldes konstant ist, wenn eine Inflationsrate von Null erreicht werden soll und wenn das reale Produktionspotenzial der Volkswirtschaft mit der Rate α wächst?

8.8 Warum ist es für Wirtschaftssubjekte wichtig, möglichst genaue Inflationserwartungen zu bilden? Welche Möglichkeiten haben Wirtschaftssubjekte, sich bei inflationären Preisentwicklungen gegen Realeinkommens- und Realwertverluste abzusichern?

8.9 Was versteht man unter einer extrapolativen, unter einer adaptiven sowie unter einer rationalen Erwartungsbildung? Machen Sie diese Formen der Erwartungsbildung anhand formaler Beispiele deutlich.

8.10 Wie ist der reale Zinssatz definiert? Worin unterscheidet sich der reale von dem nominellen Zinssatz?

8.11 Wie lässt es sich erklären, dass die realen Ersparnisse und die realen Investitionen der privaten Wirtschaftssubjekte im allgemeinen vom realen Zinssatz und nicht vom nominellen Zinssatz abhängig sind?

8.12 Wie kann mit der LM-Kurve der Zusammenhang zwischen Einkommen und realem Zinssatz dargestellt werden, wenn die Geldnachfrage vom nominellen Zinssatz abhängig ist?

8.13 Welche Wirkungen hat eine Zunahme der erwarteten Inflationsrate auf den nominellen Zinssatz und auf den realen Zinssatz, wenn die Güternachfrage vom realen Zinssatz und die Geldnachfrage vom nominellen Zinssatz abhängig ist? Stellen Sie diese Wirkungen graphisch dar.

8.14 Welche Wirkungen hat eine expansive Geldpolitik auf den nominellen Zinssatz und auf den realen Zinssatz, wenn die Güternachfrage vom realen Zinssatz und die Geldnachfrage vom nominellen Zinssatz abhängig ist sowie die expansive Geldpolitik mit einer Erhöhung der erwarteten Inflationsrate verbunden ist?

8.15 Welchen Zusammenhang beschreibt die Phillips-Kurve? Lassen die theoretischen und empirischen Untersuchungen zur Phillips-Kurve den Schluss zu, dass dieser Zusammenhang stabil ist? Wie wird dieser Zusammenhang einerseits von den Keynesianern und andererseits von den Neoklassikern bzw. von den Monetaristen beurteilt?

8.16 Welche Verhaltenshypothesen sind grundlegend für die Theorie der Phillips-Kurve?

8.17 Wie wird die Inflationsrate im Rahmen der Theorie der Phillips-Kurve erklärt? Leiten Sie die entsprechende Gleichung aus den Gleichungen für die Lohn- und die Preisbildung ab.

8.18 Wie lautet die Gleichung für die langfristige Phillips-Kurve? Wie unterscheiden sich die neoklassische und die keynesianische Variante der langfristigen Phillips-Kurve? Welcher Zusammenhang besteht nach diesen Varianten zwischen der Inflationsrate und der Arbeitslosenquote?

8.19 Wie lautet die Gleichung für die kurzfristige Phillips-Kurve? Besteht für diese Kurve ein Unterschied zwischen dem neoklassischen und dem keynesianischen Ansatz?

8.20 Worin unterscheiden sich die kurzfristige und die langfristige Phillips-Kurve?

8.21 Welche Rolle spielen die Inflationserwartungen für die Anpassungs-prozesse im Rahmen der Theorie der Phillips-Kurve?

8.22 Welche Anpassungsprozesse finden gemäß der neoklassischen Variante oder keynesianischen Variante der Theorie der Phillips-Kurve statt, wenn das langfristige Gleichgewicht durch eine beschäftigungspolitische Aktivität verlassen und dabei die Arbeitslosenquote (kurzfristig) verringert wird?

8.23 Ist es richtig, dass sich die tatsächliche Arbeitslosenquote gemäß der neoklassischen Variante der Phillips-Kurve dauerhaft nur auf ein Niveau unterhalb der natürlichen Arbeitslosenquote drücken lässt, wenn die be-schäftigungspolitischen Maßnahmen permanent eingesetzt werden und dabei eine fortlaufende Erhöhung bzw. eine Akzeleration der Inflations-rate hingenommen wird?

8.24 Warum hat eine expansive Beschäftigungspolitik gemäß der keynesiani-schen Variante der Phillips-Kurve zwar eine Erhöhung der Inflationsrate, nicht aber eine anhaltende Inflationsbeschleunigung zur Folge? Ist nach dieser Variante eine nachhaltige Verringerung der tatsächlichen Arbeits-losenquote unter das Niveau der natürlichen Arbeitslosenquote möglich?

8.25 Welche Anpassungsprozesse löst eine expansive Geldpolitik gemäß der neoklassischen Variante oder keynesianischen Variante der Phillips-Kurve aus, wenn die rationale Erwartungshypothese gültig ist und dabei die erwartete Inflationsrate an der beobachteten Wachstumsrate der nominellen Geldmenge ausgerichtet wird? Um wie viel steigt die Inflationsrate in den beiden Ansätzen?

8.26 Wie ist die (unbereinigte) gesamtwirtschaftliche Lohnquote definiert? Welche Nominallohnsteigerung ist erforderlich, wenn eine Erhöhung der Lohnquote erreicht werden soll?

8.27 Wie lautet die Gleichung für die Inflationsrate (die Phillips-Kurven-Gleichung), wenn sowohl bei der Lohnbildung als auch bei der Preis-bildung ein autonomer Verteilungszuschlag durchgesetzt wird?

8.28 Welche Wirkungen ergeben sich auf die Arbeitslosenquote und auf die Inflationsrate, wenn sowohl die Gewerkschaften in ihrer Lohnpolitik als auch die Unternehmungen in ihrer Preispolitik jeweils einen autonomen Verteilungszuschlag durchsetzen und wenn

- der Inflationsprozess monetär alimentiert wird oder
- die Geldpolitik den Anstieg der Inflationsrate verhindert?

Wie wird die langfristige Phillips-Kurve beeinflusst?

8.29 Welcher Zusammenhang besteht zwischen dem aggregierten Güterangebot und der Inflationsrate im Rahmen der Theorie der Phillips-Kurve?
Leiten Sie das aggregierte Angebot aus der Phillips-Kurven-Gleichung
her, die bekanntlich den Zusammenhang zwischen der Inflationsrate und
der Arbeitslosenquote wiedergibt.

8.30 Worin besteht der Unterschied zwischen der kurzfristigen und der
langfristigen aggregierten Angebotskurve in der Theorie der Phillips-
Kurve? Welchen Verlauf besitzt diese Kurve im keynesianischen Ansatz
und im neoklassischen Ansatz?

8.31 Welcher Zusammenhang besteht zwischen der aggregierten Güternachfrage und der Inflationsrate? Leiten Sie diesen Zusammenhang für den
Fall her, dass die Güternachfrage vom realen Zinssatz und die Geldnachfrage vom nominellen Zinssatz abhängig ist. Welche Rolle spielt die
erwartete Inflationsrate für die aggregierte Güternachfrage?

8.32 Welche Wirkungen auf das Einkommen und auf die Inflationsrate hat
eine Erhöhung der Wachstumsrate der nominellen Geldmenge, wenn die
Inflationserwartungen gemäß der

  ▪ adaptiven Erwartungshypothese oder

  ▪ rationalen Erwartungshypothese

gebildet werden? Unterscheiden Sie dabei zwischen den kurz- , mittel-
und langfristigen Wirkungen.

8.33 Wie wirkt sich eine Erhöhung der autonomen Güternachfrage auf das
Einkommen und auf die Inflationsrate aus, wenn die Wachstumsrate der
nominellen Geldmenge unverändert bleibt und die Inflationserwartungen
gemäß der adaptiven Erwartungshypothese gebildet werden? Unterscheiden Sie auch hierbei zwischen den kurz-, mittel- und langfristigen Wirkungen. Wie verändern sich langfristig der nominelle und der reale
Zinssatz?

8.34 Wie wirkt sich eine Erhöhung der autonomen Güternachfrage, z.B. der
Staatsausgaben, auf das Einkommen und auf die Inflationsrate aus, wenn
die Inflationserwartungen gemäß der rationalen Erwartungshypothese
gebildet werden? Spielt es eine Rolle, ob die rationalen Erwartungen an
der Wachstumsrate der nominellen Geldmenge oder beispielsweise an
der autonomen Erhöhung der Güternachfrage ausgerichtet werden?

8.35 Wie sollten die Geldpolitik, die Fiskalpolitik, die Währungspolitik, die
Lohnpolitik der Gewerkschaften und die Preispolitik der Unternehmungen gestaltet sein, damit möglichst günstige Bedingungen für die Errei-

chung des Ziels der Preisstabilität gegeben sind? Welche Gefahr besteht, wenn die Verantwortung für das Ziel der Preisstabilität ausschließlich bei der Zentralbank eines Landes liegt?

B. Übungsaufgaben

Aufgabe 8.1

Legen Sie die folgende Quantitätsgleichung zugrunde:

(1) $v_M \cdot M^n = P \cdot Y$

Das Güterangebot ist preisunelastisch und beträgt in der Ausgangssituation $X = 2000$. Weiterhin sind in der Ausgangssituation die nominelle Geldmenge und die Umlaufsgeschwindigkeit des Geldes gegeben: $M^n = 500$ und $v_M = 4$.

a) Wie hoch ist das Preisniveau in der Ausgangssituation?

b) Welche Wirkungen auf das Preisniveau und auf die reale Geldmenge treten auf, wenn einerseits die nominelle Geldmenge in jeder Periode (z.B. jährlich) mit einer Rate von 5% erhöht wird, andererseits aber das Güterangebot bzw. das Realeinkommen sowie die Umlaufsgeschwindigkeit des Geldes konstant bleiben? Auf welchen Wert steigt das Preisniveau nach 10 Perioden?

c) Wie verändert sich das Preisniveau und die reale Geldmenge, wenn einerseits die nominelle Geldmenge konstant bleibt, aber andererseits in einer bestimmten Periode einmalig

  ▪ die Umlaufsgeschwindigkeit des Geldes um 5% erhöht oder alternativ

  ▪ das Güterangebot um 5% verringert wird?

d) Mit Blick auf die nächste Periode (z.B. auf das nächste Jahr) geht die Zentralbank davon aus, dass das reale Produktionspotenzial der Volkswirtschaft mit einer Rate von 2,5% wachsen wird und dass sich die Umlaufsgeschwindigkeit des Geldes ebenfalls um 2,5% erhöhen wird. Die Zentralbank legt eine "unvermeidliche" Inflationsrate von 3% zugrunde. Welches Geldmengenziel wird die Zentralbank bei diesen Rahmenbedingungen verfolgen?

Aufgabe 8.2

Legen Sie das folgende Modell zugrunde:

(1) $H = H^a + h_Y Y - h_r r = 880 + 0{,}8Y - 4000r$ Heimische Absorption

(2) $AB = AB^a - mY = 600 - 0{,}2Y$ Außenbeitrag

(3) $\dfrac{M^n}{P} = L^a + k_Y Y - k_i i = 280 + 0{,}4Y - 4000i$ Geldmarktgleichgewicht

(4) $r = i - \pi^e$ Realer Zinssatz

In der Ausgangssituation (t = 0), sind die folgenden Daten gegeben: Preisniveau P = 1; tatsächliche Inflationsrate π = 0,05 (5%); erwartete Inflationsrate π^e = 0,05 (5%); nominelle Geldmenge M^n = 1000; Wachstumsrate der nominellen Geldmenge $\hat{M}^n$ = 0,05 (5%).

a) Bestimmen Sie die IS-Kurve, das Einkommen Y, den Nominalzinssatz i, den Realzinssatz r und die reale Geldmenge M in der Ausgangsperiode t = 0 sowie in der Folgeperiode t = 1. In t = 1 gilt ebenfalls: $\pi = \pi^e = \hat{M}^n = 0{,}05$. Stellen Sie für die Ausgangsperiode t = 0 die IS-Kurve in Abhängigkeit vom Realzinssatz sowie die LM-Kurve in Abhängigkeit vom Nominalzinssatz und vom Realzinssatz graphisch dar.

b) Die nominelle Geldmenge möge in der Periode t = 1 mit einer Rate von 9,2% (anstatt 5%) wachsen. Die tatsächliche und die erwartete Inflationsrate mögen sich jedoch nicht verändern und betragen somit weiterhin jeweils 5%. Welche Wirkungen ergeben sich in dieser Periode auf Y, i, r und M?

c) Wie im Aufgabenteil b), möge die nominelle Geldmenge auch jetzt in der Periode t = 1 mit der Rate von 9,2% wachsen. Während die tatsächliche Inflationsrate mit 5% unverändert bleibt, werde die erwartete Inflationsrate nun an die Wachstumsrate der nominellen Geldmenge angepasst und dementsprechend auf 9,2% angehoben. Welche Wirkungen ergeben sich nun auf Y, i, r und M?

d) In der Periode t = 1 steigt die autonome heimische Absorption um 80. Die Wachstumsrate der nominellen Geldmenge sowie die tatsächliche und die erwartete Inflationsrate bleiben jedoch mit jeweils 5% unverändert. Wie verändern sich in dieser Periode Y, i und r?

Aufgabe 8.3

Die Veränderungsrate des Nominallohnsatzes ergibt sich aus der Lohnfunktion:

(1) $\omega_t^n = \lambda_P \pi_t^e + 0{,}5(u_t^o - u_t)$

Die Preisbildung auf dem Gütermarkt erfolgt nach der Preisfunktion:

(2) $P_t = (1 + \gamma)\dfrac{w_t^n}{a_t}$

Die Inflationserwartungen werden gemäß der einfachen adaptiven Erwartungshypothese gebildet:

(3) $\pi_t^e = \pi_{t-1}$

Der Aufschlagssatz γ und die Arbeitsproduktivität a sind konstante Größen. Die natürliche Arbeitslosenquote sei mit $u^o = 0{,}08$ (8%) fest vorgegeben.

a) Bestimmen Sie die Gleichungen für die kurzfristige und die langfristige Phillips-Kurve, wenn der Koeffizient λ_P

- den Wert 1 (neoklassischer Fall) *oder*
- den Wert 0,8 (keynesianischer Fall) hat.

Wie hoch ist die Inflationsrate, wenn die tatsächliche Arbeitslosenquote $u = 0{,}08$ (8%) beträgt?

b) Welche Wirkungen ergeben sich kurzfristig und langfristig sowie im Rahmen der mittelfristigen Anpassungsprozesse auf die Inflationsrate, wenn die tatsächliche Arbeitslosenquote durch wirtschaftspolitische Maßnahmen dauerhaft auf $u = 0{,}04$ (4%) gedrückt wird? Legen Sie auch hier alternativ die Koeffizienten $\lambda_P = 1$ und $\lambda_P = 0{,}8$ zugrunde. Machen Sie die Wirkungen in einer graphischen Darstellung und in einer Sequenztabelle deutlich und zeigen Sie dabei die Anpassungsprozesse für mindestens fünf Perioden auf.

c) Welche Wirkungen auf die Inflationsrate und auf die Arbeitslosenquote ergeben sich zum einen im neoklassischen Fall mit $\lambda_P = 1$ und zum anderen im keynesianischen Fall mit $\lambda_P = 0{,}8$, wenn die Arbeitslosenquote mit wirtschaftspolitischen Maßnahmen vorübergehend (für eine Periode) auf $u = 0{,}04$ gedrückt wird, anschließend jedoch wieder ein "Gleichgewicht" auf der langfristigen Phillips-Kurve erreicht wird?

Aufgabe 8.4

Übernehmen Sie die Lohn- und die Preisfunktion aus der Aufgabe 8.3. Die Inflationserwartungen mögen jetzt allerdings gemäß der rationalen Erwartungshypothese gebildet werden. Es sei angenommen, dass die erwartete Inflationsrate der Wachstumsrate der nominellen Geldmenge entspricht:

(3a) $\pi_t^e = \hat{M}_t^n$

In der Ausgangssituation sind gegeben: $u = 0{,}08$, $u^o = 0{,}08$, $\hat{M}^n = 0{,}05$ (5%).

a) Wie hoch sind die Inflationsrate und die Arbeitslosenquote im neoklassischen Fall mit $\lambda_P = 1$ und alternativ im keynesianischen Fall mit $\lambda_P = 0{,}8$?

b) Welche Wirkungen ergeben sich in den beiden Fällen kurz-, mittel- und langfristig, wenn die Wachstumsrate der nominellen Geldmenge auf 0,08 (8%) angehoben wird?

Aufgabe 8.5

Das Phillips-Kurven-Modell lautet:

(1) $\omega_t^n = \pi_t^e + 0{,}5(u_t^o - u_t) + \lambda_{vt}$

(2) $\pi_t = \omega_t^n + \gamma_{vt}$

(3) $\pi_t^e = \pi_{t-1}$

Die natürliche Arbeitslosenquote beträgt $u^o = 0{,}08$ (8%). Der Verteilungsparameter λ_{vt} der Gewerkschaften in der Lohnfunktion (1) sowie der Verteilungsparameter γ_{vt} der Unternehmungen in der Preisfunktion (2) sind in der Ausgangsperiode ($t = 0$) jeweils null: $\lambda_{v0} = 0$; $\gamma_{v0} = 0$. Außerdem werden in der Ausgangsperiode ein Nominallohnsatz von $w^n = 28$, eine Arbeitsproduktivität von $a = 40$ sowie ein Preisniveau von $P = 1$ beobachtet. Die nominelle Geldmenge wächst in dieser Periode mit einer Rate von $\hat{M}^n = 0{,}04$ (4%). Es sei angenommen, dass anfangs ein Gleichgewicht auf der langfristigen Phillips-Kurve vorliegt.

a) Bestimmen Sie die Inflationsrate, die tatsächliche Arbeitslosenquote und die (unbereinigte) Lohnquote in der Ausgangsperiode $t = 0$.

b) Um die Gewinnquote zu erhöhen, setzen die Unternehmungen einen autonomen Verteilungszuschlag in Höhe von $\gamma_{vt} = 0{,}02$ (2%) durch. Welche Wirkungen ergeben sich auf die Inflationsrate, die Arbeitslosenquote, die Veränderungsrate des Nominallohnsatzes und die Lohnquote, wenn

  b1) eine Inflationsbeschleunigung monetär alimentiert wird oder

  b2) die Wachstumsrate der nominellen Geldmenge mit 4% unverändert bleibt und somit keine monetäre Alimentierung einer Inflationsbeschleunigung stattfindet?

c) Lässt sich die Verringerung der Lohnquote verhindern, wenn die Gewerkschaften auf den autonomen Verteilungszuschlag der Unternehmungen ebenfalls mit der Durchsetzung eines autonomen Verteilungszuschlags reagieren? Nehmen Sie an, dass der Verteilungszuschlag in der Lohnfunktion (1) ebenfalls mit 2% angesetzt wird: $\lambda_{vt} = 0{,}02$.

d) Lässt sich die Lohnquote erhöhen, wenn zwar die Gewerkschaften einen autonomen Verteilungszuschlag durchsetzen, die Unternehmungen jedoch auf einen solchen Zuschlag verzichten? Nehmen Sie an, dass der Verteilungszuschlag in der Lohnfunktion $\lambda_v = 0{,}02$ (2%) beträgt.

Aufgabe 8.6

Die Güternachfrage und das Geldmarktgleichgewicht werden durch die folgenden Gleichungen beschrieben:

(1) $H = H^a + h_Y Y - h_r r = 1483 + 0{,}7Y - 550r$ Heimische Absorption

(2) $AB = AB^a - mY = 1300 - 0{,}25Y$ Außenbeitrag

(3) $\dfrac{M^n}{P} = L^a + k_Y Y - k_i i = 100 + 0{,}25Y - 1000i$ Geldmarktgleichgewicht

(4) $r = i - \pi^e$ Realer Zinssatz

In der Ausgangssituation bzw. in der Ausgangsperiode $t = 0$ sind die folgenden Daten gegeben: $M^n = 1250$; $P = 1$; $\pi = \pi^e = \hat{M}^n = 0{,}04$ (4%). Die Inflationsrate, die erwartete Inflationsrate und die Wachstumsrate der nominellen Geldmenge stimmen somit in der Ausgangsperiode $t = 0$ überein.

a) Leiten Sie die Gleichungen für die IS-Kurve sowie für die aggregierte Güternachfrage her.

b) Bestimmen Sie das Einkommen Y, den Nominalzinssatz i, den Realzinssatz r und die reale Geldmenge M in der Ausgangsperiode $t = 0$.

c) Stellen Sie die aggregierte Güternachfrage in Abhängigkeit von der Inflationsrate π dar. Wie verändert sich die aggregierte Güternachfrage in der Periode $t = 1$, die der Ausgangsperiode $t = 0$ folgt, wenn einerseits die Wachstumsrate der nominellen Geldmenge auf $\hat{M}^n = 0{,}08$ (8%) erhöht wird, andererseits aber die tatsächliche und die erwartete Inflationsrate jeweils den Wert 0,04 (4%) beibehalten?

Aufgabe 8.7

Die Preisfunktion und die Lohnfunktion lauten:

(1) $\pi_t = \omega_t^n$

(2) $\omega_t^n = \lambda_P \pi_t^e + \lambda_u (u_t^o - u_t)$ mit: $\lambda_u = 0{,}5$

Zwischen der Produktion und dem Arbeitseinsatz besteht die folgende Beziehung:

(3) $X_t = aA_t$

Die Arbeitsproduktivität ist mit $a = 55$ und das Arbeitspotenzial mit $A_v = 100$ fest vorgegeben. Das natürliche Produktionsniveau, bei dem soviel Arbeit eingesetzt wird, dass sich gerade die natürliche Arbeitslosenquote ergibt, beträgt

$X° = 5000$. In der Ausgangsperiode $t = 0$ bzw. in der Ausgangssituation möge ein Gleichgewicht auf der langfristigen Phillips-Kurve vorliegen.

a) Wie lautet die Gleichung für die langfristige Phillips-Kurve für einen Koeffizienten $\lambda_P = 1$ und alternativ $\lambda_P = 0,8$?

b) Bestimmen Sie den Zusammenhang zwischen dem aggregierten Güterangebot und der Inflationsrate zum einen in allgemeiner Form und zum anderen für das konkrete Zahlenbeispiel mit einem Koeffizienten $\lambda_P = 1$ oder alternativ $\lambda_P = 0,8$. Stellen Sie die aggregierte Angebotskurve für beide Fälle graphisch dar.

c) Wie wird die aggregierte Angebotskurve beeinflusst, wenn das "natürliche" Produktionsniveau steigt?

Aufgabe 8.8

Die aggregierte Güternachfrage wird in einer Periode t durch die folgende Gleichung bestimmt:

(1) $Y_t = Y_{t-1} + \mu_Y \Delta Y_t^a + \mu_M(\hat{M}_t^n - \pi_t) + \mu_\pi \Delta \pi_t^e$

Das aggregierte Güterangebot wird wie folgt erklärt:

(2) $X_t = X° + x_\pi(\pi_t - \lambda_P \pi_t^e)$

Die Inflationserwartungen werden gemäß einer einfachen Form der adaptiven Erwartungshypothese gebildet:

(3) $\pi_t^e = \pi_{t-1}$

Zur Bestimmung des nominellen und des realen Zinssatzes sowie der realen Geldmenge werden nachrichtlich die bereits implizite in der Gleichung (1) enthaltenen Gleichungen genannt:

(4) $Y_t = Y_t^a - y_r r_t$ Güternachfrage

(5) $\dfrac{M_t^n}{P_t} = L^a + k_Y Y_t - k_i i_t$ Geldmarktgleichgewicht

(6) $r_t = i_t - \pi_t^e$ Realer Zinssatz

Für ein konkretes Beispiel liegen die folgenden Koeffizientenwerte zugrunde: $\mu_Y = 1$; $\mu_M = 1000$; $\mu_\pi = 1000$; $x_\pi = 9000$; $y_r = 1000$; $k_Y = 0,25$; $k_i = 1000$. Das "natürliche" Produktionsniveau ist mit $X° = 5000$ fest vorgegeben.

Im Hinblick auf den Koeffizienten λ_P wird einerseits der neoklassische Fall mit $\lambda_P = 1$ und andererseits ein keynesianischer Fall mit $\lambda_P = 0,8$ betrachtet. Die autonome Geldnachfrage beträgt im neoklassischen Fall $L^a = 120$ und im keynesianischen Fall $L^a = 97,5$.

In der Ausgangsperiode $t = 0$ bzw. in der Ausgangssituation möge ein Gleichgewicht mit folgenden Daten bestehen: $\hat{M}_0^n = 0,05$ (5%); $M_0^n = 1250$; $P_0 = 1$.

a) Stellen Sie die aggregierte Nachfrage und das aggregierte Angebot jeweils in Abhängigkeit von der Inflationsrate (für die Ausgangsperiode $t = 0$) graphisch dar. Bestimmen Sie Y, π, i und r im Ausgangsgleichgewicht. Erläutern Sie, welche Bedingungen in einer Gleichgewichtssituation erfüllt sein müssen.

b) Wie verändern sich Y, π, i und r sowie die reale Geldmenge, wenn die autonome aggregierte Güternachfrage in der Periode $t = 1$ um $\Delta Y^a = 100$ erhöht und anschließend auf diesem höheren Niveau gehalten wird? Bestimmen Sie für den neoklassischen und den keynesianischen Fall die kurzfristigen Wirkungen in der Periode $t = 1$ sowie die langfristigen Wirkungen nach Erreichen einer neuen Gleichgewichtssituation.

Machen Sie darüber hinaus für den **neoklassischen Fall** in einer Sequenztabelle die Wirkungen im Rahmen des Anpassungsprozesses für die Perioden $t = 2$, $t = 3$ und $t = 4$ deutlich.

Erläutern Sie, warum die aufgezeigten Einkommenseffekte auftreten.

c) Lösen Sie den Aufgabenteil b) für den Fall, dass nicht die autonome aggregierte Güternachfrage, sondern die Wachstumsrate der nominellen Geldmenge erhöht wird. Diese steigt in der Periode $t = 1$ auf $0,08$ (8%) und wird anschließend auf diesem höheren Niveau gehalten.

d) Welche Wirkungen ergeben sich kurzfristig (in der Periode $t = 1$) sowie langfristig (nach Erreichen des neuen Gleichgewichts), wenn das "natürliche" Produktionsniveau - beispielsweise durch angebotspolitische Maßnahmen - in der Periode $t = 1$ um $\Delta X^\circ = 100$ erhöht und anschließend auf dem höheren Niveau beibehalten wird?

Aufgabe 8.9

Die Aufgabe 8.8 wird geändert, indem anstelle der adaptiven Erwartungshypothese die rationale Erwartungshypothese zugrunde gelegt wird. Dementsprechend ist die Gleichung (3) wie folgt zu ersetzen:

(3a) $\pi_t^e = \hat{M}_t^n$

Unter Berücksichtigung dieser Änderung sind analog die Aufgabenteile a) bis c) der Aufgabe 8.8 zu bearbeiten. Zusätzlich ist zu lösen:

d) Welche kurz- und langfristige Wirkung hat die Erhöhung der Wachstumsrate der nominellen Geldmenge auf das Einkommen und auf die Inflationsrate, wenn in der Gleichung (1) der Koeffizient μ_π den Wert 0 hat?

Aufgabe 8.10

"Um eine Erhöhung des Einkommens und der Beschäftigung zu erzielen, ist es erforderlich, nachfragepolitische Maßnahmen zu ergreifen und dabei gleichzeitig eine expansive Fiskalpolitik und eine expansive Geldpolitik zu betreiben. Es wird deshalb empfohlen, die Staatsausgaben und die Wachstumsrate der Geldmenge zu erhöhen. Diese Maßnahmen werden zwar vermutlich einen Anstieg der Inflationsrate bewirken, dieser dürfte aber moderat und angesichts der positiven Beschäftigungseffekte hinzunehmen sein."

a) Prüfen Sie, ob und gegebenenfalls unter welchen Bedingungen die empfohlenen Maßnahmen zu den erwarteten Wirkungen führen. Analysieren Sie die Wirkungen in einer graphischen und/oder algebraischen Darstellung des Gütermarktes, auf dem die aggregierte Güternachfrage und das aggregierte Güterangebot differenziert betrachtet werden. Legen Sie dabei die für die Theorie der Phillips-Kurve typische Funktion des aggregierten Güterangebots zugrunde. Beschränken Sie sich auf die langfristigen Wirkungen. Erläutern Sie ausführlich die Wirkungszusammenhänge und machen Sie deutlich, ob und gegebenenfalls warum zur Erzielung positiver Einkommens- und Beschäftigungseffekte gleichzeitig eine expansive Fiskal- und Geldpolitik betrieben werden muss.

b) Gibt es alternative wirtschaftspolitische Maßnahmen zu den nachfragepolitischen Aktivitäten, mit denen positive Einkommens- und Beschäftigungseffekte erreicht werden könnten? Legen Sie Ihrer Analyse den im Aufgabenteil a) verwendeten Modellrahmen zugrunde und beschränken Sie sich wiederum auf die langfristigen Wirkungen.

C. Lösungen

Aufgabe 8.1

a) Setzt man die angegebenen Daten in die Quantitätsgleichung (1) ein, so erhält man ein Preisniveau von P = 1.

b) Bei Veränderung aller Größen ergibt sich aus der Quantitätsgleichung:

$$(2) \quad v_{Mt-1}\Delta M_t^n + M_{t-1}^n \Delta v_{M,t} + \Delta v_{Mt} \Delta M_t^n = P_{t-1}\Delta Y_t + Y_{t-1}\Delta P_t + \Delta P_t \Delta Y_t$$

Die laufende Periode ist mit t, die Vorperiode mit t–1 bezeichnet worden. Da das Realeinkommen und die Umlaufsgeschwindigkeit des Geldes konstant sind, resultiert hieraus:

(2a) $\Delta P_t = \dfrac{v_{Mt-1}}{Y_{t-1}} \Delta M_t^n$

Der hierin enthaltene Quotient entspricht gemäß Quantitätsgleichung dem Quotienten P_{t-1} / M_{t-1}^n. Somit lässt sich (2a) schreiben als:

(2b) $\dfrac{\Delta P_t}{P_{t-1}} = \dfrac{\Delta M_t^n}{M_{t-1}^n}$

Das Preisniveau verändert sich demnach mit derselben Rate wie die nominelle Geldmenge. Es steigt in jeder Periode um 5%. Die reale Geldmenge bleibt unverändert. Das Preisniveau ist nach 10 Perioden auf ca. 1,63 gestiegen.

c) Verändert sich die Umlaufsgeschwindigkeit bei konstanter nomineller Geldmenge und konstantem Realeinkommen, so folgt aus der Gleichung (2):

(2c) $\Delta P_t = \dfrac{M_{t-1}^n}{Y_{t-1}} \Delta v_{Mt}$

Da sich die Umlaufsgeschwindigkeit um $\Delta v_M = 0,2$ erhöht, steigt das Preisniveau somit um $\Delta P = 0,05$ (5%). Für eine Veränderung des Realeinkommens ergibt sich aus der Gleichung (2):

(2d) $= -\dfrac{P_{t-1}}{Y_{t-1} + \Delta Y_t} \Delta Y_t$

Bei $\Delta Y = 100$ erhöht sich das Preisniveau um $\Delta P \approx 0,0476$ (ca. 4,76 %). Die reale Geldmenge verringert sich im ersten Fall auf $M \approx 476,19$ und im zweiten Fall auf $M \approx 477,27$.

d) In Anlehnung an die Quantitätsgleichung (1) lässt sich die folgende Gleichung für das Geldmengenziel in einer Periode t formulieren:

(3) $M_t^n = \dfrac{P_t^u \cdot X_t^{pot}}{v_{Mt}^e}$

Hierin bezeichnen P_t^u das "unvermeidliche" Preisniveau, X_t^{pot} das reale Produktionspotenzial sowie v_{Mt}^e die erwartete Umlaufsgeschwindigkeit des Geldes.

Daraus lässt sich unmittelbar das folgende Ergebnis ablesen: Da das Produktionspotenzial und die Umlaufsgeschwindigkeit mit der gleichen Rate wachsen (2,5%), muss die nominelle Geldmenge mit der gleichen Rate wachsen wie das "unvermeidliche" Preisniveau, nämlich mit einer Rate von 3%. Ausgehend von einer nominellen Geldmenge in Höhe von $M^n_{t-1} = 500$ muss die Zentralbank somit in der (nächsten) Periode t ein Geldmengenziel von $M^n_t = 515$ realisieren.

Aufgabe 8.2

a) Wegen $Y = H + AB$ ergibt sich aus den Gleichungen (1) und (2) die Gleichung für die IS-Kurve:

$$(5) \quad Y = \frac{1}{1 - h_Y + m}(H^a + AB^a - h_r r) = 3700 - 10000r$$

Unter Berücksichtigung des Geldmarktgleichgewichts (3) und der Definition des realen Zinssatzes (4) folgt hieraus:

$$(6) \quad Y = \frac{1}{1 - h_Y + m + k_Y \frac{h_r}{k_i}}\left[H^a + AB^a + h_r\pi^e + \frac{h_r}{k_i}\left(\frac{M^n}{P} - L^a\right)\right]$$

Die Koeffizienten sind im Zeitablauf konstant. Alle übrigen Größen bzw. Parameter beziehen sich auf eine Periode t.

Setzt man in die Gleichung (6) die angegebenen Koeffizientenwerte und Daten ein, so ergibt sich in der Ausgangsperiode t = 0 ein Einkommen von Y = 3000. Da die nominelle Geldmenge und das Preisniveau mit derselben Rate zunehmen, verändert sich die reale Geldmenge $M = M^n/P$ nicht. Somit gilt auch in der Folgeperiode t = 1 ein Einkommen von Y = 3000. Aus den Gleichungen (3) und (4) erhält man: i = 0,12 (12%); r = 0,07 (7%). Die reale Geldmenge beträgt M = 1000.

b) Die nominelle Geldmenge erhöht sich in der Periode t = 1 auf $M^n = 1092$ und das Preisniveau steigt auf P = 1,05. Somit steigt die reale Geldmenge auf M = 1040. Gemäß Gleichung (6) steigt folglich das Einkommen auf Y = 3050. Aus den Gleichungen (3) und (4) folgt: i = 0,115 (11,5%); r = 0,065 (6,5%).

c) Die reale Geldmenge steigt auch hier auf M = 1040. Da die erwartete Inflationsrate auf 0,092 (9,2%) zunimmt, ergibt sich jetzt gemäß (6) ein Einkommen von Y = 3260. Für die beiden Zinssätze folgt jetzt: i = 0,136 (13,6%); r = 0,044 (4,4%). Trotz der expansiven Geldpolitik kommt es in diesem Beispiel zu einem Anstieg des nominellen Zinssatzes. Allerdings wird eine Verringerung des realen Zinssatzes bewirkt.

d) Gemäß Gleichung (6) steigt das Einkommen auf Y = 3100. Aus (3) und (4) folgt dann: i = 0,13 (13%); r = 0,08 (8%).

Aufgabe 8.3

a) Aus der Gleichung (2) folgt bei konstantem Aufschlagssatz und konstanter Arbeitsproduktivität:

(2a) $\pi_t = \omega_t^n$

Setzt man hierin unter Berücksichtigung von (3) die Gleichung (1) ein, so erhält man die kurzfristige Phillips-Kurve:

(4) $\pi_t = \lambda_P \pi_t - 1 + 0{,}5(u_t^o - u_t)$

Langfristig stimmen die tatsächliche und die erwartete Inflationsrate überein, so dass dann aus (4) die langfristige Phillips-Kurve folgt:

(5) $\pi_t = \dfrac{0{,}5}{1 - \lambda_P}\,(u_t^o - u_t)$

Bei $u = u^o = 0{,}08$ ist die Inflationsrate in beiden Fällen null.

b) Die folgende Tabelle zeigt die Ergebnisse für den neoklassischen Fall mit $\lambda_P = 1$ und für den keynesianischen Fall $\lambda_P = 0{,}8$.

	π in %	
t	$\lambda_P = 1$	$\lambda_P = 0{,}8$
0	0	0
1	2,0	2,0
2	4,0	3,6
3	6,0	$\approx 4{,}9$
4	8,0	$\approx 5{,}9$
5	10,0	$\approx 6{,}7$
⋮	⋮	⋮
n	?	10,0

Im neoklassischen Fall erhöht sich die Inflationsrate fortlaufend, so dass kein neuer Gleichgewichtswert erreicht wird. Im keynesianischen Fall stellt sich schließlich (im neuen Gleichgewicht) eine Inflationsrate von $\pi = 0{,}1$ (10%) ein.

c) Wie zu b), so ergibt sich in der Periode $t = 1$ eine Inflationsrate von $\pi = 0{,}02$ (2%). Diese Inflationsrate gilt auch in der nächsten Periode bzw. im neuen Gleichgewicht. Aus der Gleichung (4) folgt dann, dass die tatsächliche Arbeitslosenquote im neoklassischen Fall wieder auf $u = 0{,}08$ (8%) ansteigt. Im keynesianischen Fall gilt demgegenüber gemäß (4):

(4a) $u_t = u_t^o - \dfrac{1 - \lambda_P}{0{,}5}\,\pi_{t-1}$

Hieraus ergibt sich im neuen Gleichgewicht eine Arbeitslosenquote von $u = 0{,}072$ (7,2%). Während also die einmalige wirtschaftspolitische Maßnahme im neoklassischen Fall keine nachhaltige Wirkung auf die Beschäftigung hat, ergibt sich im keynesianischen Fall eine nachhaltige Verringerung der Arbeitslosenquote.

Aufgabe 8.4

a) Da die erwartete Inflationsrate zu jeder Zeit (kurz-, mittel- und langfristig) der Wachstumsrate der nominellen Geldmenge entspricht, wird auch zu jeder Zeit ein Gleichgewicht auf der langfristigen Phillips-Kurve realisiert. Die tatsächliche Inflationsrate entspricht demnach zu jeder Zeit der Wachstumsrate der nominellen Geldmenge. Analog zu den Lösungsgleichungen (4) und (4a) der Aufgabe 8.3 gilt hier:

$$(6) \quad \pi_t = \lambda_P \hat{M}_t^n + 0{,}5(u_t^o - u_t)$$

$$(6a) \quad u_t = u_t^o - \frac{1 - \lambda_P}{0{,}5} \hat{M}_t^n$$

Für $\hat{M}^n = 0{,}05$ folgt hieraus: $u = u^o = 0{,}08$ und $\pi = 0{,}05$ für $\lambda_P = 1$ sowie $u = 0{,}06$ und $\pi = 0{,}05$ für $\lambda_P = 0{,}8$.

b) Aus den Gleichungen (6) und (6a) ergibt sich für $\hat{M}^n = 0{,}08$:
$u = u^o = 0{,}08$ und $\pi = 0{,}08$ für $\lambda_P = 1$ sowie $u = 0{,}048$ und $\pi = 0{,}08$ für $\lambda_P = 0{,}8$.

Aufgabe 8.5

a) Im Gleichgewicht stimmen die erwartete und die tatsächliche Inflationsrate überein. Die Inflationsrate entspricht der Wachstumsrate der nominellen Geldmenge: $\pi = 0{,}04$ (4%). Die Arbeitslosenquote ist im langfristigen Gleichgewicht auf dem natürlichen Niveau von 8%. Für die Lohnquote gilt:

$$(4) \quad LQ_t = \frac{w_t^n A_t}{P_t X_t} = \frac{w_t^n}{P_t a_t} = 0{,}7 \ (70\%)$$

A_t ist der Arbeitsinput und X_t ist die Produktion bzw. das Inlandsprodukt jeweils in der Periode t. X_t / A_t ist die Arbeitsproduktivität.

b1) Bei monetärer Alimentierung einer Inflationsbeschleunigung bleibt die Arbeitslosenquote unverändert: $u = 0{,}08$ (8%). Aus den Gleichungen (1) bis (3) folgt dann für die Inflationsrate:

$$(5) \quad \pi_t = \pi_{t-1} + \gamma_{vt} \quad \text{oder: } \Delta\pi_t = \gamma_{vt} = 0{,}02 \ (2\%)$$

Die Inflationsrate erhöht sich somit in jeder Periode um 2%. Da die Veränderungsrate des Nominallohnsatzes erst mit einer Verzögerung von einer Periode an die Inflationsentwicklung angepasst wird, verringert sich die Lohnquote. Sie sinkt auf $LQ \approx 0{,}686$ (68,6%).

b2)Wenn keine monetäre Alimentierung stattfindet, kann sich die Inflationsrate nicht erhöhen. Sie bleibt mit $\pi = 0,04$ (4%) konstant. Für diesen Fall ergibt sich aus den Gleichungen (1) bis (3) die folgende Arbeitslosenquote:

(6) $u_t = u^\circ + \dfrac{\gamma_{vt}}{0,5} = 0,08 + 0,04 = 0,12$ (12%)

Der Gleichung (2) lässt sich entnehmen, dass die Veränderungsrate des Nominallohnsatzes um den Betrag des autonomen Verteilungszuschlags der Unternehmungen geringer sein muss als die Inflationsrate: $\omega^n = 0,02$ (2%). Da nun das Preisniveau immer relativ stärker steigt als der Nominallohnsatz, sinkt die Lohnquote gemäß Gleichung (4) von Periode zu Periode.

c) Analog zum Aufgabenteil (b) verändert sich die Inflationsrate bei monetärer Alimentierung in jeder Periode wie folgt:

(5a) $\Delta\pi_t = \gamma_{vt} + \lambda_{vt} = 0,04$ (4%)

Findet keine monetäre Alimentierung statt, so bleibt die Inflationsrate unverändert, wogegen die Arbeitslosenquote auf folgenden Wert ansteigt:

(6a) $u_t = u^\circ + \dfrac{\gamma_{vt} + \lambda_{vt}}{0,5} = 0,16$ (16%)

Die Gleichung (2) macht unmittelbar deutlich, dass die Veränderungsrate des Nominallohnsatzes trotz eines autonomen Verteilungszuschlags der Gewerkschaften in jeder Periode geringer sein muss als die Inflationsrate, wenn die Unternehmungen einen autonomen Verteilungszuschlag durchsetzen. Infolgedessen geht auch in diesem Fall sowohl mit als auch ohne monetäre Alimentierung die Lohnquote von Periode zu Periode zurück.

d) Aus den Gleichungen (1) bis (2) lässt sich ersehen, dass die gleichen Wirkungen auf die Inflationsrate oder auf die Arbeitslosenquote auftreten wie im Fall eines autonomen Verteilungszuschlags der Unternehmungen. Es treten somit die gleichen Ergebnisse wie im Aufgabenteil b) auf. In den obigen Gleichungen (5) und (6) sind lediglich die autonomen Verteilungszuschläge auszutauschen.
Es ergibt sich jetzt allerdings eine andere Wirkung auf die Lohnquote: Diese bleibt trotz des autonomen Verteilungszuschlags in der Lohnfunktion unverändert. Das ergibt sich unmittelbar aus den Gleichungen (2) und (4). Die Inflationsrate steigt in jeder Periode um den Betrag der Veränderungsrate des Nominallohnsatzes. Somit nehmen der Nominallohnsatz und das Preisniveau in jeder Periode im gleichen Verhältnis zu. Eine Erhöhung der Lohnquote ist in dem hier untersuchten Beispiel somit nicht möglich. Vielmehr hat der fortlaufende Versuch, die Lohnquote durch den autonomen Verteilungszuschlag zu steigern, eine starke Inflationsbeschleunigung und/oder eine Erhöhung der Arbeitslosigkeit zur Folge.

Ob und inwieweit die Inflationsrate und/oder die Arbeitslosenquote zunimmt, hängt - wie oben erläutert - davon ab, ob und in welchem Ausmaß eine Inflationsbeschleunigung monetär alimentiert wird.

Aufgabe 8.6

a) Aus den Gleichungen (1) und (2) folgt für $Y = H + AB$ die Gleichung für die IS-Kurve:

$$(5) \quad Y = \frac{1}{1 - h_Y + m}(H^a + AB^a - h_r r) = 5060 - 1000r$$

Diese Gleichung lässt sich in vereinfachter Darstellung auch wie folgt schreiben:

$$(5a) \quad Y = Y^a - y_r r \qquad \text{mit: } Y^a = \frac{H^a + AB^a}{1 - h_Y + m} = 5060; \ y_r = \frac{h_r}{1 - h_Y + m} = 1000$$

Aus den Gleichungen (3), (4) und (5a) ergibt sich die Gleichung für die aggregierte Güternachfrage:

$$(6) \quad Y = \frac{1}{1 + k_Y \frac{y_r}{k_i}}\left[Y^a + \frac{y_r}{k_i}\left(\frac{M^n}{P} - L^a\right) + y_r \pi^e\right] = 4000 + 0{,}8\frac{M^n}{P}$$

b) Aus der Gleichung (6) folgt: $Y_0 = 5000$. Für diesen Wert ergibt sich aus der Gleichung (3): $i_0 = 0{,}1$ (10%). Gemäß (4) gilt somit: $r_0 = 0{,}06$ (6%). Die reale Geldmenge beträgt $M_0 = 1250$.

c) Änderungen der autonomen Nachfragekomponente Y^a, der realen Geldmenge M und der erwarteten Inflationsrate bewirken gemäß Gleichung (6) die folgende Veränderung der aggregierten Güternachfrage:

$$(7) \quad \Delta Y = \frac{k_i}{k_i + k_Y y_r}\Delta Y^a + \frac{y_r}{k_i + k_Y y_r}\Delta M + \frac{y_r k_i}{k_i + k_Y y_r}\Delta \pi^e = 0{,}8\Delta Y^a + 0{,}8\Delta M + 800\Delta \pi^e$$

Wenn die nominelle Geldmenge in der Periode $t = 1$ mit 8% steigt, erhöht sie sich gegenüber der Vorperiode auf $M_1^n = 1350$. Da die Inflationsrate $\pi = 0{,}04$ (4%) beträgt, nimmt das Preisniveau in der Periode $t = 1$ gegenüber der Vorperiode auf $P = 1{,}04$ zu. Die reale Geldmenge steigt somit auf $M_1 \approx 1298{,}08$. Sie hat sich um $\Delta M_1 \approx 48{,}08$ erhöht. Die aggregierte Güternachfrage nimmt folglich um $\Delta Y \approx 38{,}46$ zu.

Um die Abhängigkeit der aggregierten Güternachfrage von der Inflationsrate darzustellen, wird die Veränderung der realen Geldmenge mit Blick auf die Veränderung der nominellen Geldmenge und die Veränderung des Preisniveaus beschrieben. Hierfür gilt:

$$(8) \quad \Delta M_1 = \frac{1}{P_1}(\Delta M_1^n - M_0 \Delta P_1) \qquad \text{mit: } P_1 = P_0 + \Delta P_1$$

Der Index 0 steht für die Ausgangsperiode $t = 0$ und der Index 1 für die Folgeperiode $t = 1$. Durch Erweiterung von (8) erhält man:

$$(8a) \quad \Delta M_1 = \frac{M_0^n}{P_1}(\hat{M}_1^n - \pi_1) \qquad \text{mit: } \pi_1 = \frac{\Delta P_1}{P_0}$$

Setzt man diesen Wert in die Gleichung (7) ein, so erhält man bei $\Delta Y^a = 0$ und $\Delta \pi^e = 0$:

$$(7a) \quad \Delta Y_1 = \frac{y_r}{k_i + k_Y y_r} \frac{M_0^n}{P_1}(\hat{M}_1^n - \pi_1)$$

Setzt man hierin $\hat{M}_1^n = 0{,}08$ und $\pi_1 = 0{,}04$ ein, so erhält man: $\Delta Y_1 \approx 38{,}46$. Das Einkommen steigt somit auf $Y_1 \approx 5038{,}46$.

Aufgabe 8.7

a) Im Gleichgewicht auf der langfristigen Phillips-Kurve stimmen die tatsächliche und die erwartete Inflationsrate überein. Aus den Gleichungen (1) und (2) folgt dann:

$$(4) \quad \pi_t = \frac{\lambda_u}{1 - \lambda_P}(u^\circ - u_t)$$

Bei $\lambda_P = 1$ gilt: $u_t = u^\circ$. Bei $\lambda_P = 0{,}8$ folgt aus (4):

$$(4a) \quad \pi_t = 2{,}5(u^\circ - u_t)$$

b) In der Lohnfunktion (2) muss die Differenz zwischen natürlicher und tatsächlicher Arbeitslosenquote durch den folgenden Ausdruck ersetzt werden:

$$(5) \quad u^\circ - u_t = \frac{X_t - X^\circ}{aA_v}$$

Unter Berücksichtigung von Gleichung (1) ergibt sich dann:

$$(6) \quad X_t = X^\circ + \frac{aA_v}{\lambda_u}(\pi - \lambda_P \pi_t^e) = 5000 + 11000(\pi_t - \lambda_P \pi_t^e)$$

Diese Gleichung beschreibt das **kurzfristige** aggregierte Güterangebot. Langfristig stimmen die tatsächliche und die erwartete Inflationsrate überein, so dass sich dann das folgende **langfristige** aggregierte Güterangebot ergibt:

$$(7) \quad X_t = X^\circ + (1 - \lambda_P)\frac{aA_v}{\lambda_u}\pi_t = 5000 + 11000(1 - \lambda_P)\pi_t$$

Bei $\lambda_P = 1$ gilt somit langfristig $X_t = X^\circ$. Bei $\lambda_P = 0{,}8$ besteht demgegenüber auch langfristig ein positiver Zusammenhang zwischen dem aggregierten Güterangebot und der Inflationsrate.

c) Eine Erhöhung des "natürlichen" Produktionsniveaus bewirkt eine Verschiebung sowohl der kurzfristigen als auch der langfristigen aggregierten Angebotskurve nach rechts.

Aufgabe 8.8

a) Im (langfristigen) Gleichgewicht müssen die folgenden Bedingungen erfüllt sein:

- Die Inflationsrate entspricht der Wachstumsrate der nominellen Geldmenge.
- Die erwartete Inflationsrate entspricht der tatsächlichen Inflationsrate.
- Die erwartete Inflationsrate und die autonome aggregierte Güternachfrage bleiben unverändert.

Im Ausgangsgleichgewicht gilt : $\pi = \pi^e = \hat{M} = 0{,}05$ (5%); $\Delta Y^a = 0$; $\Delta \pi^e = 0$

Aus der Gleichung (2) lassen sich für diese Bedingungen das Einkommen und die Produktion im Gleichgewicht bestimmen:

(2a) $Y_g = X_g = X^o + x_\pi(1 - \lambda_P)\pi_g = 5000 + 9000(1 - \lambda_P)\pi_g$

Bei einer Inflationsrate von $\pi_g = 0{,}05$ (5%) im Ausgangsgleichgewicht ergibt sich somit: $Y_g = X_g = X^o = 5000$ im neoklassischen Fall mit $\lambda_P = 1$ sowie $Y_g = X_g = 5090$ im keynesianischen Fall mit $\lambda_P = 0{,}8$.

Aus der Gleichung (5) lässt sich für den neoklassischen und den keynesianischen Fall jeweils ein nomineller Zinssatz von $i = 0{,}12$ (12%) bestimmen. Gemäß Gleichung (6) ergibt sich somit ein realer Zinssatz von $r = 0{,}07$ (7%).

b1) Langfristiges Gleichgewicht:

Da die Wachstumsrate der nominellen Geldmenge nicht verändert wird, bleibt die Inflationsrate langfristig unverändert. Aus der Gleichung (2a) folgt dann auch, dass langfristig keine Wirkungen auf das Einkommen und auf die Produktion auftreten.

Es ergeben sich allerdings Wirkungen auf den nominellen und den realen Zinssatz sowie auf die reale Geldmenge. Für den realen Zinssatz und den nominellen Zinssatz gilt gemäß den Gleichungen (4) und (6):

(4a) $\Delta r = \dfrac{1}{y_r}(\Delta Y^a - \Delta Y_g) = 0{,}001(\Delta Y^a - \Delta Y_g)$

(6a) $\Delta i = \Delta r + \Delta \pi_g$

Da das Einkommen Y langfristig unverändert bleibt, hat die Erhöhung der aggregierten autonomen Güternachfrage um $\Delta Y^a = 100$ eine Zunahme des realen Zinssatzes um $\Delta r = 0{,}1$ (10 Prozentpunkte) zur Folge; der reale Zinssatz steigt somit auf $r = 0{,}17$ (17%). Gemäß Gleichung (6a) nimmt der nominelle Zinssatz ebenfalls um $\Delta i = 0,1$ (10 Prozentpunkte) auf $i = 0,22$ (22%) zu.

Der Zinsanstieg, der sich im Laufe der Anpassungsprozesse bis zum Erreichen des neuen langfristigen Gleichgewichts ergibt, ist letztlich auf eine Verringerung der realen Geldmenge zurückzuführen. Die Veränderung der realen Geldmenge kann aus der Gleichung (5) bestimmt werden:

(5a) $\Delta M = k_Y \Delta Y_g - k_i \Delta i = 0,25 \Delta Y_g - 1000 \Delta i$

Da das Einkommen langfristig unverändert bleibt, geht die Erhöhung des nominellen Zinssatzes um 10 Prozentpunkte mit einer Veränderung der realen Geldmenge um $\Delta M = -100$ einher. Die reale Geldmenge sinkt somit auf $M = 1150$.

b2) **Kurzfristige Wirkungen:**

Löst man die Gleichungen (1) bis (3) nach Y und nach π auf, so ergeben sich die folgenden Lösungsgleichungen für eine beliebige Periode t:

(7) $Y_t = \dfrac{1}{\mu_M + x_\pi} [\mu_M X^\circ + x_\pi (Y_{t-1} + \mu_Y \Delta Y_t^a + \mu_M \hat{M}_t^n + \mu_\pi \Delta \pi_{t-1} - \mu_M \lambda_P \pi_{t-1})]$

$= 0,1 X^\circ + 0,9 (Y_{t-1} + \Delta Y_t^a) + 900 (\hat{M}_t^n + \Delta \pi_{t-1} - \lambda_P \pi_{t-1})$

(8) $\pi_t = \dfrac{1}{\mu_M + x_\pi} (Y_{t-1} - X^\circ + \mu_Y \Delta Y_t^a + \mu_M \hat{M}_t^n + \mu_\pi \Delta \pi_{t-1} + x_\pi \lambda_P \pi_{t-1})$

$= 0,0001 (Y_{t-1} - X^\circ + \Delta Y_t^a) + 0,1 (\hat{M}_t^n + \Delta \pi_{t-1}) + 0,9 \lambda_P \pi_{t-1}$

Hieraus lässt sich berechnen, dass eine Erhöhung der autonomen aggregierten Güternachfrage um $\Delta Y^a = 100$ in der Periode $t = 1$ eine Zunahme des Einkommens um $\Delta Y = 90$ und einen Anstieg der Inflationsrate um $\Delta \pi = 0,01$ (1 Prozentpunkt) zur Folge hat.

Das Einkommen erhöht sich somit im neoklassischen Fall auf $Y_1 = 5090$ sowie im keynesianischen Fall auf $Y_1 = 5180$. Die Inflationsrate steigt in beiden Fällen auf $\pi_1 = 0,06$ (6%).

b3) **Mittelfristige Anpassungen:**

Die Wirkungen auf das Einkommen und auf die Inflationsrate lassen sich für alle Perioden des Anpassungsprozesses ebenfalls aus den Gleichungen (7) und (8) bestimmen. Für den neoklassischen Fall ergeben sich:

Periode	Y	π in %
2	5081,00	6,90
3	5063,90	$\approx$7,61
4	$\approx$5040,41	$\approx$8,06

Fazit: Die Erhöhung der autonomen aggregierten Güternachfrage hat nur kurzfristig einen positiven Einkommenseffekt. Langfristig bzw. nach Erreichen des langfristigen Gleichgewichts wird wieder das Ausgangseinkommen erreicht. Der vorübergehend auftretende positive Einkommenseffekt wird letztlich durch eine Verringerung der realen Geldmenge und eine damit bewirkte Erhöhung des nominellen und des realen Zinssatzes zunichte gemacht.

Die Verringerung der realen Geldmenge ergibt sich aus der Tatsache, dass die Inflationsrate kurzfristig und im mittelfristigen Anpassungsprozess über den Gleichgewichtswert von 5% hinaus ansteigt, wogegen die Zuwachsrate der nominellen Geldmenge unverändert bei 5% bleibt.

c1) **Langfristiges Gleichgewicht:**

Langfristig erhöht sich die Inflationsrate auf den Wert der neuen Wachstumsrate der nominellen Geldmenge: $\pi_g = 0{,}08$ (8%). Gemäß Gleichung (2a) bleiben das Einkommen und die Produktion im neoklassischen Fall mit $\lambda_P = 1$ jedoch unverändert. Nur im keynesianischen Fall mit $\lambda_P = 0{,}8$ ergibt sich eine Zunahme des Einkommens um $\Delta Y = 54$ auf $Y_g = 5144$.

Gemäß Gleichung (4a) bleibt der reale Zinssatz im neoklassischen Fall unverändert, wogegen sich im keynesianischen Fall eine Verringerung um $\Delta r = 0{,}054$ (5,4 Prozentpunkte) auf $r_g = 0{,}016$ (1,6%) ergibt. Gemäß Gleichung (6a) verändert sich somit der nominelle Zinssatz im neoklassischen Fall um $\Delta i = 0{,}03$ (3 Prozentpunkte) auf $i_g = 0{,}15$ (15%). Im keynesianischen Fall kommt es demgegenüber zu einer Zinssenkung um $\Delta i = -0{,}024$ (2,4 Prozentpunkte) auf $i_g = 0{,}096$ (9,6%).

Die reale Geldmenge geht im neoklassischen Fall um $\Delta M = -30$ auf $M_g = 1220$ zurück. Im keynesianischen Fall steigt sie demgegenüber um $\Delta M = 37{,}5$ auf $M_g = 1287{,}5$.

c2) **Kurzfristige Wirkungen:**

Die Wirkungen der Erhöhung der Wachstumsrate der nominellen Geldmenge in der Periode $t = 1$ können aus den Gleichungen (7) und (8) bestimmt werden. Sowohl im neoklassischen als auch im keynesianischen Fall ergibt sich in dieser Periode ein Einkommenseffekt von $\Delta Y = 27$ und eine Wirkung auf die Inflationsrate von $\Delta \pi = 0{,}003$ (0,3 Prozentpunkte). Das Einkommen steigt somit im neoklassischen Fall auf $Y_1 = 5027$ und im keynesianischen Fall auf $Y_1 = 5117$. Die Inflationsrate nimmt in beiden Fällen auf $\pi_1 = 0{,}053$ (5,3%) zu.

c3) **Mittelfristige Anpassungsprozesse:**

Die Wirkungen auf Y und π ergeben sich auch hier für jede Periode t aus den Gleichungen (7) und (8).

Fazit: Im *neoklassischen* Fall ergibt sich nur temporär ein Einkommenseffekt. Langfristig wird wieder das Gleichgewichtseinkommen der Ausgangssituation erreicht. Der reale Zinssatz bleibt hier langfristig ebenfalls unverändert, wogegen der nominelle Zinssatz um den Betrag der Zunahme der Inflationsrate ansteigt. Damit ist aber zugleich impliziert, dass die reale Geldmenge letztlich gesunken ist. Bewirkt wird das durch eine Zunahme der Inflationsrate, die im Anpassungsprozess zeitweilig über der Wachstumsrate der nominellen Geldmenge liegt. Letztlich entspricht jedoch die Inflationsrate wieder der Wachstumsrate der nominellen Geldmenge.

Im *keynesianischen* Fall erhöht sich das Einkommen auch langfristig. Hier kommt es sowohl zu einer Verringerung des realen als auch des nominellen Zinssatzes. Damit ist gleichzeitig impliziert, dass die reale Geldmenge angestiegen ist. Bewirkt wird dieser Anstieg durch Inflationsraten, die im gesamten Anpassungsprozeß durchschnittlich hinter der Wachstumsrate der nominellen Geldmenge zurückbleiben. Aber auch hier entspricht letztlich die Inflationsrate der Wachstumsrate der nominellen Geldmenge.

d1) **Langfristige Wirkungen:**

Da die Wachstumsrate der nominellen Geldmenge nicht verändert wird, bleibt langfristig auch die Inflationsrate unverändert bei $\pi_g = 0{,}05$. Gemäß Gleichung (2a) ergibt sich sowohl im neoklassischen als auch im keynesianischen Fall eine Erhöhung des Gleichgewichtseinkommens um $\Delta Y_g = \Delta X° = 100$.

d2) **Kurzfristige Wirkungen:**

Diese Wirkungen lassen sich mit Hilfe der Gleichungen (7) und (8) bestimmen. Sowohl im neoklassischen als auch im keynesianischen Fall ergeben sich: $\Delta Y_1 = 10$; $\Delta \pi_1 = -0{,}01$. Die Inflationsrate verringert sich somit kurzfristig um einen Prozentpunkt auf $\pi_1 = 0{,}04$.

Aufgrund der zeitweise, d.h., in der kurzen und auch in der mittleren Frist eintretenden Verringerung der Inflationsrate erhöht sich die reale Geldmenge. Hierdurch kommt es zu einer Verringerung des realen Zinssatzes, die ihrerseits eine Erhöhung der aggregierten Güternachfrage bewirkt. Infolge dieser Erhöhung nimmt allerdings die Inflationsrate im Laufe der Anpassungsprozesse wieder zu und nähert sich schließlich dem ursprünglichen Wert von $\pi = 0{,}05$ an. Sobald das erreicht ist, wird die reale Geldmenge nicht mehr verändert, und deshalb kommt es dann auch nicht mehr zu weiteren Zinsänderungen.

Aufgabe 8.9

a) Es ergeben sich die gleichen Ergebnisse wie zum Teil a) der Aufgabe 8.8.

b) Langfristig treten auch hier die gleichen Ergebnisse auf wie im Teil b) zur Aufgabe 8.8. In den mittelfristigen Anpassungsprozessen kommt es jedoch zu anderen Wirkungen. Analog zu den Gleichungen (7) und (8) erhält man durch Auflösung der Gleichungen (1) bis (3) nach Y und π für das konkrete Beispiel und für die hier zugrunde gelegte rationale Erwartungshypothese die folgenden Lösungsgleichungen für eine beliebige Periode t:

(7a) $Y_t = 0,1X° + 0,9(Y_{t-1} + \Delta Y_t^a) + 900(1 - \lambda_P) \hat{M}_t^n + 900\Delta\hat{M}_t^n$

(8a) $\pi_t = 0,0001(Y_{t-1} - X° + \Delta Y_t^a) + (0,1 + 0,9\lambda_P) \hat{M}_t^n + 0,1\Delta\hat{M}_t^n$

Kurzfristig (in t = 1) steigen das Einkommen um $\Delta Y = 90$ und die Inflationsrate um $\Delta\pi = 0,01$, wenn die autonome aggregierte Güternachfrage um $\Delta Y^a = 100$ erhöht wird.

Für den neoklassischen Fall mit $\lambda_P = 1$ erhält man:

Periode	Y	π in %
2	5081,00	5,90
3	5072,90	$\approx$5,81
4	5065,00	$\approx$5,73

Fazit: Die temporäre Einkommenserhöhung wird auch hier durch eine Reduktion der realen Geldmenge letztlich zunichte gemacht.

c) Langfristig ergeben sich wiederum die gleichen Ergebnisse wie zum Teil c) der Aufgabe 8.8. Die **kurzfristigen** Wirkungen in der Periode t = 1 sowie die Wirkungen in den mittelfristigen Anpassungsprozessen lassen sich aus den Gleichungen (7a) und (8a) bestimmen. Im neoklassischen Fall ergibt sich ein Einkommenseffekt von $\Delta Y = 27$ und ein Inflationseffekt von $\Delta\pi = 0,033$ (3,3 Prozentpunkte). Im keynesianischen Fall erhält man demgegenüber: $\Delta Y = 32,4$; $\Delta\pi = 0,0276$ (2,76 Prozentpunkte).

d) Im **langfristigen** Gleichgewicht treten die gleichen Ergebnisse ein wie zuvor im Aufgabenteil c). **Kurzfristig** und im **mittelfristigen** Anpassungsprozess treten allerdings andere Wirkungen auf. Diese lassen sich bestimmen, wenn die Gleichungen (1) bis (3) nach Y und π aufgelöst werden. Für das konkrete Beispiel ergeben sich dabei die folgenden Lösungsgleichungen für die Periode t:

(7b) $Y_t = 0,1X° + 0,9(Y_{t-1} + \Delta Y_t^a) + 900(1 - \lambda_P) \hat{M}_t^n$

(8b) $\pi_t = 0,0001(Y_{t-1} - X° + \Delta Y_t^a) + (0,1 + 0,9\lambda_P) \hat{M}_t^n$

Diese Gleichungen machen deutlich, dass die Erhöhung der Wachstumsrate der nominellen Geldmenge im **neoklassischen** Fall auch kurz- und mittelfristig keinen Einkommenseffekt hat und die Inflationsrate bereits kurzfristig auf den neuen Gleichgewichtswert von $\pi = 0{,}08$ (8%) angehoben wird.

Im **keynesianischen** Fall mit $\lambda_P = 0{,}8$ steigt das Einkommen kurzfristig (in $t = 1$) infolge der Erhöhung der Wachstumsrate der nominellen Geldmenge auf 8% um $\Delta Y = 5{,}4$ auf $Y_1 = 5095{,}4$. Die Inflationsrate erhöht sich in dieser Periode um $\Delta\pi = 0{,}0246$ auf $\pi_1 = 0{,}0746$ (7,46%). Im weiteren Verlauf der Anpassungsprozesse werden dann das Einkommen und die Inflationsrate sukzessive erhöht, bis die neuen Gleichgewichtswerte mit $Y_g = 5144$ und $\pi_g = 0{,}08$ erreicht sind.

Aufgabe 8.10

a1) Theoretische Grundlagen

Von grundlegender Bedeutung ist die Funktion für das langfristige aggregierte Güterangebot gemäß der Phillips-Kurven-Theorie:

(1) $X_t = X^\circ + \eta(1 - \lambda_P)\pi_t$ mit: $t = g$

Mit dem Zeitindex $t = g$ wird angedeutet, dass es sich hier um das aggregierte Güterangebot in einer Periode handelt, in der ein langfristiges Gleichgewicht besteht.

Die Funktion für die aggregierte Güternachfrage lautet:

(2) $Y_t = Y_{t-1} + \mu_Y \Delta Y^a + \mu_M(\hat{M}_t^n - \pi_t) + \mu_\pi \Delta\pi_t^e$

Langfristig besteht zwischen dem aggregierten Güterangebot und der Inflationsrate nur dann eine positive Beziehung, wenn der Koeffizient $\lambda_P < 1$ ist. Das ist aber nur im keynesianischen Fall gegeben, in dem im Rahmen der Lohnpolitik keine vollständige Reallohnsicherung erfolgt oder durchgesetzt werden kann. Im neoklassischen Modell entspricht demgegenüber das langfristige aggregierte Güterangebot dem "natürlichen" Produktionsniveau X°. Zwischen der aggregierten Güternachfrage und der Inflationsrate besteht sowohl im neoklassischen als auch im keynesianischen Modell eine negative Beziehung.

a2) Fiskalpolitik:

Eine expansive Fiskalpolitik drückt sich in einer positiven Veränderung der autonomen aggregierten Güternachfrage aus: $\Delta Y^a > 0$. Wenn jedoch die Wachstumsrate der nominellen Geldmenge nicht erhöht wird, kann es langfristig auch keine Veränderung der Inflationsrate geben. Gemäß Gleichung (1) folgt dann zwingend, dass sich langfristig auch die Produktion und dementsprechend das Einkommen und die Beschäftigung nicht verändern können. Die expansive Fiskalpolitik bleibt somit langfristig ohne Wirkung auf Einkommen und Beschäftigung.

Diese Wirkungslosigkeit resultiert daraus, dass im Zuge der expansiven fiskalpolitischen Maßnahmen während der kurz- und mittelfristigen Anpassungsvorgänge der reale Zinssatz steigt und es dadurch zu einer zinsinduzierten Verdrängung von Güternachfrage exakt im Umfang der zusätzlichen Staatsausgaben kommt. Der Zinsanstieg resultiert aus einer Verringerung der realen Geldmenge, die durch eine Inflationsrate bewirkt wird, die im kurz- und langfristigen Anpassungsprozeß zeitweise über der Inflationsrate im Gleichgewicht liegt.

Die entsprechenden Wirkungen auf Y und π werden mit Hilfe der Abbildung 1 verdeutlicht.

Abbildung 1

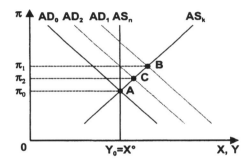

AS_n ist die langfristige neoklassische und AS_k ist die langfristige keynesianische Angebotskurve. In der Ausgangssituation möge ein Gleichgewicht im Punkt A bestehen. Infolge der expansiven Fiskalpolitik möge sich die aggregierte Nachfragekurve nach AD_1 verschieben. Es sei vereinfachend angenommen, dass AS_k zugleich die kurzfristige Angebotskurve darstellt. Somit würde sich kurzfristig ein temporäres Gütermarktgleichgewicht im Punkt B ergeben. Die Inflationsrate steigt somit kurzfristig auf π_1 an. Gleichzeitig ergibt sich kurzfristig auch ein positiver Einkommenseffekt.

Da die Inflationsrate mit π_1 über der Inflationsrate im Gleichgewicht und dementsprechend über der Wachstumsrate der nominellen Geldmenge liegt, kommt es zu einer Verringerung der realen Geldmenge, die sich in einer Verschiebung der aggregierten Nachfragekurve nach links ausdrückt. So wird beispielsweise in der nächsten Periode des Anpassungsprozesses die aggregierte Nachfragekurve AD_2 realisiert. Wäre (vereinfachend) kurzfristig weiterhin die Angebotskurve AS_k gültig, so würde sich jetzt ein temporäres Gleichgewicht im Punkt C einstellen. Die Inflationsrate läge nun bei π_2. Da sie immer noch höher ist als die Wachstumsrate der nominellen

Geldmenge, wird die reale Geldmenge erneut reduziert. Wiederum verschiebt sich dadurch die aggregierte Nachfragekurve nach links. Dieser Vorgang hält so lange an, bis wieder die Ausgangssituation im Punkt A mit AD_0 hergestellt ist.

a3) **Geldpolitik:**

Langfristig steigt die Inflationsrate auf den Wert der neuen Wachstumsrate der nominellen Geldmenge. Wie die Gleichung (1) erkennen lässt, ergibt sich daraus jedoch im neoklassischen Fall mit $\lambda_P = 1$ keine Wirkung auf die Produktion und dementsprechend auf das Einkommen und die Beschäftigung. Eine positive Wirkung tritt allerdings im keynesianischen Fall mit $\lambda_P < 1$ auf. Diese Ergebnisse sind in der Abbildung 2 dargestellt worden.

Abbildung 2

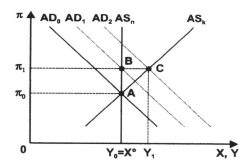

Infolge der expansiven Geldpolitik verschiebt sich die aggregierte Nachfragekurve im **neoklassischen** Fall nach AD_1. Ein Gleichgewicht stellt sich hier im Punkt B bei einer Inflationsrate von π_1 ein, die der neuen Wachstumsrate der nominellen Geldmenge entspricht.

Im **keynesianischen** Fall verschiebt sich die aggregierte Nachfragekurve noch weiter nach rechts, hier nach AD_2. Es ergibt sich im Punkt C ein neues langfristiges Gleichgewicht. Die Inflationsrate steigt jedoch genauso weit an wie im neoklassischen Fall. Anders als im neoklassischen Fall, ergibt sich hier jedoch ein positiver Einkommenseffekt.

Dass die expansive Geldpolitik im neoklassischen Fall keine positive Wirkung auf die Produktion, das Einkommen und die Beschäftigung hat, lässt sich wie folgt erklären: Werden die Inflationserwartungen gemäß der rationalen Erwartungshypothese gebildet, hat die expansive Geldpolitik unmittelbar eine Erhöhung der Inflationserwartungen zur Folge. Hierdurch kommt es zu Lohnsteigerungen, durch die dann die tatsächliche Inflationsrate erhöht wird. Werden die Inflationserwartungen gemäß der adaptiven Erwartungshypothese gebildet, so ist zu bedenken, dass die expansive Geldpolitik schon kurzfristig eine Zunahme der Inflationsrate bewirkt, die dann mit einer gewissen zeitlichen Verzögerung zu einer Anpassung der Inflationserwartungen führt. Auch hier kommt es somit nachfolgend zu Lohnsteigerungen. Da im neoklassischen Modell eine Politik der vollständigen Reallohnsicherung betrieben wird, kommen die Lohnanpassungen erst dann zum Stillstand, wenn wieder ein Gleichgewicht bei der natürlichen Arbeitslosenquote bzw. beim natürlichen Produktionsniveau erreicht ist.

Im keynesianischen Ansatz kommt es zwar ähnlich wie im neoklassischen Ansatz ebenfalls zu einer Anpassung der Inflationserwartungen, aber es findet keine vollständige Reallohnsicherung statt. Deshalb bietet sich hier ein Spielraum für eine Erhöhung der Produktion, des Einkommens und der Beschäftigung. Letztlich sind die Lohnzuwächse und die Zunahme der Inflationsrate zwar genauso hoch wie im neoklassischen Fall, aber dieses resultiert nur zu einem gewissen Teil aus der Reallohnsicherungspolitik und mit dem übrigen Teil aus der Verbesserung der Arbeitsmarktsituation.

a4) **Fazit:**

Langfristig lassen sich positive Einkommens- und Beschäftigungseffekte nur im keynesianischen Fall einer nicht vollständigen Reallohnsicherungspolitik und das auch nur mit Hilfe einer expansiven Geldpolitik erreichen. Die expansive Fiskalpolitik allein ist demgegenüber auch im keynesianischen Fall wirkungslos. Im neoklassischen Fall einer vollständigen Reallohnsicherung haben weder die expansive Fiskalpolitik und die expansive Geldpolitik jeweils für sich allein noch die Kombination aus diesen beiden Politiken langfristig eine positive Wirkung auf Einkommen und Beschäftigung.

b) Eine langfristige Erhöhung der Produktion und des Einkommens ist sowohl im neoklassischen als auch im keynesianischen Fall dadurch möglich, dass das "natürliche" Produktionsniveau gesteigert wird. Dazu müssen die Produktionsbedingungen der Volkswirtschaft verbessert werden. Das lässt sich mit geeigneten angebotspolitischen Maßnahmen erreichen, beispielsweise

- mit einer Lohnpolitik, die auf verbesserte Arbeitsmarktbedingungen nicht mit Lohnerhöhungen reagiert und dabei eine geringere natürliche Arbeitslosenquote ohne Lohnsteigerungen akzeptiert

- durch Kostenentlastungen der Unternehmungen im Rahmen einer Verringerung staatlicher Abgaben, z.B. von Unternehmenssteuern

- durch eine Verbesserung der Investitionsbedingungen bzw. des Investitionsklimas, z.B. durch eine Verstetigung der Wirtschaftspolitik, die eine bessere Vorhersehbarkeit erlaubt

- durch eine Unternehmenspolitik, die vermehrt auf Produkt- und Verfahrensinnovationen gerichtet ist

- durch Intensivierung des freien Wettbewerbs, z.B. durch Abbau von Subventionen an schrumpfende, nicht wettbewerbsfähige Unternehmungen zugunsten einer Verringerung der Abgabenbelastungen für Produktionsbereiche mit relativ hohen Wachstumschancen und relativ hoher internationaler Wettbewerbsfähigkeit.

Die Wirkungen der Steigerung des "natürlichen" Produktionsniveaus sind in der Abbildung 3 skizziert worden.

Abbildung 3

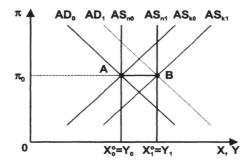

Die Inflationsrate bleibt langfristig unverändert, wenn die Wachstumsrate der nominellen Geldmenge beibehalten wird. Bei dieser Inflationsrate verschiebt sich die aggregierte Angebotskurve sowohl im neoklassischen als auch im keynesianischen Fall um den gleichen Betrag, hier um die Strecke AB, nach rechts. Im Zuge der kurz- und mittelfristigen Anpassungsprozesse erhöht sich auch die aggregierte Güternachfrage. Das ist wie folgt zu erklären: Kurz- und mittelfristig kommt es zeitweise zu einer Verringerung der Inflationsrate unter den langfristigen Gleichgewichtswert von π_0. Dadurch erhöht sich die reale Geldmenge, wodurch eine Verringerung des realen Zinssatzes und demzufolge eine Erhöhung der zinsinduzierten Güternachfrage bewirkt wird.

Letztlich wird auf dem Gütermarkt ein neues (langfristiges) Gleichgewicht im Punkt B bei dem höheren Einkommen Y_1 realisiert. Im Vergleich zu den nachfragepolitischen Maßnahmen erweisen sich somit die angebotspolitischen Maßnahmen, sofern sie mit einer Erhöhung des "natürlichen" Produktionsniveaus verbunden sind, im Hinblick auf eine Einkommenserhöhung als erfolgreich. Wenn allerdings die Produktions- und Einkommenssteigerung aus Verfahrensinnovationen resultiert, die mit einer Erhöhung der Arbeitsproduktivität verbunden sind, muss es nicht zwingend zu einer Ausweitung der Beschäftigung kommen. Mehr Beschäftigung wird sich in der Regel nur erzielen lassen, wenn die angebotspolitischen Maßnahmen auch eine Verbesserung der Arbeitsmarktbedingungen implizieren, z.B. in Form einer Steigerung von Mobilität und Qualifikation sowie von Lohnkostenentlastungen.

Kapitel 9

Konjunkturschwankungen

A. Kontrollfragen

9.1 Was versteht man unter dem Produktionspotenzial einer Volkswirtschaft? Wie unterscheidet sich dieses vom Bruttoinlandsprodukt?

9.2 Welche Produktionsfaktoren werden bei der Schätzung des gesamtwirtschaftlichen Produktionspotenzials gemäß der Konzeption des Sachverständigenrates zugrunde gelegt?

9.3 Welchen Zusammenhang beschreibt das Gesetz von Okun? Wie wird auf dieser Grundlage das gesamtwirtschaftliche Produktionspotenzial bestimmt?

9.4 In welche Phasen lässt sich ein Konjunkturzyklus einteilen? Wie verlaufen der Kitchin-Zyklus, der Juglar-Zyklus und der Kondratieff-Zyklus? Welche dieser empirisch begründeten Zyklen sind als Konjunkturzyklen zu bezeichnen?

9.5 Welche Bedingungen müssen erfüllt sein, damit sich eine Volkswirtschaft in einer Situation eines allgemeinen Gleichgewichts befindet? Formulieren Sie die Bedingungen für das Gleichgewicht auf dem gesamtwirtschaftlichen Gütermarkt und dem gesamtwirtschaftlichen Arbeitsmarkt.

9.6 Welcher Zusammenhang besteht zwischen den Wachstumsraten der Güternachfrage, der Arbeitsproduktivität, des Arbeitspotenzials, der Kapitalproduktivität und des Sachkapitals, wenn sich eine Volkswirtschaft im Gleichgewichtswachstum entwickelt?

9.7 Wie wird in der neoklassischen Theorie einerseits und in der keynesianischen Theorie andererseits die Möglichkeit beurteilt, dass die Wirkungen von Konjunkturstörungen durch die Marktkräfte kompensiert werden?

9.8 Wodurch können Konjunkturstörungen verursacht werden? Nennen Sie einige Störfaktoren.

9.9 Wie wird die private Konsumgüternachfrage mit der absoluten, der relativen und der permanenten Einkommenshypothese sowie mit der

Lebenszyklushypothese erklärt? Welche Rolle spielt jeweils die zeitliche Perspektive?

9.10 Welche Bedeutung haben die verschiedenen Einkommenshypothesen der privaten Konsumgüternachfrage für die Erklärung von Konjunkturschwankungen?

9.11 Was versteht man unter der "Built-in-Flexibilität" des Steuer- und des staatlichen Transfersystems? Wie wirkt sich diese Flexibilität in einem Konjunkturzyklus aus?

9.12 Welche Erklärung liefert das Akzelerationsprinzip für die private Investitionsgüternachfrage? Machen Sie deutlich, wie sich zyklische Schwankungen der Produktion auf die Nettoinvestitionen auswirken, wenn dieses Prinzip gültig ist. Welche Annahmen liegen dem Akzelerationsprinzip zugrunde?

9.13 Wie hoch ist der optimale Kapitalstock einer Volkswirtschaft, wenn die Produktionsprozesse mit einer substitutionalen Produktionsfunktion (z.B. vom Cobb-Douglas-Typ) beschrieben werden und wenn die Unternehmungen das Ziel der Gewinnmaximierung verfolgen?

9.14 Wie lautet der Akzelerator, wenn die Unternehmungen einer Volkswirtschaft einen optimalen Kapitalstock (gemäß Frage 9.13) realisieren? Wie wirken sich Veränderungen des realen Zinssatzes, des Abschreibungssatzes oder der Produktionselastizität des Sachkapitals auf diesen Akzelerator aus?

9.15 Wie werden die Nettoinvestitionen und wie werden die Bruttoinvestitionen im Investitionsmodell des flexiblen Akzelerators bzw. des optimalen Kapitalstocks erklärt? Welcher Zusammenhang besteht zwischen den Bruttoinvestitionen auf der einen und der Produktionselastizität, dem Abschreibungssatz, dem realen Zinssatz und dem bereits vorhandenen Kapitalstock auf der anderen Seite?

9.16 Worin besteht mit Blick auf Einkommen und auf Sachkapazitäten die "doppelte Funktion" der Nettoinvestitionen?

9.17 Welche Bedeutung hat das Zusammenwirken des Akzelerators und des Multiplikators für konjunkturelle Schwankungen in einer Volkswirtschaft? Hat dieses Zusammenwirken eine stabilisierende oder eine destabilisierende Wirkung auf den Konjunkturverlauf, wenn eine Konjunkturstörung aufgetreten ist?

9.18 Welche Rolle spielen Lagerinvestitionen im Konjunkturzyklus? Welche Konjunkturschwankungen werden durch Lagerinvestitionen ausgelöst, wenn eine Konjunkturstörung aufgetreten ist?

9.19 Warum treten die Wirkungen der staatlichen Konjunkturpolitik im allgemeinen mit gewissen zeitlichen Verzögerungen auf? Worauf sind solche Verzögerungen zurückzuführen? Welchen Einfluss haben die Wirkungsverzögerungen auf den Konjunkturverlauf?

9.20 Welche Einflüsse wirken auf die konjunkturelle Entwicklung ein, wenn eine Störung in Form einer autonomen Verringerung der Güternachfrage aufgetreten ist und die Nominallöhne an Veränderungen der Arbeitsmarktlage sowie des Güterpreisniveaus angepasst werden? Erläutern Sie diese Einflüsse mit Hilfe der AD- und der AS-Kurve.

9.21 Wie wird eine Rezessionsphase, die durch eine exogene Störung der Wirtschaftsentwicklung eingeleitet worden ist, durch Reaktionen der privaten Investitionsnachfrage, der privaten Konsumnachfrage, der staatlichen Ausgaben- und Einnahmenpolitik sowie der außenwirtschaftlichen Zusammenhänge verstärkt?

9.22 Was versteht man unter dem unteren Wendepunkt der Konjunktur? Welche stabilisierenden Wirkungen gehen von den privaten Investitionen, vom privaten Konsum, von den Staatsaktivitäten und von den außenwirtschaftlichen Zusammenhängen auf die Konjunkturentwicklung aus, wenn bereits eine Konjunkturumkehr am unteren Wendepunkt eingetreten ist?

9.23 Treten in einer Aufschwungphase durch die private Investitionsnachfrage, die private Konsumgüternachfrage, die staatlichen Aktivitäten und/oder die außenwirtschaftlichen Zusammenhänge Einflüsse auf, die einen "selbsttragenden" Aufschwung implizieren und damit auf eine weitere Konjunkturverbesserung hinwirken?

9.24 Warum kommt es im Zuge eines Aufschwungs häufig zu einem "Überschießen" der Konjunkturentwicklung? Durch welche Aktionen bzw. Reaktionen auf Seiten der privaten Investitionsnachfrage, der privaten Konsumnachfrage, der Staatsaktivitäten sowie der Außenwirtschaft wird ein solches Überschießen hervorgerufen bzw. ein konjunktureller Boom ausgelöst?

9.25 Was versteht man unter dem oberen Wendepunkte der Konjunktur? Durch welche Einflüsse wird nach einer Boomphase eine Konjunkturumkehr eingeleitet? Erläutern Sie, warum von der privaten Investitionsnachfrage, der privaten Konsumgüternachfrage, den Staatsaktivitäten und der Außenwirtschaft im Bereich des oberen Wendepunktes konjunkturstabilisierende und konjunkturdämpfende Wirkungen ausgehen.

B. Übungsaufgaben

Aufgabe 9.1

Im Hinblick auf die gesamte Güternachfrage wird zwischen einem autonomen Teil und der privaten Konsumgüternachfrage unterschieden:

(1) $D_t = D_t^a + C_t$

Die private Konsumgüternachfrage wird **alternativ** wie folgt erklärt:

(2) $C_t = 0.6 Y_{t-1}$

(2a) $C_t = 200 + 0.5 Y_{t-1}$

(2b) $C_t = 200 + 0.3 Y_0 + 0.2 Y_{t-1}$ mit: $Y_0 = 2000$

(2c) $C_t = 0.6 YP$ mit: $YP = 2000$

Im Gleichgewicht gilt:

(3) $Y_t = D_t$

a) Welche Einkommenshypothesen kommen in den Konsumfunktionen zum Ausdruck?

b) Bestimmen Sie das Gleichgewichtseinkommen für jede der zugrunde gelegten Konsumfunktionen.

c) In einer bestimmten Periode, die mit t = 1 bezeichnet sei, trete einmalig eine Konjunkturstörung in Form einer Verringerung der autonomen Güternachfrage um $\Delta D^a = -100$ auf. Welche Wirkungen ergeben sich in dieser Periode und in den Folgeperioden auf das Einkommen Y? Stellen Sie die Wirkungen in einer Sequenztabelle dar. Wird ein neues Gleichgewichtseinkommen erreicht? Falls ja, wie hoch ist das neue Gleichgewichtseinkommen? Vergleichen und erklären Sie die Ergebnisse zu den verschiedenen Konsumfunktionen und machen Sie dabei insbesondere deutlich, welche Bedeutung die private Konsumgüternachfrage für die Konjunkturentwicklung hat.

Aufgabe 9.2

Die gesamte private Investitionsnachfrage möge sich aus einem autonomen Teil I^a und einem induzierten Teil gemäß dem Akzelerationsprinzip in Höhe von $\beta \cdot \Delta X$ zusammensetzen:

(1) $I_t = I^a + \beta \Delta X_t$

In allen Perioden gelte: $I^a = 500$; $\beta = 2$.

In einem Beobachtungszeitraum von 16 Perioden wird im Rahmen eines Konjunkturzyklus die folgende Entwicklung der Produktion beobachtet:

X_1	X_2	X_3	X_4	X_5	X_6	X_7	X_8
2175	2175	2150	2100	2000	1900	1850	1825
X_9	X_{10}	X_{11}	X_{12}	X_{13}	X_{14}	X_{15}	X_{16}
1825	1850	1900	2000	2100	2150	2175	2175

Machen Sie deutlich, wie sich die private Investitionsnachfrage im Laufe des Konjunkturzyklus entwickelt. Stellen Sie die Entwicklungen der Produktion X und der Investitionsnachfrage I graphisch dar. Erklären Sie den Zusammenhang zwischen der Investitionsnachfrage und der Produktionsentwicklung.

Aufgabe 9.3

Die Produktionsfunktion lautet:

(1) $\quad X = \gamma R^{0,5} A^{0,5} \quad$ mit: $\gamma = 3$

Der nominelle Gewinn der Unternehmungen einer Volkswirtschaft ergibt sich aus der folgenden Gleichung:

(2) $\quad Q^n = PX - iP_R R - d_R P_R R + R\Delta P_R - FIX$

Das Güterpreisniveau P und das Preisniveau P_R für das Sachkapital mögen übereinstimmen und betragen in der Ausgangssituation: $P = P_R = 1$. Die beiden Preisniveaus verändern sich jeweils mit einer Rate von 4%. Der nominelle Zinssatz i und der Abschreibungssatz d_R sind konstant: $i = 0,14$; $d_R = 0,15$. Die sonstigen Kosten sind mit FIX = 300 fest vorgegeben.

Die Unternehmungen verfolgen das Ziel der Gewinnmaximierung.

a) Bestimmen Sie in allgemeiner Form den optimalen Kapitalstock, die optimale Produktion (das geplante Güterangebot) sowie den Akzelerator. Berechnen Sie diese Größen für die angegebenen Daten und Koeffizientenwerte sowie für einen Arbeitsinput von A = 100 oder A = 121. Machen Sie die Herleitung des optimalen Kapitalstocks und der optimalen Produktion in einer graphischen Darstellung deutlich.

b) Wie hoch sind die Nettoinvestitionen, wenn der Arbeitsinput von A = 100 auf A = 110,25 erhöht wird?

c) Welche Wirkungen auf den optimalen Kapitalstock, die optimale Produktion, den Akzelerator und den Nettoinvestitionen ergeben sich, wenn der reale Zinssatz um einen Prozentpunkt auf $i - \pi = 0,09$ (9%) verringert wird? Der Arbeitsinput beträgt A = 100.

d) Wie werden der optimale Kapitalstock, die optimale Produktion, der Akzelerator und die Nettoinvestitionen beeinflusst, wenn es zu einer Produktivitätssteigerung in Form einer Erhöhung des Effizienzparameters von $\gamma = 3$ auf $\gamma = 3,2$ kommt? Der Arbeitsinput beträgt wiederum $A = 100$.

Aufgabe 9.4

Gemäß dem Konjunkturmodell von Hicks werden die folgenden Gleichungen zugrunde gelegt:

(1) $Y_t = D_t^a + D_t^{ind} + I_t^{netto}$

(2) $D_t^a = D_0^a (1 + \varphi)^t$

(3) $D_t^{ind} = \eta Y_{t-1} = 0,175 Y_{t-1}$

(4) $I_t^{netto} = 1,23 \Delta Y_{t-1}$

In der Ausgangsperiode $t = 0$ haben die autonome Güternachfrage und das Einkommen die folgenden Werte: $D_0^a = 2400$; $Y_0 = 3000$. Die Nettoinvestitionen haben in der Periode $t = 1$ ein Wert von $I_t^{netto} = 90$. In der Ausgangsperiode $t = 0$ sowie in den beiden Folgeperioden $t = 1$ und $t = 2$ entwickelt sich die Volkswirtschaft entlang des Gleichgewichtspfades mit einer Wachstumsrate von $\varphi = 0,025$ (2,5%).

a) Berechnen Sie den Supermultiplikator von Hicks und vergleichen Sie ihn mit dem einfachen Multiplikator. Bestimmen Sie die autonome Güternachfrage, die induzierte Güternachfrage und das Einkommen in den Perioden $t = 1$ und $t = 2$ sowie die Nettoinvestitionen in der Periode $t = 2$.

b) In der Periode $t = 3$ möge eine autonome Nachfragestörung auftreten. Die autonome Güternachfrage wächst in dieser Periode mit einer Rate, die geringer ist als die Gleichgewichtsrate in Höhe von 2,5%. Es sei angenommen, dass die autonome Güternachfrage lediglich auf $D_3^a = 2550$ zunimmt. In der Folgeperiode $t = 4$ möge die autonome Güternachfrage jedoch wieder auf das Gleichgewichtsniveau von $D_4^a = 2649,15$ ansteigen und sich in den weiteren Perioden mit der Gleichgewichtswachstumsrate entwickeln.
Bestimmen Sie das Gleichgewichtseinkommen, das tatsächlich realisierte Einkommen, die induzierte Güternachfrage, die autonome Güternachfrage, die Nettoinvestitionen und die Veränderung des tatsächlichen Einkommens in den Perioden $t = 3$ bis $t = 20$.
Vergleichen Sie (in einer graphischen Darstellung) die Entwicklung des Gleichgewichtseinkommens und des tatsächlichen Einkommens. Erläutern Sie, wie es aus der Wechselwirkung von Akzelerator und Multiplikator zu der beobachteten konjunkturellen Schwankung kommt.

Aufgabe 9.5

In Anlehnung an das Lagerhaltungsmodell von Metzler werden die folgenden Gleichungen zugrunde gelegt:

(1) $D_t = D_t^a + C_t + I_t^L$

(2) $X_t = D_t^a + C_{t-1} + I_t^L$

(3) $C_t = cX_t = 0,5\, X_t$

(4) $I_t^L = D_{t-1} - X_{t-1} = C_{t-1} - C_{t-2}$

(5) $LAG_t = LAG_{t-1} + I_t^L + X_t - D_t$

In der Ausgangsperiode t = 1 bzw. in der Ausgangssituation besteht ein Gleichgewicht mit D = X. In dieser Periode sind die autonome Güternachfrage mit $D_1^a = 1000$ und der Lagerbestand mit $LAG_1 = 200$ vorgegeben.

a) Wie hoch sind die Produktion, die Konsumnachfrage und die Lagerinvestitionen in der Ausgangsperiode t = 1?

b) Bestimmen Sie die Produktion für eine beliebige Periode t in Abhängigkeit von der autonomen Güternachfrage dieser Periode und der Produktion in den Vorperioden.

c) In der Periode t = 3 möge die autonome Güternachfrage dauerhaft auf $D^a = 950$ sinken. Machen Sie in einer Sequenztabelle deutlich, welche Wirkungen sich in den folgenden Perioden bis zur Periode t = 20 auf die Produktion, die gesamte Güternachfrage, die Konsumgüternachfrage, die Lagerinvestitionen und den Lagerbestand ergeben.

Aufgabe 9.6

Die aggregierte Güternachfrage in einer Periode t setzt sich aus der privaten Güternachfrage und der staatlichen Güternachfrage zusammen. Im Gleichgewicht entspricht D der Produktion X sowie dem Einkommen Y:

(1) $X_t = Y_t = D_t = D_t^{pr} + G_t$

Die private Güternachfrage enthält einen autonomen Teil sowie einen einkommensabhängigen Teil:

(2) $D_t^{pr} = D_t^a + \eta Y_t = D_t^a + 0,375 Y_t$

Es wird angenommen, dass der Staat seine Ausgaben im Rahmen der Konjunkturpolitik dann verändert, wenn es zu einer Abweichung des tatsächlichen Einkommens von der Zielgröße Y^Z kommt. Der Einsatz der staatlichen Maß-

nahmen erfolgt allerdings mit einer gewissen zeitlichen Verzögerung, die durch
t – j beschrieben wird:

(3) $\Delta G_t = \phi \, (Y^Z - Y_{t-j}) = 0,2 \, (Y^Z - Y_{t-j})$

Das Einkommensziel sei mit $Y^Z = 2000$ fest vorgegeben. In der Ausgangsperiode t = 1 sowie in den beiden folgenden Perioden t = 2 und t = 3 beträgt die
autonome private Güternachfrage: $D^a = 750$. Die Staatsausgaben sind in diesen
Perioden mit G = 500 vorgegeben.

a) Bestimmen Sie das Einkommen in der Ausgangsperiode t = 1 sowie in den
   beiden folgenden Perioden.

b) In den Perioden t = 4 bis t = 19 (über einen Zeitraum von 16 Perioden)
   finden autonome Änderungen der privaten Güternachfrage statt, die eine
   Abweichung vom Ausgangswert $D^a = 750$ implizieren und die folgende
   zyklische Entwicklung durchlaufen:

D^a_4	D^a_5	D^a_6	D^a_7	D^a_8	D^a_9	D^a_{10}	D^a_{11}
720	700	690	685	690	700	720	750
D^a_{12}	D^a_{13}	D^a_{14}	D^a_{15}	D^a_{16}	D^a_{17}	D^a_{18}	D^a_{19}
780	800	810	815	810	800	780	750

In den folgenden Perioden bleibt die autonome private Güternachfrage
unverändert auf dem Ausgangsniveau $D^a = 750$ erhalten.
Welche Wirkungen ergeben sich im Zeitablauf auf das Einkommen, wenn
die Staatsausgaben nicht verändert werden?

c) Welche Wirkungen hat die unter b) beschriebene konjunkturelle Störung auf
   das Einkommen, wenn die staatliche Konjunkturpolitik gemäß Gleichung
   (3) eingesetzt wird und dabei eine zeitliche Verzögerung von einer Periode
   (j = 1) oder alternativ von drei Perioden (j = 3) auftritt? Stellen Sie die
   zeitliche Entwicklung des Einkommens in einer Sequenztabelle für 20
   Perioden dar.

Aufgabe 9.7

Die aggregierte Güternachfrage wird mit der folgenden Gleichung beschrieben:

(1) $D_t = D^a_t - 1000 \, P_t$

Das Preisniveau ergibt sich gemäß der Mark-up-Hypothese:

(2) $P_t = (1 + \gamma_t) \, \dfrac{w^n_t}{a}$

Für den Nominallohnsatz und den Aufschlagssatz liegen die folgenden Gleichungen zugrunde:

(3) $w_t^n = [(1 + \pi_t^e + 0{,}0008(X - X^o)_{t-1}] \, w_{t-1}^n$

(4) $\gamma_t = \eta \dfrac{X_t}{X^o} = 0{,}25 \dfrac{X_t}{X^o}$

Schließlich wird die erwartete Inflationsrate gemäß der adaptiven Erwartungshypothese gebildet:

(5) $\pi_t^e = \pi_{t-1}^e + 0{,}6 \, (\pi_{t-1} - \pi_{t-1}^e)$

Fest vorgegeben sind die Arbeitsproduktivität mit a = 40 sowie das "natürliche" Einkommensniveau mit $Y^* = 2000$.

In der Ausgangsperiode t = 1 bzw. in der Ausgangssituation möge ein Gleichgewicht mit den folgenden Daten vorliegen: $w^n = 32$; $\pi = 0$; $\pi^e = 0$; $Y^a = 3000$.

a) Berechnen Sie das Einkommen und das Preisniveau der Ausgangssituation bzw. in der Ausgangsperiode t = 1.

b) Die autonome Güternachfrage steigt in der Periode t = 2 auf $Y^a = 300$ und wird in den folgenden Perioden auf diesem höheren Niveau gehalten. Welche Wirkungen ergeben sich in der Periode t = 2 sowie in den folgenden Perioden bis t = 20 auf das Einkommen, das Preisniveau und den Nominallohnsatz? Stellen Sie die Wirkungen in einer Sequenztabelle dar.

c) Wie hoch sind das Einkommen, das Preisniveau und der Nominallohnsatz, wenn nach der unter b) genannten konjunkturellen Störung schließlich ein neues Gleichgewicht erreicht wird? Stellen Sie die Ausgangssituation, die konjunkturelle Störung in der Periode t = 2, die Wirkungen dieser Störung in den Perioden t = 2 und t = 3 sowie das neue Gleichgewicht mit Hilfe der AD- und der AS-Kurve graphisch dar. Erläutern Sie diese Wirkungen ausführlich.

Aufgabe 9.8

Durch eine externe Störung gleitet eine Volkswirtschaft in eine Rezession ab, der sich ein Konjunkturzyklus anschließt.

a) Machen Sie deutlich, durch welche Einflüsse die Rezession verstärkt bzw. vorangetrieben und durch welche Einflüsse die Rezession möglicherweise gebremst wird.

b) Ist zu erwarten, dass die Rezession ohne diskretionäre konjunkturpolitische Aktivitäten des Staates und der Zentralbank überwunden wird? Falls ja, welche Kräfte führen den konjunkturellen Umschwung herbei?

c) Gehen Sie davon aus, dass der Tiefpunkt der Rezession bereits durchschritten worden ist. Welche Einflüsse können jetzt einen selbsttragenden konjunkturellen Aufschwung bewirken? Durch welche Einflüsse könnte andererseits der Aufschwung gefährdet werden?

d) Besteht im konjunkturellen Aufschwung die Gefahr einer Inflation oder gar einer Inflationsbeschleunigung? Falls ja, was sind die Ursachen und welche Möglichkeiten gibt es, diese Gefahr zu bannen?

e) Nehmen Sie an, dass sich die Volkswirtschaft bereits seit einiger Zeit in einer Boomphase befindet. Wodurch ist diese Phase gekennzeichnet? Welche Einflüsse können auftreten, die den Boom beenden und einen konjunkturellen Abschwung im oberen Wendepunkt des Konjunkturzyklus herbeiführen?

C. Lösungen

Aufgabe 9.1

a) Gemäß Gleichung (2) ist die durchschnittliche Konsumquote (hier bezogen auf das Einkommen der Vorperiode) konstant. Gemäß Gleichung (2a) nimmt die durchschnittliche Konsumquote demgegenüber mit steigendem Einkommen ab. Hier handelt es sich um die absolute Einkommenshypothese. In der Gleichung (2b) kommt die relative Einkommenshypothese zum Ausdruck, da hier neben dem laufenden Einkommen (der Vorperiode) auch das bereits erreichte Einkommensniveau Y_0 Determinante der Konsumgüternachfrage ist. Schließlich zeigt die Gleichung (2c) die permanente Einkommenshypothese, bei der das laufende Einkommen unmittelbar keine Rolle spielt.

b) Im Gleichgewicht gilt: $Y_t = Y_{t-1}$. Für alle Konsumhypothesen ergibt sich dann ein Gleichgewichtseinkommen von $Y = 2000$.

c) Die Ergebnisse sind in der folgenden Tabelle wiedergegeben worden:

t	Y (2)	Y (2a)	Y (2b)	Y (2c)
0	2000,00	2000,00	2000,00	2000,00
1	1900,00	1900,00	1900,00	1900,00
2	1940,00	1950,00	1980,00	2000,00
3	1964,00	1975,00	1996,00	2000,00
4	1978,40	1987,50	1999,20	2000,00
5	1987,04	1993,75	1999,84	2000,00
⋮	⋮	⋮	⋮	⋮
n	2000,00	2000,00	2000,00	2000,00

Da die Konsumgüternachfrage gemäß den Gleichungen (2), (2a) und (2b) mit einer Verzögerung von einer Periode auf Änderungen des aktuellen

Einkommens reagiert, hat die einmalige konjunkturelle Störung in der Periode t = 1 in diesen Fällen länger anhaltende negative Wirkungen auf das Einkommen zur Folge. Die konjunkturelle Störung wird allerdings um so schneller überwunden, je geringer der Einfluss des laufenden Einkommens auf die Konsumgüternachfrage ist. Da bei der permanenten Einkommenshypothese ein solcher Einfluss überhaupt nicht vorliegt, wird hier die Störung bereits in der Periode t = 2 vollständig überwunden. Somit ergibt sich mit unterschiedlichen Anpassungsgeschwindigkeiten letztlich wieder ein neues Gleichgewicht bei Y = 2000.

Aufgabe 9.2

Die Tabelle und die Abbildung zeigen die Entwicklung der Produktion, der Veränderung der Produktion und der Investitionsnachfrage.

t	X	ΔX	I	t	X	ΔX	I
1	2175	–	–	9	1825	0	500
2	2175	0	500	10	1850	25	550
3	2150	−25	450	11	1900	50	600
4	2100	−50	400	12	2000	100	700
5	2000	−100	300	13	2100	100	700
6	1900	−100	300	14	2150	50	600
7	1850	−50	400	15	2175	25	550
8	1825	−25	450	16	2175	0	500

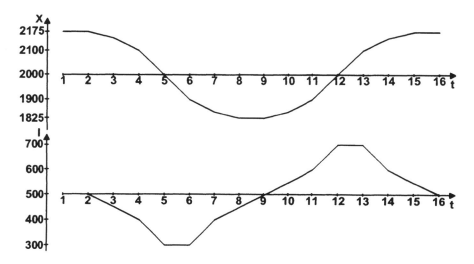

Die Investitionsnachfrage geht in den Perioden t = 2 bis t = 5 zurück, stabilisiert sich in der Periode t = 6 auf dem niedrigen Niveau von I = 300 und steigt in den Perioden t = 7 und t = 8 bereits wieder an, obwohl die Produktion noch weiter sinkt. Während die Produktion in der Periode t = 9 auf dem niedrigen Niveau von X = 1825 verharrt, nimmt die Investitionsnachfrage in dieser Periode noch weiter auf I = 500 zu. Analog dazu geht die Investitionsnachfrage in den Perioden t = 14 und t = 15 schon zurück, obwohl die Produktion noch weiter zunimmt. Die Erklärung ergibt sich aus dem Akzelerationsprinzip, wonach die Investitionsnachfrage nicht von der absoluten Produktionshöhe bzw. dem absoluten Einkommen, sondern von der Veränderung der Produktion (bzw. des Einkommens) abhängig ist. Der zeitlich versetzte zyklische Verlauf der Produktion und der Investitionsnachfrage wird in der graphischen Darstellung besonders deutlich.

Aufgabe 9.3

a) Aus der Gleichung (2) lässt sich die Bedingung für das Gewinnmaximum ableiten:

$$(3) \quad \frac{\delta X}{\delta R} = i - \pi + d_R \quad \text{mit: } \pi = \frac{\Delta P}{P} = \frac{\Delta P_R}{P_R}$$

Die Grenzproduktivität des Kapitals folgt aus der Gleichung (1):

$$(4) \quad \frac{\delta X}{\delta R} = 0{,}5\gamma A^{0,5} R^{-0,5} = i - \pi + d_R$$

Löst man diese Gleichung nach R auf, so erhält man den optimalen Kapitalstock:

$$(4a) \quad R = \left[\frac{0{,}5\gamma A^{0,5}}{i - \pi + d_R} \right]^2$$

Setzt man diesen Wert in die Produktionsfunktion (1) ein, so ergibt sich die optimale Produktion:

$$(5) \quad X = \frac{0{,}5\gamma^2 A}{i - \pi + d_R}$$

Gemäß Gleichung (1) lässt sich die Grenzproduktivität des Kapitals auch wie folgt schreiben:

$$(6) \quad \frac{\delta X}{\delta R} = \alpha \frac{X}{R} = \frac{\alpha}{\beta} = \frac{0{,}5}{\beta}$$

Bei Berücksichtigung der Gewinnmaximierungsbedingung (3) erhält man hieraus den Akzelerator:

$$(6a) \quad \beta = \frac{\alpha}{i - \pi + d_R} = \frac{0{,}5}{i - \pi + d_R}$$

Setzt man in die zuvor genannten Gleichungen die vorgegebenen Daten und Koeffizientenwerte ein, so erhält man

- für A = 100: R = 3600; X = 1800; β = 2
- für A = 121: R = 4356; X = 2178; β = 2

b) Der optimale Kapitalstock erhöht sich von R = 3600 auf R = 3969. Die Nettoinvestitionen betragen somit: $I^{netto} = 369$.

c) Aus den Gleichungen (4a), (5) und (6a) erhält man für $r = i - \pi = 0,09$ (9%): R = 3906,25; X = 1875; β = 2,08$\overline{3}$. Durch die Verringerung des realen Zinssatzes werden Nettoinvestitionen in Höhe von $I^{netto} = 306,25$ bewirkt.

d) Aus den Gleichungen (4a) und (5) folgt: R = 4096; X = 2048. Der Akzelerator wird nicht verändert. Die Produktivitätssteigerung führt somit zu einem höheren optimalen Kapitalstock. Dementsprechend fallen Nettoinvestitionen in Höhe von $I^{netto} = 496$ an.

Aufgabe 9.4

a) Im Rahmen des Hicks-Modells ergibt sich für die vorgegeben Daten der folgende Supermultiplikator:

$$(5) \quad \mu_S = \frac{Y_t}{D_0^a (1 + \varphi)^t} = 1,25$$

Der einfache Multiplikator lautet demgegenüber

$$(6) \quad \mu_E = \frac{1}{1 - \eta} = 1,\overline{21}$$

Die Nachfrage- und Einkommensgrößen für die Perioden $t = 1$ und $t = 2$ sind in der Tabelle zum Aufgabenteil b) wiedergegeben worden.

b) Die Wirkungen ergeben sich aus der folgenden Tabelle und der Abbildung. Ein Vergleich mit dem Gleichgewichtseinkommen Y_g macht deutlich, dass es in der Periode $t = 3$ zu einem Konjunkturabschwung kommt. Obwohl das tatsächliche Einkommen noch unter dem Gleichgewichtseinkommen liegt, findet jedoch in den Perioden $t = 4$ und $t = 5$ eine Konjunkturerholung statt. Diese hat einen so starken Akzeleratoreffekt zur Folge, dass es in der Periode $t = 6$ bereits zu einem Überschießen über den Gleichgewichtspfad kommt. Das tatsächliche Einkommen liegt bis zur Periode $t = 9$ über dem Gleichgewichtswert. Allerdings wird die Konjunktur von der Periode $t = 7$ an wieder gedämpft, so dass der Akzeleratoreffekt und der Multiplikatoreffekt dann zu einer relativen Verringerung des tatsächlichen Einkommens führen. Die Konjunkturschwankungen setzen sich anschließend in ähnlicher Weise fort, wobei allerdings die Schwankungsbreite sukzessive zunimmt.

t	Y_g	Y_t	D_t^{ind}	D_t^a	I_t^{netto}	ΔY_t
1	3075,00	3075,00	525,00	2460,00	90,00	75,00
2	3151,88	3151,88	538,13	2521,50	92,25	76,88
3	3230,67	3196,13	551,58	2550,00	94,56	78,80
4	3311,44	3262,91	559,32	2649,15	54,44	80,77
5	3394,23	3368,53	571,01	2715,38	82,14	82,79
6	3479,08	3502,66	589,49	2783,26	129,91	84,86
7	3566,06	3630,80	612,97	2852,85	164,98	86,98
8	3655,21	3717,16	635,39	2924,17	157,60	89,15
9	3746,59	3754,00	650,50	2997,27	106,23	91,38
10	3840,25	3774,47	656,95	3072,20	45,31	93,66
11	3936,26	3834,71	660,53	3149,01	25,17	96,01
12	4034,67	3972,91	671,08	3227,73	74,10	98,41
13	4135,53	4173,67	695,26	3308,43	169,98	100,39
14	4238,92	4368,46	730,39	3391,14	246,93	103,39
15	4344,90	4479,99	764,48	3475,92	239,59	105,97
16	4453,52	4483,99	784,00	3562,81	137,18	108,62
17	4564,86	4441,51	784,70	3651,88	4,92	111,34
18	4678,98	4468,18	777,26	3743,18	−52,26	114,12
19	4795,95	4651,51	781,93	3836,76	32,81	116,97
20	4915,85	4972,18	814,01	3932,68	225,49	119,90

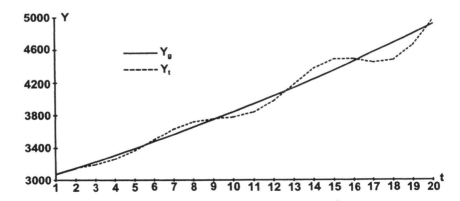

Aufgabe 9.5

a) Im Gleichgewicht gilt: $C_t = C_{t-1} = C_{t-2}$. Im Gleichgewicht sind somit die Lagerinvestitionen gemäß Gleichung (4) null. Aus den Gleichungen (2) und (3) folgt: X = 2000. Somit gilt: C = 1000.

b) Für die Produktion in einer beliebigen Periode t ergibt sich aus dem Modell:

(6) $X_t = D_t^a + X_{t-1} - 0,5 X_{t-2} = D_t^a + 0,5 X_{t-1} + 0,5 \Delta X_{t-1}$

c) Die Wirkungen sind in der folgenden Tabelle wiedergegeben worden:

t	X	D	D^a	C	I^L	LAG
1	2000,00	2000,00	1000,00	1000,00	0,00	200,00
2	2000,00	2000,00	1000,00	1000,00	0,00	200,00
3	1950,00	1925,00	950,00	975,00	0,00	225,00
4	1900,00	1875,00	950,00	950,00	−25,00	225,00
5	1875,00	1862,50	950,00	937,50	−25,00	212,50
6	1875,00	1875,00	950,00	937,50	−12,50	200,00
7	1887,50	1893,75	950,00	943,75	0,00	193,75
8	1900,00	1906,25	950,00	950,00	6,25	193,75
9	1906,25	1909,38	950,00	953,13	6,25	196,88
10	1906,25	1906,25	950,00	953,13	3,13	200,00
11	1903,13	1901,56	950,00	951,56	0,00	201,56
12	1900,00	1898,44	950,00	950,00	−1,56	201,56
13	1898,44	1897,66	950,00	949,22	−1,56	200,78
14	1898,44	1898,44	950,00	949,22	−0,78	200,00
15	1899,13	1899,61	950,00	949,61	0,00	199,61
16	1900,00	1900,39	950,00	950,00	0,39	199,61
17	1900,39	1900,59	950,00	950,20	0,39	199,81
18	1900,39	1900,39	950,00	950,20	0,20	200,00
19	1900,20	1900,10	950,00	950,10	0,00	200,10
20	1900,00	1899,90	950,00	950,00	−0,10	200,10

Aufgabe 9.6

a) Aus den Gleichungen (1) und (2) folgt:

(4) $Y_t = 1,6 \, (D_t^a + G_t) = 2000$

In der Ausgangsperiode $t = 1$ sowie in den beiden folgenden Perioden liegt ein Gleichgewicht mit $Y = 2000$ vor.

b) und c):

Die Wirkungen der konjunkturellen Störung der Einkommensentwicklung sind in der folgenden Tabelle wiedergegeben worden. Es wird deutlich, dass die konjunkturpolitische Aktivität des Staates den konjunkturellen Abschwung mit einer gewissen zeitlichen Verzögerung in den Perioden $t = 5$ bis $t = 7$ dämpft und anschließend in den Perioden $t = 8$ bis $t = 10$ einen früheren Aufschwung herbeiführt, dass sie aber anschließend eine eigenständige konjunkturelle Störung verursacht, durch die die zyklische Entwicklung des Einkommens schließlich verstärkt und verlängert wird. Diese Störung ist um so größer, je länger die zeitliche Verzögerung der Konjunkturpolitik ist.

t	D^a	Y(G = const.)	Y(j = 1)	Y(j = 3)
1	750,00	2000,00	2000,00	2000,00
2	750,00	2000,00	2000,00	2000,00
3	750,00	2000,00	2000,00	2000,00
4	720,00	1952,00	1952,00	1952,00
5	700,00	1920,00	1935,36	1920,00
6	690,00	1904,00	1940,05	1904,00
7	685,00	1896,00	1951,23	1911,36
8	690,00	1904,00	1974,84	1944,96
9	700,00	1920,00	1998,89	1991,68
10	720,00	1952,00	2031,24	2052,05
11	750,00	2000,00	2069,25	2117,66
12	780,00	2048,00	2095,09	2168,32
13	800,00	2080,00	2096,66	2183,67
14	810,00	2096,00	2081,73	2162,02
15	815,00	2104,00	2063,58	2116,15
16	810,00	2096,00	2035,23	2049,38
17	800,00	2080,00	2007,96	1981,54
18	780,00	2048,00	1973,41	1912,37
19	750,00	2000,00	1933,92	1848,56
20	750,00	2000,00	1955,07	1854,47

Auch die folgende Abbildung macht diese Entwicklung (jetzt bis zur Periode 35) deutlich.

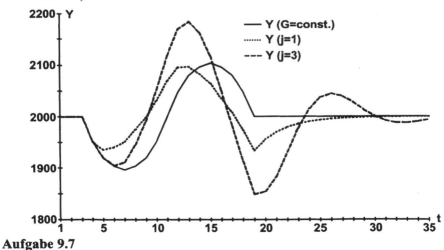

Aufgabe 9.7

a) Im Gleichgewicht entspricht das tatsächliche Einkommen dem "natürlichen" Einkommensniveau: $Y_g = Y^o = 2000$. Das Preisniveau im Gleichgewicht lässt sich für diesen Wert aus der Gleichung (1) gewinnen:

(1a) $P_g = 0,001 (Y^a - Y_g) = 1$ mit: $Y^a = 3000$; $Y_g = 2000$

b) Die Wirkungen sind in der folgenden Tabelle wiedergegeben worden:

t	Y^o	Y	P	w^n
1	2000,00	2000,00	1,0000	32,00
2	2000,00	2272,73	1,0273	32,00
3	2000,00	2058,29	1,2418	39,51
4	2000,00	1864,81	1,4352	46,56
5	2000,00	1817,36	1,4826	48,33
6	2000,00	1905,52	1,3945	45,05
7	2000,00	2004,14	1,2958	41,45
8	2000,00	2051,29	1,2487	39,75
9	2000,00	2049,59	1,2504	39,82
10	2000,00	2022,20	1,2778	40,80
11	2000,00	1994,04	1,3060	41,82
12	2000,00	1980,99	1,3190	42,29
13	2000,00	1984,23	1,3158	42,17
14	2000,00	1994,84	1,3052	41,79
15	2000,00	2003,59	1,2964	41,47
16	2000,00	2006,49	1,2935	41,37
17	2000,00	2004,55	1,2954	41,44
18	2000,00	2000,95	1,2991	41,57
19	2000,00	1998,39	1,3016	41,66
20	2000,00	1997,84	1,3022	41,68

c) Auch im neuen Gleichgewicht muss das tatsächliche Einkommen dem "natürlichen" Einkommensniveau entsprechen: $Y_g = 2000$.

Aus der Gleichung (1a) folgt dann für das Preisniveau: $P_g = 1,30$. Das Preisniveau ist somit um 30 Prozentpunkte gestiegen.

Für dieses Preisniveau erhält man aus der Gleichung (2) den Nominallohnsatz im neuen Gleichgewicht:

(2a) $w^n_g = \dfrac{40P_g}{1 + \gamma_t} = 32P_g = 41,6$

Die Ausgangssituation in der Periode $t = 1$, die Wirkungen der konjunkturellen Störungen in den Perioden $t = 2$ und $t = 3$ sowie das neue Gleichgewicht sind in der folgenden Abbildung dargestellt worden:

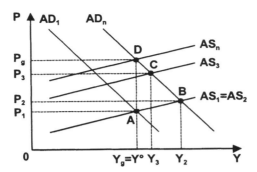

In der Ausgangssituation liegt ein Gleichgewicht im Punkt A vor. Infolge der konjunkturellen Störung wird die aggregierte Nachfragekurve nach AD_n verschoben. Die aggregierte Angebotskurve bleibt in der Periode t = 2, in der die Störung auftritt, zunächst noch unbeeinflusst. Somit ergibt sich im Punkt B ein temporäres Gleichgewicht beim Preisniveau P_2 (ca. 1,027) und beim Einkommen Y_2 (ca. 2272,73).

Da der Nominallohnsatz an die Arbeitsmarktlage sowie an die Inflationsentwicklung angepasst wird, verschiebt sich die AS-Kurve in der Periode t = 3 nach AS_3. Die aggregierte Nachfragekurve verändert sich demgegenüber nicht. Somit ergibt sich im Punkt C ein temporäres Gleichgewicht beim Preisniveau P_3 (ca. 1,242) und beim Einkommen Y_3 (ca. 2058,29). Die Lohn- und Preisanpassung hat also zur Folge, dass die aggregierte Güternachfrage weiter zurückgedrängt wird.

Aufgrund der Lohn- und Preisanpassungen verschiebt sich die aggregierte Angebotskurve - allerdings mit zyklischen Schwankungen - schließlich nach AS_n. Das neue Gleichgewicht wird somit im Punkt D erreicht. Das Preisniveau ist auf $P_g = 1,30$ gestiegen, wogegen das Einkommen wieder auf den Ausgangswert zurückgegangen ist.

Die Lohn- und Preisanpassungen gehen so weit, dass die autonome Erhöhung der Güternachfrage schließlich durch die preisinduzierten Wirkungen vollständig kompensiert wird.

Aufgabe 9.8

a) Zu den wichtigen rezessionsverstärkenden Einflüssen zählen:

- Verringerung privater Investitionen aufgrund rückläufiger Aufträge, sinkender Kapazitätsauslastung, steigender Lagerbestände, zunehmender Stückkosten und pessimistischer Absatz- und Gewinnerwartungen
- Rückgang des privaten Konsums aufgrund einer Verschlechterung der Beschäftigungslage und rückläufiger verfügbarer Einkommen
- prozyklische Ausgabenpolitik des Staates, insbesondere der Gemeinden

- Konjunkturübertragung (eines relativ großen Landes) in das Ausland und dadurch bedingte negative Rückwirkungen aus dem Ausland.

Einflüsse, durch die der Abschwung gebremst wird, treten in der Regel erst nach einer gewissen Zeit im Laufe einer Rezession auf. Solche Einflüsse sind insbesondere:

- Stabilisierung der Lagerinvestitionen und der Nachfrage nach dauerhaften Konsumgütern
- Zunahme der Stückgewinne
- Sinken des nominellen und des realen Zinssatzes
- Stabilisierung der Einkommenserwartungen
- antizyklische Konjunkturpolitik, insbesondere des Bundes
- reale Abwertung und dadurch bedingte Verbesserung der internationalen Wettbewerbsfähigkeit.

b) Vor allem in der neoklassischen Theorie wird betont, dass es in einer Volkswirtschaft Selbstheilungskräfte gibt, durch die eine Rezession über kurz oder lang überwunden wird, ohne dass staatliche konjunkturpolitische Maßnahmen erforderlich sind. Man verweist in dieser Theorie nicht zuletzt darauf, dass diskretionäre konjunkturpolitische Aktivitäten des Staates oder der Zentralbank ihrerseits konjunkturelle Störungen auslösen können, die letztlich zyklusverstärkend bzw. destabilisierend auf den Konjunkturverlauf wirken können. Die quasi automatische Überwindung der Rezession ist allerdings nur möglich, wenn die Marktmechanismen funktionieren. Hierzu ist es erforderlich, dass Löhne und Preise auch nach unten flexibel sind.

Gemäß der keynesianischen Theorie fehlt es in den modernen Volkswirtschaften an dieser Flexibilität, so dass man in dieser Theorie der neoklassischen These der quasi automatischen Beseitigung einer Rezession skeptisch gegenübersteht. In der keynesianischen Theorie wird vielmehr sogar die Gefahr gesehen, dass sich die Rezession erheblich verstärken und schließlich in eine Depression einmünden könnte. Vor diesem Hintergrund sind, so die keynesianische Theorie, diskretionäre konjunkturpolitische Aktivitäten des Staates und der Zentralbank unabdingbar.

Es ist sehr wohl möglich, dass eine Rezession auch ohne konjunkturpolitische Aktivitäten überwunden wird. Diesbezüglich ist auf die bereits unter a) genannten Einflüsse zu verweisen, durch die die private in- und ausländische Nachfrage gestärkt und ein selbsttragender Aufschwung eingeleitet werden kann.

c) Zu den Einflüssen, die nach einem konjunkturellen Umschwung im Anschluss an eine Rezession einen selbsttragenden konjunkturellen Aufschwung herbeiführen können, zählen insbesondere:

- Erhöhung privater Investitionen aufgrund steigender Auftragseingänge, einer Verbesserung der Kapazitätsauslastung, zunehmender Stückgewinne und verbesserter Absatz- und Gewinnerwartungen
- Erhöhung des privaten Konsums wegen Stabilisierung der Beschäftigungslage und verbesserter Einkommenserwartungen
- Erhöhung der Exporte infolge einer Verbesserung der internationalen Wettbewerbsfähigkeit, die ihrerseits auf Produktinnovationen und Produktivitätsfortschritte zurückzuführen ist.

Zu einer Gefährdung des Aufschwungs könnte es kommen, wenn

- bereits zu Beginn dieser Phase Löhne und Preise bereits wieder erhöht werden
- das nominelle und reale Zinsniveau infolge einer relativ restriktiven Geldpolitik erhöht wird
- staatliche Aktivitäten, z.B. aufgrund von Wirkungsverzögerungen, prozyklisch wirken
- die Währung eines Landes vor dem Hintergrund der verbesserten Wirtschaftslage relativ stark aufgewertet und dadurch die internationale Wettbewerbsfähigkeit vermindert wird
- die Produktionsflexibilität der Unternehmungen zu gering ist, um die im Aufschwung auftretenden neuen Nachfragewünsche adäquat zu befriedigen
- auf Seiten des Arbeitsangebots Engpässe durch regionale Immobilitäten oder durch unzureichende Qualifikationen auftreten
- durch bestimmte ökonomische Rahmenbedingungen, z.B. aufgrund politischer Instabilitäten, Investitions- und Produktionshemmnisse vorliegen oder
- außenwirtschaftliche Gefährdungen durch zeitlich versetzte Konjunkturentwicklungen in der Weltwirtschaft zum Tragen kommen.

d) Je weiter sich eine Volkswirtschaft in einen Aufschwung hineinbewegt und je deutlicher die Anzeichen für einen anhaltenden Aufschwung werden, desto größer ist auch die Gefahr einer Inflation oder sogar einer Inflationsbeschleunigung.

Wichtige Ursachen sind beispielsweise zu sehen in

- relativ starken Lohnerhöhungen
- der Möglichkeit zur Durchsetzung relativ starker Preiserhöhungen (z.B. bei einem Mangel an nationaler und internationaler Wettbewerbsintensität) oder
- relativ starken Expansionsimpulsen durch die Fiskalpolitik und/oder die Geldpolitik (z.B. aufgrund von Wirkungsverzögerungen).

Um die Inflationsgefahr zu bannen, müssen diese Ursachen soweit wie eben möglich ausgeschaltet werden, z.B. durch eine adäquate Wettbewerbspolitik, durch eine am Produktivitätswachstum orientierte Lohnpolitik und durch eine weitgehend antizyklisch ausgerichtete Fiskal- und Geldpolitik.

e) In einer **Boomphase** sind vor allem folgende Einflüsse wirksam:

- zunehmende private Investitionstätigkeit aufgrund einer sehr hohen Kapazitätsauslastung, sinkender Lagerbestände, preissteigerungsbedingter Verbesserungen der Stückgewinne sowie optimistischer Absatz- und Gewinnerwartungen
- Erhöhung des privaten Konsums aufgrund steigender verfügbarer Einkommen und erheblich verbesserter Einkommenserwartungen
- prozyklische Ausgabenpolitik des Staates infolge steigender Steuereinnahmen
- Konjunkturübertragung ins Ausland und dadurch bedingte positive Rückwirkungen.

Für den **Umschwung am oberen Wendepunkt der Konjunktur** sind insbesondere von Bedeutung:

- Dämpfung der privaten Investitionsnachfrage wegen sinkender Stückgewinne, die aus relativ hohen Lohnsteigerungen und aus Produktivitätseinbußen resultieren, wegen eines steigenden Nominal- und Realzinsniveaus sowie wegen Zurücknahme bzw. vorsichtiger Einschätzung der Absatz- und Gewinnerwartungen
- Abkühlung der Konsumkonjunktur aufgrund stagnierender Reallöhne und wegen Erreichen von Sättigungsgrenzen (insbesondere bei dauerhaften Konsumgütern)
- antizyklische - auf Preisstabilisierung gerichtete - Fiskal- und Geldpolitik
- Dämpfung eines Exportbooms wegen Verringerung der Wettbewerbsfähigkeit, die ihrerseits aus lohn- und produktivitätsbedingten Preiserhöhungen sowie aus einer Vernachlässigung der Produktinnovationen resultiert.

Literaturverzeichnis

Dem gesamten Übungsbuch liegt zugrunde:

Dieckheuer, G. (2003): Makroökonomik. Theorie und Politik, 5. Auflage, Berlin u. a. O.

Darüber hinaus wird sowohl zur Beantwortung der Kontrollfragen als auch zur Lösung der Übungsaufgaben die folgende Literatur empfohlen:

Blanchard, O. (2003): Macroeconomics, 3. Auflage, Upper Saddle River, New Jersey.

Brümmerhoff, D. (2002): Volkswirtschaftliche Gesamtrechnungen, 7. Auflage, München – Wien.

Cassel, D. / Thieme, H. J. (2003): Stabilitätspolitik, in: Bender, D. u. a. (Hrsg.), Vahlens Kompendium der Wirtschaftstheorie und Wirtschaftspolitik, Band 2, 8. Auflage, München.

Dieckheuer, G. (2001): Internationale Wirtschaftsbeziehungen, 5. Auflage, München – Wien.

Dornbusch, R. / Fischer, S. / Startz, R. (2001): Macroeconomics, 8. Auflage, Boston.

Felderer, B. / Homburg, S. (2003): Makroökonomik und neue Makroökonomik, Berlin – Heidelberg – New York.

Franz, W. (1999): Arbeitsmarktökonomik, 5. Auflage, Berlin u. a. O.

Frenkel, M. / John, K. D. (2003): Volkswirtschaftliche Gesamtrechnung, 5. Auflage, München.

Heubes, J. (1991): Konjunktur und Wachstum, München.

Heubes, J. (2001): Makroökonomie, 4. Auflage, München.

Issing, O. (2001): Einführung in die Geldtheorie, 12. Auflage, München.

Jarchow, H.-J. (1998): Theorie und Politik des Geldes, Band I, 10. Auflage, Göttingen.

Jarchow, H.-J. / Rühmann, P. (2000): Monetäre Außenwirtschaft, Band 1, Göttingen.

Kooths, S. (2000): Gesamtwirtschaftlicher Modellbau mit Makromat, München.

Kromphardt, J. (1998): Arbeitslosigkeit und Inflation, 2. Auflage, Göttingen.

Kromphardt, J. (2001): Grundlagen der Makroökonomie, 2. Auflage, München.

Mankiw, N. G. (2002): Macroeconomics, 5. Auflage, New York.

Siebke, J. / Thieme, H. J. (2003): Einkommen, Beschäftigung, Preisniveau, in: Bender, D. (Hrsg.), Vahlens Kompendium der Wirtschaftstheorie und Wirtschaftspolitik, Band 1, 8. Auflage, München.

Tichy, G. (1994): Konjunktur. Stilisierte Fakten, Theorie, Prognose, 2. Auflage, Berlin.

Tichy, G. (1999): Konjunkturpolitik. Quantitative Stabilisierungspolitik bei Unsicherheit, 4. Auflage, Berlin.

Zu den einzelnen Kapiteln des Übungsbuches werden aus dieser Literatur die folgenden Teile empfohlen:

Kapitel 1:

Brümmerhoff, D. (2002), 1. bis 3. Kapitel, 6. und 9. Kapitel.

Dieckheuer, G. (2003), Kapitel 1.

Frenkel, M. / John, K. D. (2003), 1. bis 4. Kapitel, 121. und 13. Kapitel.

Kapitel 2:

Blanchard, O. (2003), Chapter 3 und 16.

Dieckheuer, G. (2003), Kapitel 2.

Dornbusch, R. / Fischer, S. / Startz, R. (2001), Chapter 9 und 13.

Felderer, B. / Homburg, S. (2003), Kapitel V.

Heubes, J. (2001), I. Kapitel, Nr. 2.

Kooths, S. (2000), Kapitel 1.

Kromphardt, J. (2001), Teil C.

Mankiw, N. G. (2002), Chapter 16.

Kapitel 3:

Blanchard, O. (2003), Chapter 4 und 5.

Dieckheuer, G. (2003), Kapitel 3.

Dornbusch, R. / Fischer, S. / Startz, R. (2001), Chapter 10, 11, 14 bis 16.

Heubes, J. (2001), I. Kapitel, Nr. 3.

Issing, O. (2001), Kapitel II bis IV.

Jarchow, H.-J. (1998), Kapitel II, III und VI.

Kooths, S. (2000), Kapitel 2.

Kromphardt, J. (2001), München, Teil D.

Mankiw, N. G. (2002), Chapter 10,11 und 18.

Kapitel 4:

Dieckheuer, G. (2003), Kapitel 4.

Dornbusch, R. / Fischer, S. / Startz, R. (2001), Chapter 5 und 6.

Felderer, B. / Homburg, S. (2003), Kapitel IV. bis VI.

Heubes, J. (2001), I. Kapitel, Nr. 4.

Mankiw, N. G. (2002), Chapter 13.

Kapitel 5:

Blanchard, O. (2003), Chapter 6 und 7.

Cassel, D / Thieme, H. J. (2003), S. 363-441.

Dieckheuer, G. (2003), Kapitel 5.

Dornbusch, R. / Fischer, S. / Startz, R. (2001), Chapter 5,6 und 8.

Felderer, B. / Homburg, S. (2003), Kapitel VI.

Heubes, J. (2001), I. Kapitel, Nr. 4.

Kooths, S. (2000), Kapitel 3.

Kromphardt, J. (2001), Teil F.

Mankiw, N. G. (2002), Chapter 13.

Siebke, J. / Thieme, H. J. (2003), S. 95-187.

Kapitel 6:

Dieckheuer, G. (2001), Kapitel 10 bis 12.

Dieckheuer, G. (2003), Kapitel 6.

Dornbusch, R. / Fischer, S. / Startz, R. (2001), Chapter 12.

Jarchow, H.-J. / Rühmann, P. (2000), Kapitel III und IV sowie VI bis IX.

Heubes, J. (2001), IV. Kapitel.

Mankiw, N. G. (2002), Chapter 12.

Kapitel 7:

Blanchard, O. (2003), Chapter 24 – 26.

Cassel, D / Thieme, H. J. (2003), S. 363-441.

Dieckheuer, G. (2003), Kapitel 7.

Franz, W. (1999), Kapitel 2, 4, 8, 9 und 10.

Kromphardt, J. (1998), Kapitel III.

Kromphardt, J. (2001), München, Kapitel F.

Mankiw, N. G. (2002), Chapter 14 und 15.

Siebke, J. / Thieme, H. J. (2003), S. 95-187.

Tichy, G. (1999), Kapitel 6 bis 10.

Kapitel 8:

Dieckheuer, G. (2003), Kapitel 8.

Dornbusch, R. / Fischer, S. / Startz, R. (2001), Chapter 7.

Heubes, J. (2001), III. Kapitel.

Kooths, S. (2000), Kapitel 4.

Kromphardt, J. (1998), Kapitel IV.

Mankiw, N. G. (2002), Chapter 13.

Kapitel 9:

Dieckheuer, G. (2003), Kapitel 9.

Heubes, J. (1991), Kapitel I.1 und I.2.

Mankiw, N. G. (2002), Chapter 19.

Tichy, G. (1994), Kapitel 3 bis 5.

11435392R00139

Printed in Germany
by Amazon Distribution
GmbH, Leipzig